数字经济系列教材

总主编　杨　星
总副主编　梅林海　李　彬

人工智能在国际贸易中的应用

主　编　徐玉发
副主编　古舒睿

华南理工大学出版社
SOUTH CHINA UNIVERSITY OF TECHNOLOGY PRESS
·广州·

图书在版编目(CIP)数据

人工智能在国际贸易中的应用/徐玉发主编．—广州：华南理工大学出版社，2025.2（2026.1重印）
数字经济系列教材/杨星总主编
ISBN 978－7－5623－7257－8

Ⅰ．①人…　Ⅱ．①徐…　Ⅲ．①人工智能－应用－国际贸易－教材　Ⅳ．①F74

中国版本图书馆 CIP 数据核字(2022)第 222708 号

Rengong Zhineng Zai Guoji Maoyi Zhong De Yingyong
人工智能在国际贸易中的应用
主　编　徐玉发
副主编　古舒睿

出 版 人：房俊东
出版发行：华南理工大学出版社
（广州五山华南理工大学 17 号楼，邮编 510640）
http：//hg.cb.scut.edu.cn　E-mail：scutc13@scut.edu.cn
营销部电话：020－87113487　87111048（传真）
策划编辑：袁　泽　刘　锋
责任编辑：刘　锋
责任校对：王洪霞
印 刷 者：广州小明数码印刷有限公司
开　　本：787mm×1092mm　1/16　印张：12　字数：291 千
版　　次：2025 年 2 月第 1 版　印次：2026 年 1 月第 2 次印刷
定　　价：42.75 元

前　言

改革开放40余年来，我国经济发展取得了质的飞跃。自2001年加入世界贸易组织以来，我国经济上的高质量发展，离不开毫不动摇坚持对外开放的政策。2021年，世界人工智能大会以“智联世界，众智成城”为主题，提出融合全球之智慧、发挥人工智能的经济赋能作用，共同加速推动城市的数字化转型。2022年5月18日，习近平总书记在庆祝中国国际贸易促进委员会建会70周年大会暨全球贸易投资促进峰会上发表视频致辞，指出中国贸促会自1952年成立以来，立足中国、面向世界，为拉紧中外企业利益纽带、推动国际经贸往来、促进国家关系发展，发挥了重要作用，中国扩大高水平开放的决心不会变，中国开放的大门只会越开越大。人工智能的发展要以人为本，一切都是为了人、依靠人、发展成果由全人类共享；要推动人工智能高质量发展和多元共治，为超大城市经济社会发展的精细化管理提供智慧治理和高质高效的推进方案；人工智能应深度赋能城市经济、生活、治理数字化转型，提升城市能级和核心竞争力。

人工智能给人类社会和生活带来巨大的改变，作为新时代的大学生应具备人工智能视野，了解人工智能的应用，并能够运用人工智能技术分析和解决国际贸易专业问题。2020年9月，在北京举办的中国国际服务贸易交易会上，“科技办会”成为一大亮点，以智能机器人为代表的人工智能应用于防疫、家居、教育、医疗等众多方面，展示了中国在科技创新领域取得的突出成绩。本书是笔者基于对人工智能内涵的理解、结合前人的研究成果以及市场调研结果编写而成。

全书由8章构成：第1章为人工智能与国际贸易，第2章为国际贸易理论基础，第3章为新型国际贸易理论，第4章为人工智能在国际货物贸易中的应用，第5章为人工智能在国际服务贸易中的应用，第6章为国际货物贸易中的人工智能案例，第7章为国际服务贸易中的人工智能案例，第8章为人工智能和国际贸易的纷争案例。全书着重介绍了人工智能在国际货物贸易和国际服务贸易中的应用，并且介绍了一些实际应用案例。此外，每章后面都附有相应的练习题，供学生学习使用。

本书旨在让读者通过学习，对人工智能在国际贸易领域中的应用有一个全面、清楚的认识和理解，并能熟练掌握人工智能的基础知识。在拓宽知识面的同时，培养应用人工智能来解决国际贸易实际问题的能力。

在编写过程中，笔者参考了大量的国内外文献资料，在此一并感谢，特别感谢广州城市理工学院的古舒睿、蒋盈莹、黄雪宁、马红波等老师，以及华南理工大学经济与金融学院许林教授、广东工业大学管理学院林强副教授对本教材的框架构思与资料整理所作出的贡献。

本书可作为经济管理类本科生了解人工智能基本内涵与应用的学习教材，也可作为人工智能产业相关从业者了解人工智能在国际贸易领域中应用的参考资料，以及作为人工智能相关方面的爱好者了解其商业化路径的学习材料。

由于编者水平有限，书中难免存在不足之处，欢迎广大读者批评指正，并将您的宝贵意见发送至邮箱：xuyufa@ gcu. edu. cn，以便下一版修改完善。

徐玉发

2024 年 10 月

CONTENTS

目录

第1章

人工智能与国际贸易

学习目标

(1) 了解人工智能的基本概念、内涵。
(2) 掌握人工智能的三要素——算力、数据、算法。
(3) 明晰人工智能与国际贸易的关系。

1.1 人工智能的内涵与特征

1.1.1 人工智能的内涵

人类日常生活中的许多活动，如观察、对话、学习等，都离不开“智能”。“智能”帮助人们预测股票、看懂图片或视频、进行数学计算等。如果机器能够执行这些任务中的一种或几种，该机器便具备了某种人的性质，因而称为“人工智能”。人工智能技术范围涵盖了计算机科学、统计学、脑神经学、社会科学等诸多领域，属于一门交叉学科。人工智能的结构，从下往上依次是设备层、算法层、技术层、应用层。设备层指硬件、计算能力和大数据。算法层包括各类机器学习算法、深度学习算法等。技术层涵盖了目前正在发展的以及未来有可能发展的种种技术方向，例如赋予计算机感知和分析能力的技术方向（计算机视觉技术、语音技术）、提供理解和思考能力的自然语言处理技术、提供决策和交互能力的规划决策系统和大数据/统计分析技术，每个技术方向下又有多个具体子技术。应用层是人工智能内涵的最顶层，指现实场景下成熟的应用方案，例如金融、安防、交通、医疗、游戏等行业中种种问题的最优解决方案。

探讨人工智能的内涵需要首先厘清人工智能与人类智能的区别。从“智能”的角度来看，自然进化所造就的智能，称为自然智能。其中，人类为了不断提升生存发展的水平，而利用知识去发现问题、定义问题和解决问题的能力被称为人类智能。众所周知，发现问题和定义问题的能力，是人类创造力的第一要素。这种能力主要依赖于人类的目的、知识、直觉、临场感、理解力、想象力、灵感、顿悟和审美能力等内在品质，因此称为隐性智能；解决问题的能力主要依赖于获取信息、提炼知识、创生策略和执行策略等外显能力，因此称为显性智能。隐性智能和显性智能相互联系、相互促进、相辅相成，构成人类智能的完整体系。相对应的，人工智能就是指由人类制造的智能，也就是机器的智能。人工智能的核心问题包括建构能够跟人类似甚至超卓的推理、知识、规划、学习、交流、感知、移物、使用工具和操控机械的能力等。当前已有大量的人工智能技术成功地应用于人类认识世界和改造世界的种种活动，例如人工智能在搜索、数学优化、逻辑推演等领域的推动作用。而基于仿生学、认知心理学，以及概率论和经济学的算法等也在逐步探索当中。

人工智能的原型是自然智能，特别是人类的智能。因此，发展人工智能研究的必要条件之一，是理解自然智能的奥秘，以便创制人工智能机器，增强人类智能。人类的隐性智能颇为复杂，甚至颇为神秘。机器没有生命，也没有自身的目的，难以自行建立直觉、想象、灵感、顿悟和审美的能力，而人类对于这些内在能力的理解也十分有限，因此难以在机器上实现隐性智能。这也是目前人工智能发展的技术瓶颈之一。相对而言，显性智能富于操作性，比较可能被理解和研究。目前，多数研究者都把显性智能作为主要研究对象。由于人类智能具有远胜于机器的创造力，而人工智能机器具有远胜于人类的工作速度、工作精度、工作强度和耐力等，因此，人工智能某种程度上是为了实现人类发现问题、定义问题的创造性智能与机器解决问题的操作性智能进行强强联合、优势互补而进行的探索。

1.1.2 人工智能的发展历程

1966 年，美国麻省理工学院人工智能实验室的德裔电脑科学家约瑟夫·魏泽堡(Joseph Weizenbaum)创造了第一个聊天机器人“ELIZA”。ELIZA 可以和人进行简单对话。

1972 年，日本制造出第一个智能类人机器人并命名为 WABOT－1。它的功能包括可移动的肢体，能够看到事物还有与人交谈的能力。

人工智能的发展历程主要包括：

(1)人工智能的第一个冬天。1973 年，詹姆斯·莱特希尔(James Lighthill)向英国科学研究委员会提交报告，介绍了人工智能研究的现状，他指出：“迄今为止，人工智能各领域的发现并没有带来像预期一样的重大影响。”最终政府对人工智能研究的热情下降，资金投放收紧。1974—1980 年为人工智能的第一个冬季。

(2)人工智能的繁荣。1980 年，人工智能带着“专家系统”回来了。专家系统用以模拟人类专家的决策能力。同年，美国人工智能协会第一次全国会议在斯坦福大学举行。

(3)人工智能的第二个冬天。1987—1993 年是人工智能冬季的第二个持续期。投资者和政府再次停止了对人工智能研究的资助，因为成本高但效果不佳。

(4)智能助理的出现。1997 年，IBM 的超级国际象棋电脑“深蓝”击败了世界象棋冠军加里·卡斯帕罗夫(Garry Kasparov)，成为第一部击败世界象棋冠军的计算机。2002 年，人工智能首次以吸尘器 Roomba 的形式进入家庭。2006 年，人工智能进入商业领域，Facebook、Twitter 和 Netflix 等公司也开始将人工智能技术引入商业系统中。

(5)深度学习、大数据与人工通用智能。2010 年，ImageNet 发起了 ImageNet 大型视觉识别挑战(ILSVRC)，这是他们一年一度的人工智能物体识别比赛。

微软为 Xbox 360 推出 Kinect，这是首款使用 3D 摄像头和红外探测追踪人体运动的游戏设备。

2011 年，IBM 的沃森(Watson)赢得了智力竞赛节目《危险边缘》(Jeopardy)的冠军，在这个节目中，它必须解决复杂的问题和谜语。沃森已经证明它能理解自然语言，并能快速解决棘手的问题。

2012 年，谷歌在开发者大会上随 Android 4. 1 系统推出应用“谷歌 now”，它能全面捕获用户的各种习惯和正在进行的动作，为用户提供预测信息。

2014 年，聊天机器人尤金 · 古斯特曼(Eugene Goostman)首次通过了“图灵测试”。

2018 年，IBM 辩论机器人 Project Debater 对战人类辩手，Project Debater 与两位大师级辩手就复杂的话题进行了辩论，表现非常出色。

同年，谷歌演示了一个人工智能程序“Duplex”，这是一个虚拟助理，不仅能够拨打电话，还可以与对方保持自然的交谈。在现场展示中，Duplex 用自然流畅的语音和电话另一侧的人类完成了通话，而对方根本没有意识到打电话来的不是真人。Duplex 使用自然语言理解、深度学习和文本到语音转化的能力，是其他数字助理所无法比拟的。

2019 年，谷歌的 AlphaStar 打败了《星际争霸 2》的职业玩家。人工智能代理可以在分析地图的多个部分的同时，处理关于可见的敌人角色和自己的基地信息。

Face Change For All 应用能轻易在图像或视频中把一张脸替换成另一张脸。事实上，人脸交换技术在电影制作领域已经不是个新鲜词，但是之前需要专业的视频剪辑师和 CGI 专家花费大量时间和精力才能完成，现在这技术有了突破性的进展，只需要把上百张人物的样图输入一个算法，就能完成人脸交换，制作出非常逼真的视频效果。

现在人工智能已经发展到一个显著的水平。深度学习、大数据和数据科学的概念正在蓬勃发展。如今，谷歌、Meta、IBM 和亚马逊等公司都在结合人工智能，创造出令人惊叹的设备。人工智能的未来是鼓舞人心的，将给人类带来高智能的生活。

随着政府和产业界的积极推动，中美两国在人工智能技术上的竞赛格局初步显现。首先，美国在人工智能企业数量方面遥遥领先全球。在全球范围内，人工智能领先的国家主要有美国、中国及一些发达国家。截至 2017 年 6 月，全球人工智能企业总数达到 2542 家，其中美国拥有 1078 家，占 42%；其次为中国，拥有 592 家，占 23%。中美两国相差 486 家。其余 872 家企业分布在瑞典、新加坡、日本、英国、澳大利亚、以色列、印度等国家。从企业历史统计来看，美国人工智能企业的发展早于中国 5 年。美国人工智能最早萌芽于 1991 年，1998 年进入发展期，2005 年后开始高速成长，2013 年后发展趋稳。中国 AI 企业诞生于 1996 年，2003 年进入发展期，在 2015 年达到峰值后进入平稳期。其次，美国全产业布局，而中国只在局部有所突破。美国人工智能产业布局全面领先，在基础层、技术层和应用层，尤其是在算法、芯片和数据等产业核心领域，积累了强大的技术创新优势，各层级企业数量全面领先中国。从基础层(主要为处理器/芯片)企业数量来看，中国拥有 14 家，美国拥有 33 家，中国仅为美国的 42%。技术层(自然语言处理/计算机视觉与图像/技术平台)，中国拥有 273 家，美国拥有 586 家，中国为美国的 47%。应用层(机器学习应用/智能无人机/智能机器人/自动驾驶辅助驾驶/语音识别)，中国拥有 304 家，美国拥有 488 家，中国是美国的 62%。再次，美国人才梯队完整，中国则有些参差不齐。人工智能产业的竞争，说到底是人才和知识储备的竞争。只有投入更多的科研人员，不断加强基础研究，才会获得更多的智能技术。美国研究者更关注基础研究，人工智能人才培养体系扎实，研究型人才优势显著。具体来看，在基础学科建设、专利及论文发表、高端研发人才、创业投资和领军企业等关键环节上，美国形成了能够持久领军世界的格局。

尽管我国在整体技术水平方面与先进水平仍有一定差距，但中国人工智能发展迅速。事实上，中美两国在人工智能发展上各有特色，其中美国在基础研究、创新发明方面领先，而中国在应用落地方面要好一些。在即将到来的人工智能时代，我国的诸多优势，例如人口多、市场大、多行业发展、有海量数据、资金充足、政府重视、理工科人才多，必将为我国追赶乃至超越世界先进水平奠定基础。事实上，尽管中美博弈从未停歇，但在产业发展上两国亦师亦友，互相竞争，取长补短。中国从最初的学习者，到如今的市场参与者，进步之快已经让世界刮目相看。美国强大的先进技术和中国广泛的应用场景，在未来很长一段时间是天然互补的。

1.2 人工智能的三要素——算力、数据、算法

1.2.1 算力

算力，也称计算力，顾名思义就是设备的计算能力。从个人手机、电脑，到服务器、超级计算机，算力存在于各种硬件设备中，算力的高低代表着对数字化信息处理能力的强弱。

要构建高性能的系统，就必须拥有先进的硬件和基础设施。早期的计算机体积庞大，随着技术的发展，体积不断缩小，价格不断下降，而计算能力却在不断增强。速度更快的计算机可以处理更多的数据，执行更高水平的功能并进化到可以支持人工智能系统。

算力，将在未来的人工智能发展中发挥关键作用。而其核心力量，则是芯片(半导体元件产品的统称)。从广义上讲，只要能够运行人工智能算法的芯片就称为人工智能芯片(AI芯片)，但通常讨论的AI芯片是指针对人工智能算法做了特殊加速处理的芯片。现阶段，人工智能算法一般以深度学习算法为主，也可以包括其他机器学习算法。

在科技领域，多个国际企业都在竞相研发更高效的AI芯片，以加速人工智能的发展。

谷歌推出了TPU(tensor processing unit，张量处理单元)，据称比目前主流的CPU(central processing unit，中央处理器)和GPU(graphic processing unit，图形处理单元)组合模式快15～30倍，专门为机器学习而设计。

IBM正在开发一种量子计算系统，为他们的超级计算机沃森提供动力。再结合云存储技术，这些智能设备和应用程序可以在存储大量数据的同时相互交流和学习。

目前，我国的人工智能芯片行业发展尚处于起步阶段，绝大部分国内企业的芯片设计依靠国外的IP核(intellectual property core，知识产权核)来设计芯片，在自主创新上受到了很大限制，未来仍需继续努力。

1.2.2 数据

首先通过人工智能早期的一些成功案例理解数据的作用。苹果(有智能 Siri)、亚马逊(有不断改进的 Alexa)、Facebook 和谷歌(有图像识别算法),都在语音、声音和图像领域处理大量数据。语音/图像/语音识别等应用程序以及谷歌、亚马逊和苹果等公司在人工智能领域处于领先地位并非偶然。这些公司可以访问大量数据,应用程序依赖这些数据能更快地做出明智的决定。

我们今天产生的数据比以往任何时期都多,正以指数级增长。例如,一辆现代汽车就有 100 多个传感器,具备监控燃油水平和胎压等功能。国际数据公司(IDC)在 2020 年公布的《数据时代 2025》报告显示,到 2025 年,全球数据将增长到 163 ZB(或 1 万亿 GB),这将是 2016 年生成的 16.1 ZB 数据的 10 倍。

数据的爆炸式增长使改进算法与开发更广泛的数据集成为可能,算法可以用于机器学习。利用数据集作为过去的经验,算法指导机器应该做什么。例如,自动驾驶汽车依靠丰富的视觉数据在现实世界中导航。换言之,自主系统采集的每一帧视频都必须有丰富的数据,以识别物体,如建筑物、路标、行人。

1.2.3 算法

算法是任何形式的自动化指令,大多数算法比想象的要简单。算法的复杂性取决于它需要执行的每一步的复杂性,以及算法需要执行的步骤的绝对数量。一般而言,算法需要一些输入,然后使用数学和逻辑来产生输出。与此形成鲜明对比的是,人工智能算法同时采用了输入和输出的组合,以便在给定新的输入时"学习"数据并产生输出。

机器学习(machine learning)是一套由结构化数据提供的算法,其目的是在不经过编程的情况下完成特定的任务。例如,信用卡欺诈检测算法就是一个很好的机器学习的例子。假如你曾经收到过一条信息,询问你的信用卡是否在某个国家用过,金额是多少。这就要感谢机器学习了。这个特定算法接收的数据是结构化的。银行以固定格式存储数据,每笔交易都有日期、地点、金额等。如果位置变量的值突然偏离算法通常接收到的值,它将给你发送警告并停止交易。这个让机器从结构化数据中学习的过程就是机器学习。

机器学习算法一般分为四大类,分别是监督学习、无监督学习、半监督学习和强化学习。

1. 监督学习(supervised learning)

一个监督学习的任务在于观察一些训练范例(输入和预期输出)后,预测该函数对任意可能出现的输入值所对应的输出。

函数的输出若是一个连续的值则称为回归,若是一个分类标签则称作分类。回归示例:预测房价,根据样本集拟合出一条连续的曲线,如图 1-1 所示。分类示例:根据肿瘤特征判断良性还是恶性,得到的结果是"良性"或者"恶性",如图 1-2 所示。

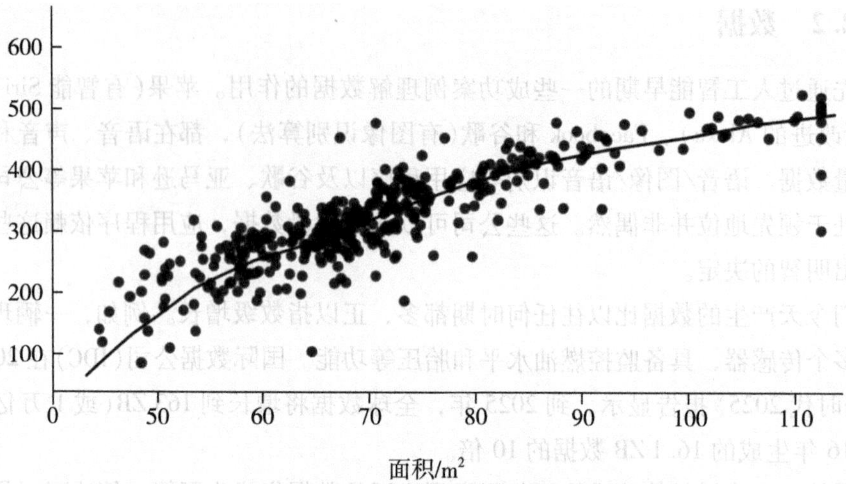

图 1-1　某地区房价预测模型

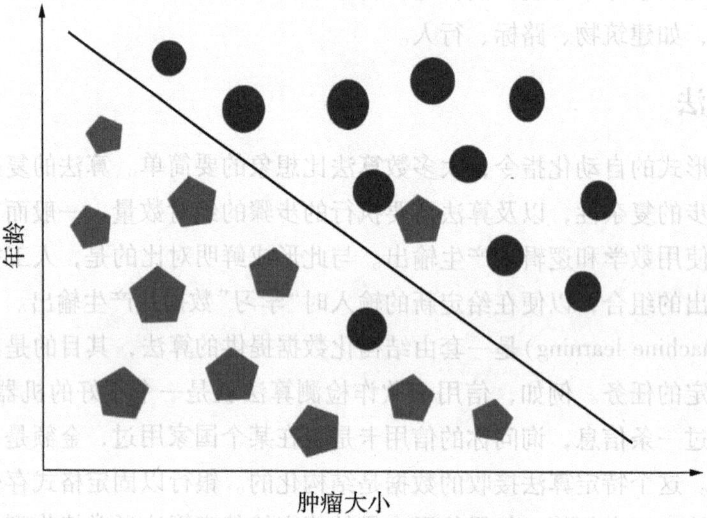

图 1-2　肿瘤良性/恶性预测模型

2. 无监督学习(unsupervised learning)

无监督学习的目的是对原始资料进行分类，以便了解资料内部结构。有别于监督学习网络，无监督学习在学习时并不知道其分类结果是否正确，亦即没有像监督学习那样告诉它何种学习是正确的。其特点是仅对此种算法提供输入范例。它会主动从这些范例中找出其潜在类别形成规则。当学习完成并经测试后，也能够将之应用到新的案例上。

无监督学习最典型的样例就是聚类(custering)。聚类是把相似的东西聚在一起，而并不关心这一类是什么。因此，一个聚类算法通常只需要知道怎样计算相似度就能够开始工作了。

无监督学习的另外一种典型样例是降维(reducing dimensionality)。在统计学和机器学习中，数据集的属性、特征或输入变量的数量被称为维数。例如，让我们以一个包含 Height 和 Weight 两个属性的数据集为例。这是一个二维数据集，对这个数据集的任何观察都可以绘制在一个二维图中。降维指的是减少数据集中属性数量的过程，同时尽可能保持原始数据集中的变化。当降低数据集的维数时，会损失一部分原始数据中的可变性，通常是1%～15%，这取决于保留的组件或特性的数量。

3. 半监督学习(semi - supervised learning)

半监督机器学习是监督学习和非监督学习结合的一种模式。拥有无监督和有监督学习的优点，它使用少量的标记数据和大量的未标记数据，这意味着可以通过训练模型来标记数据，而不必去收集太多的标记训练数据。

4. 强化学习(reinforcement learning)

强化学习使智能体能够在交互环境中通过使用自己的动作和经验的反馈进行反复试验和错误学习。

尽管监督学习和强化学习都使用输入和输出之间的映射，但与监督学习不同的是，监督学习向代理提供的反馈是执行任务的正确行动集，强化学习使用奖励和惩罚分别作为积极和消极行为的信号。与无监督学习相比，强化学习在目标上是不同的。无监督学习的目标是找出数据点之间的异同点，而强化学习的目标是找到一个合适的动作模型。

人工智能算法和机器学习之间并没有明确的区别。机器学习实际上是人工智能的一部分。两者的不同之处在于，人工智能除了能处理结构化数据之外，即使它被输入非结构化数据，仍然可以正常工作，因此，可以将人工智能算法定义为一组能够应对不可预见情况的算法。

图 1－3　阿特拉斯仿生机器人

波士顿动力公司(Boston Dynamic)的阿特拉斯(Atlas)仿生机器人(图 1－3)就是人工智能的一个很好的例子，它可以在避开障碍物的同时做其他动作，如像体操运动员一样腾空跳跃。它不知道会遇到什么情况，但在没有结构化数据的情况下，仍然可以很好地运行。这里的数据比欺诈检测示例中的数据复杂得多，因为变量是未知的。然而，每当算法被激活并遇到一个全新的情况时，它会在没有任何人为干扰的情况下做它应该做的事情。

总括而言，算法是自动化的指令，可以是简单的，也可以是复杂的，这取决于初始算法的深度。机器学习和人工智能都是算法，但不同之处在于它们接收的数据是结构化的还是非结构化的。

1.3 人工智能与国际贸易的关系

现代信息技术快速发展，互联网革命及互联网在全球迅速普及，大数据的广泛应用，使得现代国际商业与贸易具有不断增长的供货能力、不断增长的客户要求和不断增长的全球竞争三大特征，使得任何一个商业组织都必须改变自己的组织结构和运行方式来适应全球性的发展和变化。新型国际贸易正是在这种背景下发展起来的，可以使全球的商家与供应商更紧密地联系，更快地满足全球消费者多样化的需求，也可以让商家在全球范围内选择最佳供应商，在全球市场上销售产品。因此，新型国际贸易不会停留在国际贸易阶段，而不可避免地会延伸到生产领域和服务领域。

1.3.1 影响国际生产领域

随着互联网技术和经济全球化的不断发展，新型国际贸易在国际贸易中的重要性日益凸显，将成为下一代主要贸易方式，大大缩短全球生产者和消费者的距离，提高制造企业的贸易广度和获益能力，必将对国际生产领域产生重大影响。

新型国际贸易对生产企业的影响主要体现在以下三方面。

(1)新型国际贸易推动传统生产企业管理变革与创新。新型国际贸易不仅仅是简单地将国际贸易从线下转移到网上，还推动传统生产企业营销、管理与生产模式的深刻变革。新型国际贸易从根本上改变了传统消费者与生产厂家之间的关系，借助互联网等电子工具，新型国际贸易绕过传统的渠道商和批发商，仅经过工厂、在线平台即可把产品直接送到世界各地的消费者手中，因此，电子商务成为生产企业管理的战略手段，变革使国际贸易流程更加扁平，生产企业也呈现电子化和平台化趋势。

(2)全球生产者与消费者在跨境贸易平台上的集聚打破了传统的生产、流通、消费等环节，基于数字平台的跨境协作使大量中小微企业加入国际贸易市场主体中。通过大数据分析等 AI 技术，他们能够很快根据全球市场需求的变化，为客户要求的产品进行设计、加工生产，企业的生产方向和组织可能随时发生变化，经营更加灵活，形成更加虚拟的、数字化的全球生产网状结构。

(3)促进了生产企业的全球化。在传统国际贸易中，跨国公司是全球国际贸易的主体。新型国际贸易降低了参与国际贸易的市场准入门槛，为全球中小企业提供了平等参与国际贸易、融入全球市场发展的新机遇。在传统国际贸易下，中小企业由于受成本、风险等因素制约，在与国外买家进行沟通、获取服务支持及参加外贸展会等方面存在短板或障碍。

新型国际贸易高速发展的环境下，依托跨国贸易平台及其提供的 AI 相关技术，中小企业可通过海外营销，绕开中间环节，直接与来自发展中国家和地区的供应商以及全球消费者互动和交易，使全球化红利的受益者更广泛。长尾独特商品及制造商将通过跨境贸易平台在全球市场中获得独特的地位。

1.3.2 促使制造业转型升级

工业机器人的出现和发展是工业效率提升的另一路径，促进了制造业的转型升级。现阶段工业机器人系统主要由三部分构成，即机械部分(驱动系统、机械结构系统)，传感部分(感受系统、机器人—环境交互系统、人机交互系统)和控制部分(控制系统)。核心部分是算法及伺服系统和控制器，核心算法的发展可以提高整机性能，伺服系统和控制器涉及系统、软件与硬件的相互配合。自从工业机器人迈向智能化阶段，新技术便不断迭代应用。现阶段工业机器人的主要问题是柔性不够、存在安全隐患、速度和稳定性不能兼得及部分零配件和本体制造成本高。除了解决已有问题，未来工业机器人的发展重点是智能交互、柔性及安全操作和技术融合应用。

智能交互希望机器人具备根据环境、生产条件、零部件供应情况的变化自行做出判断的能力，完全独立于人类的控制，机器人甚至可以处理突发事件，以有效避免安全事故的发生或将损耗降到最低。以香港中文大学为代表的高校实验室尝试从核心算法、传感器元器件、集成系统升级等方面进行突破。能够自主思考的机器人基本需要到达认知智能阶段才会真正实现。工业机器人比服务机器人实现更难，因为工业机器人需要严格依据工艺的条件，比如喷涂需要根据温度、湿度的变化进行调整，要求机器人、环境与零配件有较高程度的融合，能够基于条件的变化进行一系列反馈动作而不是单一的响应。

工业机器人发展的另一重要方向是柔性及安全操作，这一方向已经有很多让人津津乐道、引以为豪的成果。同时工业领域的成熟应用技术成果已经延展到服务应用，比如医疗领域的手术机器人、康复机器人和替代肢体等用于更精准的手术操作、复健、辅助长期物理治疗和替换伤残肢体或其他身体部位。工业机器人未来将成为智能制造的一部分，技术融合发展是必然趋势，包括下一代物联网 NB-IoT、通信方式(5G、新一代蓝牙技术等)、新型传感器、新材料、3D 打印及分布式制造等。国内工业机器人已进入发展期和创新活跃期，2018 年后逐渐进入成熟阶段，将在已有工业机器人本体制造、系统集成及行业应用(解决方案)等领域产生大型企业，创业型企业则有望在机器人智能、机器视觉、BOT 等方面取得创新突破。

整个世界正在走向个性化消费、个性化生产的第四次工业革命时代，新型国际贸易正是顺应了这一世界市场发展的新潮流。消费者需求的多样化、多层次、个性化，对企业的产品质量、研发设计、品牌销售和快速反应能力提出了更高要求。

(1)新型国际贸易将改变生产企业的生产模式。在传统国际贸易中，企业生产主要是根据对全球需求的预测，先组织生产，然后再寻求订单。在新型国际贸易下，基于电子商务的生产模式是需求拉动型的生产，互联网、大数据技术将跨国生产企业和消费者紧密联系在一起，使消费需求数据、信息得以迅捷地传达给生产者和品牌商。生产商根据市场需求变化组织物料采购、生产制造和物流配送，使得生产方式由大批量、标准化的推动式生产向市场需求拉动式生产模式转变。生产企业可以直接根据订单组织生产，缩短产品的生产周期，同时减少商品的库存时间。

(2)生产的标准化与需求多样化之间的竞争更加激烈。销售方式决定生产方式。在大众营销、大批量分销订货、同质性消费的模式下，不可能产生柔性化生产的需求，但互联网释放了消费者的个性化需求，使全球范围内同质产品之间的竞争更加激烈，也催生了新的销售模式和生产方式。制定全球通用的行业标准，实现全球范围内生产的全球化和网络化是跨国公司在国际贸易中取胜的法宝，与此同时，新型国际贸易下需求多样化特征更加明显，促使跨国公司和生产企业必须考虑生产和提供具有当地特色的产品和服务，以满足不同国家和地区消费者的不同偏好。

1.3.3 推动国际贸易与制造业融合发展

新型国际贸易促进了国际贸易与制造业的融合发展，使全球成为统一的生产链、价值链和服务链。新型国际贸易通过平台集聚全球生产者和消费者，全球消费者的市场集成产生的贸易流量将进一步推动全球制造业，即消费互联正走向产业互联，形成跨国界、跨行业、跨领域、跨业态的崭新的产业链、供应链、服务链、价值链，实现全球贸易与制造业的融合发展。同时，信息和数据通过平台的集聚使全球的商流、物流、信息流、资本流和人员流动在平台实现集聚与分离，并最终促成全球化大流通体系与世界统一大市场体系。

新型国际贸易将使国际服务领域发生重大变革。新型国际贸易的快速发展，推动了全球服务与技术贸易的发展，服务贸易与技术贸易将成为国际贸易的主要方式之一，世界经济的产业结构随之发生重大变化并向高级化发展。信息业成为一个新兴的行业，世界市场竞争更加激烈，迫使企业不断提高生产效率，降低生产成本，加速商品流动，从而推动世界技术进步。

新型国际贸易突破了服务业和服务贸易固有的时空限制。服务产品的生产与消费在时空上的高度一致性是传统服务业的一个主要特征，这种限制使得服务贸易只有在消费者和生产者彼此接近的条件下才能达成。国际贸易的新型化，使得人们可以在互联网上从事金融、广告、会计、设计、法律咨询、技术咨询、数据处理、文化、娱乐、教育、医疗等服务，只要国际服务贸易市场的开放程度纳入一定的规范，各种服务品就具备了“可贸易”的物质条件，可以畅通无阻地进入国际贸易领域。此外，信息新兴产业的兴起，信息传递或信息交换过程的加速，使传统服务业的效率得以提高，成本得以降低。

新型国际贸易促进了服务企业的平台化和全球化。新型国际贸易下，国际交易各环节越来越多地依托线上平台实现，未来更多的流程与服务，包括品牌营销、交易对手方的征信等也会在平台上迅速聚集，乃至交易和支付等核心环节也可通过平台来实现。新型国际贸易降低了交易成本，参与国际贸易的市场准入门槛随之降低。数以亿计的消费者通过平台直接完成跨境消费，大量的中小厂商一跃成为交易的直接卖方，并带来了国际贸易服务外包和咨询培训等巨大需求，产生了包括海量数据的管理、分析、信息安全和消费者隐私保护等新兴的增值服务机会。由此，跨境贸易平台的性质也不断演变，从单一的交易平台逐步向汇集交易相关各方，实现服务交付和信息共享的准公平平台和枢纽转变。围绕跨国贸易平台与枢纽，将涌现更多全球性第三方服务商，以及充分利用数字技术手段的专业化服务平台企业。

新型国际贸易融合了服务贸易和货物贸易，是推动外贸转型升级的重要方式。

首先，快速发展的新型国际贸易给企业带来巨大的压力，面对来自全球市场的激烈竞争，企业需要为客户和消费者提供满意的商品与服务，而不再仅仅是销售商品，整合供应链成为现代跨境电商企业的发展趋势，需要把供应商、制造商、仓库、配送中心和渠道商等有效地组织在一起，进行产品的制造、转运、分销及销售，在同一商品价值链下，生产企业与服务企业界限开始模糊，服务贸易与货物贸易深度融合，所有合作方企业必须加强与供应链合作伙伴的协同来增强整条供应链的竞争优势，从而在市场中共赢共存。

其次，出现专门从事外贸综合服务的平台型企业。传统的外贸流程复杂，中间商较多，中小微企业很难直接参与到外贸中去。新型国际贸易的发展催生了外贸综合服务平台型企业，它们通过互联网 IT 技术实现业务流程的标准化和规模化，将分散的中小企业进出口的资源进行整合，化零为整，将繁杂的外贸流程化简，通过单一窗口简化操作流程，全面掌握信息流、物流和资金流，改变风险结构，降低中小外贸企业的成本，使贸易便利化水平得到发展。

新型国际贸易发展将引发消费领域的重大变革。

1. 消费者福利得以提升

(1)新型国际贸易能更好地满足消费者多样化、多层次需求，消费者选择性大大增加。新型国际贸易平台上汇集了世界各地不同种商品、同种商品的不同种类，可替代性产品增加，消费者可以在网上便捷快速地了解更多的商品与服务的相关信息，可以对多样化的同类商品与服务进行比较，选择符合自己需求的商品和服务，消费者选择权大大增加。

(2)在以现代信息技术为基础的虚拟世界市场平台上，信息不对称大大下降，市场价值规律能够得到充分发挥，同质产品之间的激烈竞争使消费者能够享受到更加质优价廉的商品与服务。

(3)新型国际贸易大大缩短了国际贸易流程和环节，尤其是跨境零售的兴起为消费者跨国消费提供了便利，节约了消费者的购物时间，消费福利得到提高。

(4)新型国际贸易最大限度地缩短了生产与消费间的距离，使得按需生产在技术上成为可能。

2. 产生了消费者规模经济效应

在传统经济与国际贸易中，规模经济通常只与生产者有关，即所谓的供给方规模经济。但在电子商务和新型国际贸易中，不仅存在着供给方规模经济，还存在需求方规模经济，即消费者规模经济效应。需求方规模经济是依靠需求方市场规模的扩大，带来购买力的上升以增加生产者收益。在电子商务和新型国际贸易环境中，因为信息的主要载体是互联网，所以需求方规模经济就体现在通过互联网在消费者群体中产生影响，也就是网络外部性，或称为正反馈效应。跨境贸易平台集聚了全球的生产者和消费者，海量信息和冗余信息并存，大大增加了信息的搜寻成本。因此，人们通常以别人的选择作为自己选择的重要参考。随着某种商品和服务的用户数增多，商品市场规模的不断扩大，网络效应所带来的不断自我加强的正反馈作用开始显现：购买某种商品的人越多，这种商品的外部正效应就越大，消费者对这种商品的评价就越高，就会有更多的消费者来购买。可见，新型国际贸易下，互联网革命与网络的全球化使得信息的流动大大加快，一种产品和服务通过网络平台的展示和营销可以行销天下，对全球消费者有统一的示范效应，使世界消费偏好有趋同倾向。同时，一种消费理念、消费时尚也可以通过互联网平台在世界各地快速地传播，使全球消费者偏好呈现趋同化，并突破传统的边际效益递减规律，呈现巨大的规模经济效应。

3. 开创了新的消费场景与商业模式

新型国际贸易开创了新的消费场景与商业模式。伴随新型国际贸易的快速发展，产生了一系列的国际贸易消费新场景与新商业模式。跨境 B2B、B2C 模式演变成跨境 C2B、O2O 模式和社区共享模式。

新型国际贸易与互联网革命最大限度地缩短了全球生产者与消费者间的距离，使得按需消费，即跨境 C2B 模式在技术上成为可能，国际贸易产品与服务的主导权从以企业生产者为中心向以消费者为中心转变。

O2O 模式开始被应用到传统的国际贸易中。尽管当前跨境电子商务发展迅速，但单纯的线上交易存在一定弊端，质量和效果无法提前得知，购买具有一定风险。而传统模式下的线下交易，受时空限制，成本较高，新型国际贸易的发展催生了线上线下结合的跨境电商 O2O 模式，使得消费者能够享受线上线下的双重服务，真正做到不出国门就能实现跨国消费和体验。跨境电子商务这种新模式使传统的零售国际贸易变得更简单，打破了在国家间进行零售贸易的障碍，消费者福利也得以提高。社区社交共享模式是利用移动互联网实现基于社区关系的交易渠道、共享经济模式和业态，如小红书等，基于社区，通过分享购物心得，产生跨国消费的流量。

1.3.4 引发全球贸易格局的重大变革

国际分工和世界市场是国际贸易的基础，没有国际分工和世界市场，就没有国际贸易。国际贸易的发展随着国际分工深化和世界市场扩大而不断发展，国际分工和世界市场的发展水平决定国际贸易的广度、深度和方式。新型国际贸易的出现对国际分工和世界市场产生了深远影响，国际贸易格局也随之发生了许多新的变化。

1. 新型国际贸易下国际分工的新特点

信息化和平台化是新型国际贸易的基本特征。互联网革命和大数据的广泛应用，使现代国际贸易和经济中的生产、流通、分配和交换环节发生了根本性的变化。国际交易中的信息获取与处理效率大大提高，交易成本大大下降，商品、资本在国际的流动性增强，物流速度加快，网络和平台贸易突破了部分关税壁垒和非关税壁垒对贸易的阻碍，从而促进了国际分工向更深层次发展。

新型国际贸易发展促进了国际分工的深化和专业化水平的不断提高。新型国际贸易这种新型的贸易方式，使得全球贸易平台大量崛起，出现了一大批专门从事信息服务、交易服务和外贸综合服务的平台型企业，通过互联网平台可以汇集全球范围的专业供应商，而且还不会使规模经济效益受损。同时，全球统一大市场的形成，使商流、物流、信息流、资金流和人流速度大大加快，专业化水平不断提高，国际物流也从传统的国际运输服务向物流与供应链管理协同发展转变，仓储管理、独立化的运输配送及配套的供应链管理成为其主要功能，出现了一批以物流为专业化基础的供应链企业。

新型国际贸易下国际分工依赖的基础向信息转变。在传统经济形态中，土地、劳动力、资本等是重要的生产要素，而在新型国际贸易中，信息成为最重要的生产要素和独特的重要资源。信息作为要素禀赋进入流通，将产生明显的价值倍增效应，被重复使用的次数越多，被消费的次数越多，增加的价值越大，实现的效用就越大。信息作为要素在流通过程中非但不会被消耗掉，还实现价值倍增的效果，是其他要素无法比拟的。此外，基于特定信息形成的大数据还可以引导全球生产和消费，产生集聚效应。信息和信息基础设施成为新时期国际贸易中的比较优势，掌握较多的信息和拥有高水平的信息基础设施会使得一个国家在国际贸易中占据更主动的地位。

新型国际贸易下国际分工呈现虚拟化和全球化发展新态势。在新型国际贸易下，开放的全球网络贸易平台汇集了全球范围内的生产者和消费者，同种产品竞争更加激烈，充分利用外部资源协作整合(服务外包)，精简产业链，集中资源发展核心业务成为越来越多参与国际贸易企业的自主选择。利用互联网平台在全球范围内组织生产，进行服务外包，优化资源配置，使全球范围内分工成为可能。

2. 新型国际贸易下世界市场的新变化

世界市场是伴随着国际分工的拓展而逐步形成的，是各个国家和地区之间以商品流通为主要内容的经济活动的总和。传统的世界市场受到空间和时间的限制，随着互联网引发的国际贸易业态变革，新型国际贸易的产生和发展，世界市场越来越由一个地理和时间空间上的概念(即国际进行经济交往的场所和领域)，发展为一个抽象的经济概念，即开放的、多维的、立体的、虚拟的世界市场。全面开放的市场空间，突破了传统国际市场必须以一定地域存在为前提的条件，全球以信息为纽带、网络为平台连成一个真正、统一的全球大市场。在这样的世界市场中，全球成为一个信息充分流动的数字化整体世界，传统的商业模式、贸易模式和贸易方式被替代和革新，世界市场呈现虚拟化趋势，将产生全球统一的虚拟市场。

市场规律与规则将在全球范围内发生作用。全球虚拟市场平台的形成，突破了以往国家地理的障碍，使商品与劳务等有关信息能在全球范围内充分准确地流动，同等质量的商品或质量相似的商品之间的竞争更加激烈，市场价值规律将在全球范围内充分发挥作用，推动全球自由贸易发展。此外，电子商务在国际贸易中的广泛应用使得国际贸易环节和流程大大简化，出现大量新型的外贸综合服务平台型企业和物流供应链管理企业，国际市场交易规则也随之改变。

新型国际贸易推动全球市场从以生产者为中心向以消费者为中心转变。在新型国际贸易活动中，买卖双方可以通过互联网平台直接沟通、交易，消费者可以在线搜寻自己所需要的商品和服务，选择能令自己满意的交易对手和自己认为可靠的交易方式，甚至可以根据自己的意愿设计商品和服务，要求生产者满足。于是，生产者提供的商品服务更加多元化、多样化和差异化，以满足不同消费者多样化的需求，全球市场从以生产者为中心向以消费者为中心转变。

3. 新型国际贸易下全球贸易格局的变革

新型国际贸易下国际分工与世界市场的新变化对全球贸易格局产生了许多影响，这主要体现在：

(1)国际贸易商品格局发生了重大变化。尽管传统有形的工业制成品在国际贸易中仍然占有重要地位，但国际贸易商品格局正向着以无形的信息和服务为中心的贸易格局转变。信息本身作为一种资源和可交易产品在国际贸易中所处的地位不断提升，无形商品与有形商品贸易并存。

(2)国际贸易地理格局发生了重大变化。一个国家具备的互联网等软硬基础设施的完善程度很大程度上决定了参与国际贸易的广度和深度。

(3)参与全球贸易的主体结构发生重大变化。从跨国企业为主体的全球贸易转变到跨国企业和中小企业共同主导全球普惠贸易，全球贸易通过跨国的全球贸易平台实现了全球普惠性贸易和共享经济成果。

(4)新型国际贸易通过贸易平台形成若干制造商、批发商、中间商、零售商的市场集成，同时也形成若干消费者组成的市场集成，这两种流量和数据资源颠覆了过去以生产者为中心的国际贸易生产体系，转变为以消费者为中心的国际贸易生产服务体系。

(5)国际贸易空间集聚方式发生变化。新型国际贸易把国际贸易中的商流、物流、信息流、资金流和人员流动全都集聚在跨境贸易这个虚拟平台上，平台成为国际贸易空间集聚的方式和基础，推动生产者规模经济、消费者规模经济、物流和信息流的规模经济发展，产生倍增的集聚效应。

(6)全球贸易规则发生重大变化。新型国际贸易要求信息在国家之间更自由地流动，并进一步渗透到政府决策部门，全球范围内新型国际贸易的蓬勃发展及在推行自己的全球规则，超国家的、带有准公共产品性质的全球跨境贸易平台使国家主权进一步削弱，传统全球贸易的规则体系正转向传统贸易规则体系和跨境电商规则体系共生共融的新阶段，引领和推动跨境电商新型规则体系的建立将有利于在新时期的全球贸易竞争中占据更主动地位。

新型国际贸易的本质是联通，去制度、去疆界、去中心化、去行政化成为其典型特点，打破行政与地理的隔离，推动全球制造业与服务业的融合，形成跨国界、跨行业、跨领域、跨业态的崭新产业链、供应链、服务链和价值链，从而引发全球贸易格局乃至地缘政治、经济和外交格局的变化。

本章小结

本章首先简要阐述了人工智能的内涵与特征，然后介绍了人工智能的三要素——算力、数据和算法，最后从人工智能影响国际生产领域、促使制造业转型升级、推动国际贸易与制造业的融合发展以及人工智能引发全球贸易格局变革等方面，探讨了人工智能与国际贸易之间的关系。

本章习题

1. 请简述人工智能的分类有哪些。
2. 请简述人工智能的要素包括哪些。
3. 请简述人工智能对国际贸易的影响。

第 2 章

国际贸易理论基础

学习目标

(1)掌握人工智能与国际货物贸易的相关知识。
(2)从商品品质、数量与包装等方面了解合同的主体和标的。
(3)掌握国际贸易中商品的定价、货款收付的票据、汇付与托收及信用证种类。
(4)掌握国际贸易中的进出口合同的履行、进出关办理及相应单据。
(5)了解不同的运输方式、运费的计算及运输单据的作用。

2.1 合同的主体和标的

2.1.1 贸易商品品质现状

1. 商品品质的含义

商品品质有狭义和广义之分。狭义品质是指商品的外观形态和内在品质的综合。商品的外观形态指商品的大小、长短、结构、造型、款式、色泽、光彩、宽窄、轻重、软硬、光滑、粗糙以及味觉、嗅觉等。商品的内在品质则是指商品的物理性能、化学成分、生物特征、技术指标和要求等，一般需借助各种仪器、设备分析测试才能获得。例如，纺织品的断裂强度、伸长率、回潮率、缩水率、防雨防火性能、色牢度，化工商品的熔点、沸点、凝固点等，机械类产品的精密度、光洁度、强度，肉禽类商品的各种菌类含量等。

对广义品质的理解，需要从生产过程、市场营销等方面出发。例如，国际贸易商品的生产过程中加工方法是否符合有关规定，生产过程是否违反环境保护的要求(如是否产生有害物质等)。如果从国际市场营销的整体产品概念角度看，国际贸易商品的品质还应该包括商品的包装和售后服务等方面的内容，更要从广义品质的角度完善国际贸易商品的品质。

2. 商品品质的表示方法

由于商品种类纷繁复杂，不同商品有各自的特点，其中包括制造加工情况、市场交易习惯等，因此描述商品品质的方法也各不相同。国际贸易中表示商品品质的方法主要有两大类，即实物表示法和文字、图示表示法。实际业务中具体采用何种方式，需视商品的种类、特性及双方的交易习惯等而定。

1)实物表示法

实物表示法，是指买卖双方在洽商时，由卖方或买方提供一种或数种足以代表商品质量的实物作为样品，请对方确认。样品一经确认便成为买卖双方交接货物的品质依据，称为“凭样品买卖(sales by sample)”，主要原因是由于一些商品本身的品质特点难以用文字说明表示，或出于市场习惯而采用的一种方法，主要包括看货买卖和凭样品买卖两种。

(1)看货买卖(sales by actual quality)。看货买卖又称看货成交，即买方先验货物而后达成交易，卖方须按对方验看的商品交货。这种交易方式多用于寄售、拍卖、展卖等业务中。

(2)凭样品买卖(sales by sample)。凭样品买卖即以样品表示商品的品质并以此作为交货依据。这种方法主要适用于部分工艺品、服装、轻工业品和土特产品等一些难以用科学的方法表示商品品质的买卖。凭样品买卖可分为凭卖方样品买卖(sales by seller's sample)、凭买方样品买卖(sales by buyer's sample)和凭对等样品买卖(sales by counter sample)。

3. 凭文字说明买卖

以文字、图示说明表示商品品质是指用文字、图片、照片等方式来说明商品的品质。在国际贸易中，绝大多数商品采用文字或图示表示其品质，称为“凭文字说明买卖(sales by descriptions)”，具体有以下几种方式：

(1)凭规格买卖(sales by specifications)指以一些足以反映商品品质的主要指标成交的买卖，如以化学成分、含量、纯度、性能、容量、长短、粗细等表示品质，具有简单易行、明确具体、可根据每批成交货物的具体品质状况灵活调整的特点，在国际贸易中广泛应用。但是应注意：由于各种商品有其特定的结构，规格的内容各不相同；不同商品用途，描述用途要求的质量指标也会有所不同，如大豆买卖，用作榨油时，规格中应列明含油量指标，而用作食用时则应列明蛋白质含量。

(2)凭等级买卖(sales by grade)是指把同一种商品按其质地的差异分为若干等级或档次成交的买卖，如以尺寸、形状、重量、成分、构造、效能等的不同，划分为不同的级别和档次。一般情况下，凭等级买卖时，只要列明商品的等级，即可明确该商品的质量，对简化交易手续、促进成交和体现优质优价等方面都有一定的积极作用。但应注意商品的等级一般由厂商单方面制定，并没有法律约束力，而且不同等级的商品，规格各不相同，为了明确交易商品的具体规格，避免争议，交易双方在品质条款中列明商品等级的同时，应该对每一等级商品的具体规格予以详细规定。

(3)凭标准买卖(sales by standard)是指以商品标准成交的买卖。商品标准是指将商品的规格、等级标准化并以一定的文件形式由相应的机构统一制定并正式公布。这些机构包括标准化组织、政府机关、行业团体、商品交易所等。世界各国都有自己的标准，我国的商品标准由国家或有关政府部门规定，并逐步与国际标准接轨。我国目前的商品标准有国家标准、专业标准、地方标准和企业标准。国外的商品标准有由国家和标准化组织规定的，也有由本国的行业公会、贸易协会、商品交易所等团体制定的。如英国的 BS、美国的 ANSI、法国的 NF、德国的 DIN、日本的 JIS 等。另外还有国际标准，如国际标准化组织的 ISO 标准，国际电工委员会(IE)等制定的标准等。

(4)凭牌名或商标买卖(sales by brand or trade mark)是指以厂商或销售商所生产或销售商品的牌号或商标成交的买卖；商标是牌号的图案化，是特定商品的标志。使用牌名和商标的主要目的是使之与其他同类商品有所区别，以利于销售。凭牌名或商标买卖一般适用于品质稳定的工业制成品或半制成品。在市场上行销已久、质量稳定、信誉良好的产品，其品牌或商标本身就是一种品质象征，人们在交易中可以只凭品牌或商标买卖，无须对品质提出详细要求。在凭牌名或商标买卖时，生产厂商或销售商应注意有关国家的法律规定，在销往国办理登记注册手续，以维护商标专用权。必须注意到，商品的牌名或商标不仅代表着一定的质量水平，而且能够诱发买方或消费者的购买欲望，成为强有力的竞销手段。因此，应当注意维护名牌商标的声誉。另外，凭牌名或商标买卖主要有两种规定办法：①在合同中既订明商品的商标或品牌，又列明该商品的具体品质要求，此种规定办法要求卖方所交付的货物必须具有合同中所指明的商标或品牌，而且货物的品质还要与合同中的具体规定一致。②买卖双方在合同中仅订明商品的商标或品牌，而未列明品质要求，此种情况下，卖方所交货物必须符合该商标或品牌的商品通常所具有的品质，否则构成违约。

(5)凭产地名称买卖(sales by name of origin)，在国际贸易中，有些产品，尤其是农副产品，因产区的自然条件、传统的加工工艺等因素的影响，在品质方面具有独特品质，这类产品一般可用产地名称来表示其品质。如"四川榨菜(Sichuan Preserved Vegetables)""绍兴花雕酒(Shaoxing Huadiao Wine)"等。这些标志不仅标注了特定商品的产地，也对这些商品的特殊质量和品位提供了一定的保障。凭产地名称买卖，涉及地理标志，实际使用中要确切地了解其中的内涵。地理标志在关贸总协定(The General Agreement on Tariffs and Trade)乌拉圭回合最终协议文件中已被正式列入知识产权保护范畴，因此，不仅要充分体现其中的价值，也要注意保护知识产权和避免侵权。

(6)凭说明书和图样买卖(sales by description and illustration)是指在国际贸易中以说明书并附以图样、照片、设计、图纸、分析表及各种数据来说明商品具体性能和结构特点而成交的买卖。例如：品质和技术数据符合该合同所附技术协议书的买卖。凭说明书和图样买卖适用于对材料和设计有严格要求，产品结构复杂，性能数据较多的机械、电器和仪表等技术密集型产品。目前，不少厂商为了推销自己的产品，定期或不定期地向顾客分送整本的商品目录或单张的产品介绍，用图片和文字介绍其产品造型、外观设计、内部构造、性能、使用方法、注意事项、价格和售后服务等情况，供顾客选购。这种办法又称凭商品目录买卖。国际上有不少定型的机电产品都是用这种办法进行交易。以说明书和图样表示商品品质时，卖方要承担"所交货物的质量必须与说明书和图样完全相符"的责任。

以上表示商品品质的几种方法，可以单独运用，也可以根据商品的特点、市场或交易的习惯结合运用。但要注意，在销售某一商品时，原则上可用文字表示质量的，就不再同时用样品表示。反之亦然，如果有些商品确需既用文字说明又用样品表示质量，则一旦成交，卖方必须承担交货质量符合文字说明又符合样品的责任，否则买方有权拒收货物，并可以提出索赔要求，因此，凡能用一种方法表示品质的，一般就不用两种或以上的方法来表示。

2.1.2 贸易商品数量现状

数量条款是合同交易中非常必要的条款之一。卖方所交货物的数量应该与合同保持一致。根据《联合国货物销售合同公约》(the United Nations Convention on Contracts for the International Sale of Goods，CISG)，卖方根据约定的数量交货是一项根本的义务。如果所交货的数量超过约定的数量，买方有权拒收多交部分，也可以接受多交部分的全部或部分，但是必须按照合同支付货款。

1. 计量单位

由于各国度量衡制度不同，因而使用的计量单位也不同，如长度、容量和重量等。了解不同度量衡制度中的计量单位和它们之间的换算对从事国际贸易的人员而言是非常重要的。现在世界上常用的三大度量衡制度为公制(国际单位制)、英制和美制。中国采用的是国际单位制。常用的计量单位举例如下：

(1)重量。公斤、公吨、长吨、短吨、克、磅、盎司。这些单位常用于原材料、农产品等，如化工原材料、棉花、谷物粮食和矿物产品等。

(2)个数。只、件、双、套、打、令、卷、箱、包、桶等。这些单位常用于工业制成品和一般杂货，如文具、纸张、玩具、车辆和活体动物等。

(3)长度。米、厘米、英尺、码、千米、英里等，这些单位常用于纺织品、金属绳索、电线、电缆等。

(4)面积。平方码、平方米、平方英尺等，这些单位常用于玻璃、皮革制品和纺织品，如布匹、毯子、塑料垫子、皮革和地板等。

(5)体积。立方米、立方英尺、立方码，这些单位常用于木材、天然气等。

(6)容积。升、加仑、蒲式耳等，这些单位常用于谷物、流体货物、酒精、石油等。选择单位时要依据货物的本质特点。

2. 计算重量的方法

(1)按毛重。毛重是指商品本身的重量加上皮重或包装物的重量，也就是商品净重加上包装物的总重量。

(2)按净重。净重是指商品本身的实际重量，不包括包装物的重量。对于一些价值较低或商品价值和包装价值相近的商品，如装在麻袋里的农产品，包装袋重量就会被忽略掉，这种计算重量的方法被称为“以毛作净”，卖方通常按净重支付货款。

(3)理论重量。某些有固定规格形状和尺寸的商品，如镀锌铁、马口铁、钢板等，只要规格一致、尺寸一致，就可以根据总件数来计算重量，这种方式就是理论重量。

(4)公量。公量是指用科学的方法抽出商品所含水分，再加上标准水分求得的重量。这种按公量计算的方法经常用于经济价值较大而水分含量极不稳定的商品，如丝绸、羊毛等。计算商品公量的公式如下：

$$公量=实际重量\times\frac{(1+标准回潮率)}{1+实际回潮率}=干量+标准含水重量$$

国际上规定的标准含水量为11%。

3. 溢短装条款

溢短装条款(more or less clause)是指在矿砂、化肥、粮食、食糖等大宗散装货物的交易中，由于受商品特性、货源变化、船舱容量、装载技术和包装等因素的影响，要求准确地按约定数量交货，有时存在一定困难，为了避免因实际交货不足或超过合同规定而引起的法律责任，方便合同的履行，对于一些数量难以严格限定的商品，通常是在合同中规定交货数量允许有一定范围的机动幅度，这种条款一般称为溢短装条款。它一般包括机动幅度的选择权以及计价方法。只要交货的数量在幅度范围内，就认为是符合合同要求的。例如，50 公吨花生，卖方可溢短装 3%，由卖方选择这个交货范围就是 48.5 ～51.5 公吨。关于溢短装的一些问题有：

(1)溢短装幅度范围的选择。一般而言，由卖方决定实际溢短装的范围。由承运人根据船的承载情况来决定数量也是可以的；在 FOB 条件下成交的，由于是由买方租船来装载货物，也可以在合同中规定由买方来决定数量范围。

(2)在溢短装条款下，多装或少装的部分按照合同规定的价格计价，或者按照装船时的市场价格来计价。

(3)像“大约”这样的表达应该尽量避免，因为会引起理解上的差异：有的理解为 2% 的差额幅度，有的理解为 5%，有的理解为 10%。根据《跟单信用证统一惯例(UCP600)》(Uniform Customs and Practice for Commercial Documentary Credits)规定，“大约”是指允许 10% 的差额幅度；对于散装货物而言，如果合同没有规定确切的溢短装条款，仍然允许 5% 的溢短装差额幅度。

2.1.3 贸易商品包装现状

包装是国际贸易实践中最重要的问题之一。如果卖方所交货物的包装不符合合同规定，买方有权拒收货物；如果货物包装有损坏，船长不会签发清洁提单，卖方就无法得到货款。近些年来，人们越来越认识到包装的重要性，它被看作质量的一部分和国际市场上一种重要的竞争手段。

1. 包装的类型

按照货物是否需要包装的角度，包装可以分为 3 类：

(1)裸装货。所谓裸装货，是指有些商品的品质比较稳定，没有任何包装或简单包装就可以运送的货物。这些货物很难包装或者不需要任何包装，如钢材、木材、橡胶、车辆等。

(2)散装货。散装货是指未加任何包装、直接付运至销售的货物，例如石油、矿砂、煤炭、粮食等。

(3)包装货。大多数国际贸易货物都需要某种程度的包装，目的是用来运输、仓储和销售。所谓包装货，是指运输包装、销售包装或两者都需要的货物。按照包装的作用不同，可以将包装分为运输包装和销售包装。

2. 包装的标志

为了便于货物的运输、存储、交接和识别工作顺利进行，经常在外包装上印刷标志。

根据标志的使用目的，可以分为运输标志、指示性标志和警告性标志 3 类。

(1) 运输标志。运输标志是印刷在包装上的标记，由一些简单的图案、字母、数字和文字组成，在国际贸易货物的运输、装卸、存储和交接过程中，用来识别货物。国际化标准组织建议的国际标准运输标志包含 4 部分：①收货人代号或缩写；②参考号码(合同号、订单号或信用证号)；③目的地；④件号。

(2) 指示性标志。指示性标志是指在包装上印的简单的、明显的图案和文字，用来引起相关操作人员在装卸、搬运和存储货物时的注意。

(3) 警告性标志。警告性标志又称为危险货物标志。它们是必须印刷在运输包装外面，表明各种危险品的标志，如易燃物品、易爆物品、有毒物品、腐蚀物品和放射性物品等，以示警告，使装卸、运输和保管人员按货物特性采取相应的防护措施，以保护物资和人身安全。

3. 智能包装

包装技术的发展是随着商品流通的需求而发展起来的。对于商品而言，包装主要是起到防护、隔离、定量、装潢和说明的作用，这也是传统包装的功能和特点。随着商品经济的发展，商品对包装的功能性要求越来越强，包装的智能化已经是商品包装发展中势在必行的趋势。智能包装在保护、服务、信息等方面的强大功能使其在药品、食品、日用化学品、物流等领域的运用越来越广泛。包装的一大作用体现在运输、物流功能上。早在 1992 年，在伦敦召开的"智能包装"会议上，专家就给出了智能包装的定义：在一个包装、一个产品或产品—包装组合中，有一集成化元件或一项固有特性(元件)，通过此类元件或特性把符合特定要求的职能成分赋予在产品包装的功能中，或体现在产品本身的使用中。早期智能包装技术一般只用在高档商品、奢侈品包装上，而现在随着 NFC、印刷电子技术等技术成本的下降，智能包装技术将会被越来越多地应用到价格较低的产品上。可以预测未来几年，智能标签在广大消费者日常需求商品上的使用会越来越广泛。智能包装最终将无处不在。随着物联网时代的到来与社会消费升级，部分领域从传统包装升级成智能包装是必然的，不论是物联网智能包装还是功能性智能包装，都存在巨大的想象空间与广大的潜在市场。

人工智能加上机器视觉似乎已经席卷了分销、包装和制造业，现代仓库的运作已经完全改变。视觉系统和机器学习相互结合，在没有特定编程帮助的情况下也能很好地执行任务。人工智能的这一子集有效地形成了一个系统，可以学习，同时也可以进行自我优化。智能仓库是基于人工智能的概念，侧重于通过一个仓库对来自不同输入的数据进行协作，以便通过对操作进行智能和知情的改进来进化自身。系统能够从原始数据中学习和识别规则、模式以及相互依赖关系。在整个供应链上，这些仓库可以根据新的场景进行动态和独立的调整。机器人被越来越多地应用到挑选和包装产品上，这引起了人们的极大关注。整个过程可以完全自动化，使用机器人包装的效率比人工提高了 4 倍。

2.2 商品的价格

2.2.1 国际贸易商品的定价

贸易商在外贸出口的过程中难免需要向国外的买主进行报价。因此正确地计算出口价格可说是贸易初始阶段中一个相当重要的部分，因为唯有贸易商能清楚地知道自己的成本结构而后才有所谓的报价策略。理论上，出口价格即是贸易商自身的经营成本（进货成本加上销货相关费用），再加上预计利润。不过实务交易过程中的价格计算牵涉的因素甚多，光是不同的贸易条件所需计入的费用项目就有很大的不同，更何况碰到要不要包含佣金、运费、保险费等问题时，将变得更复杂。

此外，国际贸易中的报价通常还需要考虑所使用的贸易条件。过去很多贸易商会使用FOB、CFR、CIF，以及一些可能包含佣金如CIF&C等条件来做报价，贸易商需要根据其间差异进行调整。以前贸易商的报价，都事先向供货商要求报出厂价或要求与贸易商对外报价所使用相同贸易条件的报价，然后再来比较转手间差异程序、成本项目做必要的调整后转化成自己的报价。例如，出口商要以FOB条件对外报价时，有可能直接以FOB条件向工厂询得价格后，再加上自己原先设定可以覆盖其利润及相关作业费用之成数(如8%～10%)，借以转化成自己的FOB报价。这种做法简单，可迅速估算出贸易的报价，缺点是无法确实反映、掌握每一笔交易的差异性。因此，除了上述讨论的速算方式外，还有必要仔细查究每一笔交易的差异性。针对不同的实际项目进行较为精细的估算，使所估算的价格能够反映贸易商实际的经营成本，且供未来贸易商在与客户讨价还价时更能掌握其可能的盈亏情况。贸易商在计算出口价格时若能建构一张出口价格计算表，则能给贸易商提供一个既简单又有条理的决策分析工具来帮助计算并核对，以确保不会有任何成本因素被忽略。同时，在每一次计算之后留下的交易记录也可作为日后洽商或接受类似新交易订单时的一个重要参考。

出口价格计算的步骤如下：

1. 取得各项费用或成本的资料

(1)向工厂询价取得货品的成本、包装方式、每一包件尺寸大小及重量等资料。

(2)报关费用。

(3)银行的外汇汇率以及相关的手续费率、贴现利息利率等数据。

(4)向船公司询价取得有关运费费率、是否有其他附加或附属收费数据。

(5)向保险公司询价取得有关保险的费率。

2. 求FOB、CFR、CIF报价

依据上述的信息，依序求得：

①成本(cost)；②运费(freight)；③保险费(insurance premium)；④银行费用(banking charges)；⑤国外客户退佣(return commission)；⑥预期利润(expected profit)。

然后，将成本加上运费即可得出价格计算式的分子部分。至于分母部分，则将银行费用、保险费、佣金、预期利润等相关费率相加，再减去1之后取正数即可得出。最后，将分子除分母所得数再除以单位数及汇率，即可得出出口价格。要求得FOB价格，则：

运费 = 0

保险费 = 0

佣金 = 0

依照上述的计算公式算出货品成本、运费，然后将保险费率、佣金率、预期利润率等代入适当的公式，得出各种价格的计算为：

$$\text{FOB 报价} = (\text{成本} + 0) \times \frac{1}{1-(0\times 1.1+0+\text{利润率})} = \text{成本} \times \frac{1}{(1-\text{利润率})}$$

$$\text{CFR 报价} = (\text{成本} + \text{运费}) \times \frac{1}{(1-\text{利润率})}$$

$$\text{CIF 报价} = (\text{成本} + \text{运费}) \times \frac{1}{(1-\text{保险费率}\times 1.1+0+\text{利润率})}$$

2.2.2 国际贸易计价货币的选择

货币的主要功能是充当交易媒介、计价标准和价值储藏工具，货币国际化是指一国货币突破国界在国际发挥交易媒介、计价标准和价值储藏的功能，而在国际发挥这些功能的货币即成为国际货币。就这三项功能而言，一国货币国际化的具体意义有：①交易媒介功能的国际化：一国货币在国际贸易和金融交易中被私人部门作为媒介货币(vehicle currency)，同时也被官方部门作为干预货币(intervention currency)，用于干预外汇市场和平衡国际收支；②计价标准功能的国际化：一国货币被外国私人部门作为商品和金融交易的计价货币(invoice currency)，同时也被官方部门作为确定汇率平价的锚定货币(anchor currency)；③价值储藏功能的国际化：一国货币及以其计价的金融资产被外国私人部门与官方部门持有，作为投资工具与官方准备资产。

一国货币要国际化，先决条件是该国对外经济活动必须在国际上占有相当分量而且必须准许资金自由进出及准许外国人自由持有本国的金融资产。这些条件满足之后，该国货币还必须与美元、欧元、英镑与日元竞争才能国际化，因为国际上已经习惯于使用这些货币进行交易。事实上，一国货币要国际化，该国可以着力扩大本国的经济规模与对外贸易规模，加强本国金融体系的建设，使利率、汇率与一般金融资产的价格市场化，并准许资金自由进出及准许外国居民自由持有本国资产，至于其他国家的居民是否愿意使用该国货币作为国际货币，该国的影响力有限。一国货币能否国际化是各国货币竞争的结果，国际化的过程与程度主要是需求主导的，然而一个国家也可以通过政策配合，创造一个有利于本国货币国际化的环境。一个国家是否要推动货币国际化，所要考虑的是货币国际化的利益与成本。

1. 国际贸易的计价货币现状

各国对外贸易所使用的计价货币，这方面的统计数据及分析比较欠缺，目前比较系统的分析是Kamps(2006)。表2-1所示是根据Kamps(2006)整理的国际贸易计价货币结构，由表可以看出在欧洲各国的对外贸易中，欧元是最主要的计价货币，美元次之，英镑再次之；在亚太各国的对外贸易中，美元是主要的计价货币，日元次之，欧元再次之；而美国的对外贸易几乎都以美元为计价货币。值得注意的是，虽然在欧洲各国的对外贸易中，欧元是最主要的计价货币，但是这些贸易主要为欧盟各国之间的贸易，在欧盟的对外贸易中，以欧元计价的比例明显下降，而在没有欧盟参与的贸易中，以欧元计价的比例极低。

表 2-1　国际贸易的计价货币结构　（单位：%）

地区	出口				进口			
	美元	欧元	英镑	日元	美元	欧元	英镑	日元
欧洲	27.9	53.7	6.1	—	37.5	49.5	4.1	—
亚太	64.8	7.9	—	19.3	70.3	5.5	—	12
日本	48	9.6		38.4	68.7	4.5		24.6
美国	—	—	—	—	90.3	2		
加拿大	70	—	—	—	—	—	—	—

综合而言，美元才是最主要的国际贸易计价货币，美国的对外贸易绝大多数都以美元计价，即使在没有美国参与的国际贸易中，以美元计价的比例也很高；欧元主要在欧盟内部之间的贸易中作为计价货币，在没有欧盟参与的贸易中，以欧元计价的比例极低；英镑的贸易计价功能局限在欧洲贸易中，而且即使是欧洲各国之间的贸易，以英镑计价的比例也不高；日元的贸易计价功能局限在亚太各国的贸易，特别是日本参与的贸易。

2. 世界各国的外汇准备组成货币现况

根据国际货币基金组织（International Monetary Fund）的统计，截至 2013 年底，在世界各国外汇准备的组成货币中，美元占比为 61.2%，欧元为 24.4%，日元与英镑分别为 3.9% 与 4%，瑞士法郎为 0.20%，其他货币（主要为包括人民币在内的一些区域型货币）合占 2.9%。

美元在先进国家与发展中国家的外汇准备中所占的比例并没有明显不同，欧元也是如此，而英镑与瑞士法郎在先进国家的外汇准备中所占的比例都接近于 0，显示英镑与瑞士法郎主要是在发展中国家扮演外汇准备的角色。日元在先进国家的外汇准备中所占的比例高于发展中国家，其他货币在先进国家的外汇准备中所占的比例低于发展中国家。

由世界各国外汇准备的组成货币结构可以推论出，英镑、瑞士法郎、澳元、加元及包括人民币在内的一些区域型货币在发展中国家比较具有充当外汇准备的优势，而日元则在先进国家比较具有充当外汇准备的优势。

综上所述，目前全球范围的国际货币可以划分为 4 个等级，第 1 级为美元，第 2 级是欧元，第 3 级是日元与英镑，第 4 级是瑞士法郎、澳元及加元，各级的国际货币所扮演的角色归纳于表 2-2。

表 2 -2 国际货币的等级

	贸易计价与结算	资产计价与结算	外汇准备
第 1 级：美元	大部分国际贸易都以美元计价结算；大宗商品大多以美元计价结算	主要国家银行资产的主要计价货币；国际债券市场与外汇衍生商品市场的主要计价货币；美元资产的发行人与持有人中，非美国居民所占的比例很高	占世界各国外汇准备的 61.2%，先进国家与发展中国家广泛持有
第 2 级：欧元	在国际贸易中的结算比例仅低于美元，但主要在欧盟内部贸易中使用	以欧元计价的银行资产比例仅次于美元，以欧元计价的国际债券比例高于美元，以欧元计价的外汇衍生商品明显低于美元；欧元资产主要为欧盟与周边国家所发行与持有	占世界各国外汇准备的 24.4%，欧盟国家及周边国家持有的比重比较高
第 3 级：日元、英镑	在国际贸易中的结算比例明显低于欧元；主要在有本国参与的进出口中使用	在国际金融市场所扮演的计价货币角色明显低于欧元	约各占世界各国外汇准备的 4%，其中英镑局限于发展中国家持有
第 4 级：瑞士法郎、澳元、加元	在国际贸易中的结算比例比日元和英镑低	在国际金融市场扮演的计价货币角色低于日元和英镑	占世界各国外汇准备的比例低，其中瑞士法郎局限于发展中国家持有

数据来源：宋敏，屈宏斌，孙增元．走向全球第三大货币——人民币国际化问题研究[M]．北京：北京大学出版社，2011.

2.2.3 佣金和折扣的运用

在合同价格条款中，有时会涉及佣金(commission)和折扣(discount，allowance)。价格条款中所规定的价格，可分为包含佣金或折扣的价格和不包含这类因素的净价(net price)。包含佣金的价格，在业务中通常称为“含佣价”。

1. 佣金

在国际贸易中，有些交易是通过中间代理商进行的，因中间商介绍生意或代买代卖而需收取一定的酬金，此项酬金称为佣金。凡在合同价格条款中，明确规定佣金的百分比，称为“明佣”。如不标明佣金的百分比，甚至连“佣金”字样也不标示出来，有关佣金的问题由双方当事人另行约定，这种暗中约定佣金的做法，称为“暗佣”。佣金直接关系到商品的价格，货价中是否包括佣金和佣金比例的大小，都影响商品的价格。显然，含佣价比净价要高。正确运用佣金，有利于调动中间商的积极性和扩大交易。

佣金的规定办法：在商品价格中包括佣金时，通常应以文字来说明，例如“每公吨200美元CIF旧金山，包括2%佣金”(US MYM 200 per M/T CIF San Francisco including 2% commission)。也可在贸易术语上加注佣金的缩写英文字母“C”和佣金的百分比来表示，例如“每公吨200美元CIFC2%旧金山”(US MYM 200 per M/T CIF San Francisco including 2% commission)。商品价格中所包含的佣金，除用百分比表示外，也可以用绝对数来表示，例如“每公吨付佣金25美元”。如中间商为了从买卖双方获取双头佣金或为了逃税，有时要求在合同中不规定佣金，而另按双方暗中达成的协议支付。佣金的规定应合理，其比率一般掌握在1%～5%之间，不宜偏高。

在国际贸易中，计算佣金的方法不一，有的按成交金额约定的百分比计算，也有的按成交商品的数量来计算，即按每一单位数量收取若干佣金计算。在我国进出口业务中，计算方法也不一致，按成交金额和成交商品的数量计算的都有。在按成交金额计算时，有的以发票总金额作为计算佣金的基数，有的则以FOB总值为基数来计算佣金。如按CIFC成交，而以FOB值为基数计算佣金时，则应从CIF价中减去运费和保险费，求出FOB值，然后以FOB值乘佣金率，即得出佣金额。

计算佣金的公式如下：单位货物佣金额＝含佣价×佣金率净价＝含佣价－单位货物佣金额，上述公式也可写成：净价＝含佣价×(1－佣金率)。假如已知净价，则含佣价的计算公式应为：含佣价＝净价/(1－佣金率)。在这里，值得注意的是，如在洽商交易时，我方报价为10000美元，对方要求3%的佣金，在此情况下，我方改报含佣价，按上述公式算出应为10309.3美元，这样才能保证实收10000美元。

佣金的支付一般有两种做法：一种是由中间代理商直接从货价中扣除佣金；另一种是在委托人收清货款之后，再按事先约定的期限和佣金比率，另行付给中间代理商。在支付佣金时，应防止错付、漏付和重付等事故发生。按照惯例，在独家代理情况下，如委托人同约定地区的其他客户达成交易，即使未经独家代理过手，也得按约定的比率付给其佣金。

2. 折扣

1)折扣的含义

折扣是指卖方按原价给予买方一定百分比的减让，即在价格上给予适当的优惠。国际贸易中使用的折扣名目很多，除一般折扣外，还有为扩大销售而使用的数量折扣(quantity discount)，为实现某种特殊目的而给予的特别折扣(special discount)以及年终回扣(turnover bonus)等。凡在价格条款中明确规定折扣率的，称为“明扣”；凡交易双方就折扣问题已达成协议，而在价格条款中却不明示折扣率的，称为“暗扣”。折扣直接关系到商品的价格，货价中是否包括折扣和折扣率的大小，都影响商品价格，折扣率越高，则价格越低。折扣如同佣金一样，都是市场经济的必然产物。正确运用折扣，有利于调动采购商的积极性和扩大销路，它是国际贸易中加强对外竞销的一种手段。

2)折扣的规定办法

在国际贸易中，折扣通常在合同价格条款中用文字明确表示出来，例如“CIF伦敦每公吨 200 美元，折扣 3%”（US MYM 200 per metricton CIF London including 3% discount）。此例也可这样表示：“CIF 伦敦每公吨 200 美元，减 3% 折扣”（US MYM 200 per metricton CIF London Less 3% discount）。此外，折扣也可以用绝对数来表示，例如“每公吨折扣 6 美元”。

在实际业务中，也有用“CIFD”或“CIFR”来表示 CIF 价格中包含折扣，这里的“D”和“R”分别是“Discount”和“Rebate”的缩写。鉴于在贸易往来中加注的“D”或“R”含义不清，可能引起误解，故最好不使用此缩写语。交易双方采取暗扣的做法时，则在合同价格中不予规定，折扣按交易双方暗中达成的协议处理。这种做法属于不公平竞争，公职人员或企业雇佣人员拿“暗扣”，属于贪污受贿行为。

3）折扣的计算与支付方法

折扣通常是以成交额或发票金额为基础计算出来的。例如，CIF 伦敦，每公吨 2000 美元，折扣 2%，卖方的实际净收入为每公吨 1960 美元。其计算方法为：单位货物折扣额 = 原价（或含折扣价）× 折扣率，卖方实际净收入 = 原价 − 单位货物折扣额。折扣一般是在买方支付货款时预先予以扣除。也有的折扣金额不直接从货价中扣除，而按暗中达成的协议另行支付给买方，这种做法通常在给“暗扣”或“回扣”时采用。

2.3 国际货款的收付

2.3.1 贸易的票据

国际贸易货款的收付，是买卖双方的基本权利和义务。货款的收付直接影响双方的资金周转和融通，以及各种金融风险和费用的负担，这是关系到买卖双方切身利益的问题。因此，买卖双方在洽商交易时，都力争约定对自己有利的支付条件。我国对外贸易货款的收付，通常通过外汇来结算。货款的结算，主要涉及支付工具、付款时间、地点及支付方式等问题，买卖双方洽商交易时，必须对此取得一致意见，并在合同中具体订明。

1. 汇票

汇票既是一种结算工具，也是一种信贷工具；既可以用于国际结算，也可以用于国内异地结算，而且是国际贸易货款使用最普遍的工具。汇票是出票人签发的，委托付款人在见票时或者在指定日期无条件支付确定的金额给收款人或者持票人的票据。汇票是出票人的书面命令；汇票的付款命令是无条件的。

汇票按不同的标准可以划分为不同种类，一般有以下三种：

（1）按出票人的不同可分为商业汇票和银行汇票。商业汇票（commercial draft）是指出票人是商号或个人，付款人可以是商号、个人，也可以是银行；银行汇票（banker's draft）是指出票人是银行，受票人也是银行的汇票。

（2）按有无随附商业单据可分为光票和跟单汇票。光票（clean bill）是指出票人在开出汇票时不附带任何商业单据的汇票；跟单汇票（documentary bill）是指附带有商业单据的汇票。

(3)按付款时间的不同可分为即期汇票和远期汇票，其中即期汇票(sight draft)是指规定付款人见票后即需付款的汇票。

2. 支票

《中华人民共和国票据法》规定，支票是由出票人签发的，委托办理支票存款业务的银行或者其他金融机构在见票时，应无条件地支付确定的金额给收款人或者持票人的票据。支票主要用于国内结算，在国际结算中使用不多。支票必须记载规定事项，未记载规定事项的视为无效。

支票按照不同标准，可划分为不同的种类，如现金支票、转账支票、画线支票、普通支票等。不同种类的支票对付款银行的要求也不同，银行必须按照出票人的指示付款。

2.3.2 贸易的汇付与托收

1. 汇付

(1)汇付(remittance)是指付款人通过银行将款项汇交收款人。在国际贸易中如采用汇付，通常是由买方按合同规定的条件和时间(如预付货款或货到付款或凭单付款)通过银行将货款汇交卖方。汇付有4个当事人，即汇款人、汇出行、汇入行和收款人。汇付根据汇出行向汇入行发出汇款委托的方式分为3种形式。

①电汇(T/T)。汇出行接受汇款人委托后，以电传方式将付款委托通知收款人当地的汇入行，委托它将一定金额的款项解付给指定的收款人。电汇因其交款迅速，在3种汇付方式中使用最广。但因银行利用在途资金的时间短，所以电汇的费用比下述信汇的费用高。

②信汇(M/T)。信汇和电汇的区别在于汇出行向汇入行航寄付款委托，所以汇款速度比电汇慢。因信汇方式人工手续较多，目前欧洲银行已不再办理信汇业务。

③票汇(D/D)。票汇是以银行即期汇票为支付工具的一种汇付方式。由汇出行应汇款人的申请，开立以其代理行或账户行为付款人，列明汇款人所指定的收款人名称的银行即期汇票，交由汇款人自行寄给收款人。由收款人凭票向汇票上的付款人(银行)取款。

(2)汇付的应用。买卖双方对每一种结算方式，都从手续费用、风险和资金负担的角度来考虑其利弊。汇付的优点是手续简便、费用低廉。汇付的缺点是风险大，资金负担不平衡。因为以汇付方式结算，可以是货到付款，也可以是预付货款。如果是货到付款，卖方向买方提供信用并融通资金。而预付货款则是买方向卖方提供信用并融通资金。不论哪一种方式，风险和资金负担都集中在一方。在我国外贸实践中，汇付一般只用来支付订金、货款尾数、佣金等费用，不是一种主要的结算方式。在发达国家，由于大量的贸易是跨国公司的内部交易，而且外贸企业在国外有可靠的贸易伙伴和销售网络，因此，汇付是主要的结算方式。在分期付款和延期付款的交易中，买方往往用汇付方式来支付货款，但通常需辅以银行保函或备用信用证，所以又不是单纯的汇付方式。

2. 托收

近来由于国际贸易市场竞争剧烈，出口商基于拓展业务的需要，对信用良好的进口商采取托收的交易方式。就性质而言，托收付款可说是出口商授信给进口商的一种交易方式，通过此种付款方式的运作，特别是在承分交单的交易中，进口商可在交易过程中无须动用其本身的自有资金而进行其买空卖空的交易目的。

托收付款的种类，依据出口商在申请托收时，委托给银行的文件中是否有附随货运性单据来区分，可分成：

(1)光票托收(clean collection)，即指将未附有货运单据的票据（汇票、本票或支票），委托银行向国外的付款人进行收款。至于相关的运送单据、商业发票保险单等商业贸易单据，通常多已由出口商先行寄送给进口商，甚至可能根本无此等贸易单据的存在，而是申请人为收取陈年旧账而签发票据委托银行收款。

(2)跟单托收(documentary collection)，即指托收申请人将包括汇票等金融单据连同商业单据一并提出，委托银行代为提示收款。

2.3.3 贸易的信用证付款

1. 信用证

信用证是银行应开证申请人(即进口商)的指示及要求，开给受益人(出口商)的一种附有条件的承担付款责任的凭证。就信用证付款的性质而言，虽然开证银行、受益人及投保银行是主要的当事人，但整个交易的完成所牵涉到的关系人可能不仅限于此。若以最复杂的情形来说，则与信用证交易有关的关系人如下。

(1)开证申请人(applicant)，就是向银行申请开发信用证的人，通常是国际交易的买方(进口商)。若贸易合同中的付款条件是以信用证来付款，在合同签立以后，买方即有义务依照合同规定向银行申请开发信用证，然后再由银行根据其信用情况收取保证金及手续费后，开出信用证，寄交受益人。

(2)受益人(beneficiary)，是依照信用证规定，有权开立汇票及(或)提示单证兑取信用证款项的人。通常是国际交易的卖方(出口商)在交货取得货运单证以后，即可依照信用证的规定，签发汇票并备齐相关单证，向信用证规定的银行提示请求付款。

(3)开证银行(issuing bank；opening bank)，是接受开证申请人的请求及指示开出信用证的银行，对申请人所提出的请求一经审核通过，在收取一定成数保证金、手续费等后，即以本行名义开出信用证，并以邮寄或电讯方式通过出口地的通汇银行将信用证转知受益人。

(4)通知银行(advising bank；notifying bank)，是接受开证银行的委托，将信用证转知给受益人的银行，通常是开证银行在出口地的通汇银行。

(5)押汇银行(negotiating bank)，是应受益人(出口商)的请求，审核押汇文件并垫付或贴现信用证所附汇票的银行。有时开证银行在信用证中会特别指定押汇银行，此时受益人须向该指定银行办理押汇，否则即须通过往来银行进行转押汇的安排。

(6)再押汇银行(re-negotiating bank)，即为限制押汇信用证中由开证银行指定的押汇银行。因该银行通常并非是受益人的往来银行，受益人可能不愿或不便向其申请押汇，因此仍向其往来银行办理押汇，然后再由其往来银行向该限定的押汇银行办理转押汇事宜。

(7)付款银行(paying bank),即在信用证中担任受益人(出口商)所签发汇票的受票人(Drawee)的银行,受票银行可能是开证银行本身、通知银行(欠发达国家开来的信用证,常委托该代转信用证的银行代付),也可能是在第三国的往来银行。

(8)偿付银行(reimbursing bank),即应开证银行的委托对其信用证项下押汇银行(付款银行、承兑银行)的求偿给予偿付的银行。在性质上,偿付银行只是代开证银行转账的单纯付款,并非是终局性的付款。若有拒付情况发生,则由开证银行与押汇银行自行解决。一般而言,偿付银行多为国际金融中心(如纽约、伦敦)的大银行。

(9)保兑银行(confirming bank),即接受开证银行的委托或授权,对开证银行所开发的信用证加以保兑,使自己也承担与开证银行同样付款责任的银行。一些落后地区或商誉欠佳地区的银行,常因所开出的信用证不为受益人所接受,而需由开证银行另请一家为受益人所熟悉的银行(通常为国际著名的银行在出口地的分行)或其他信用良好的银行来对受益人承担保证付款的责任。

(10)转让银行(transferring bank),是指在可转让信用证下,接受受益人委托办理信用证转让手续的银行。转让银行是信用证授权或指定为付款、承担延期付款义务、承兑或让购的银行,或在自由让购信用证下,经信用证特别授权办理转让手续的银行均为转让银行。

(11)受让人(transferee),是指在可转让信用证下,受益人可将信用证的一部分或全部转让给第三人,此第三人即为受让人或第二受益人。受让人在受让信用证以后,在其受让的权利范围内即享有开立汇票(或免开汇票)要求开证银行付款的权利。

2. 信用证的种类

信用证可依用途、流通性、汇票期限、转让可能性、循环使用可能性等不同的标准来进行分类,以下是常见的几种信用证的种类。

(1)依信用证是否可撤销,可分为:

① 可撤销信用证(revocable credit),是指开证银行开出信用证以后,无须预先通知受益人,即可随时片面撤销或修改的信用证。

② 不可撤销信用证(irrevocable credit),指信用证一经开出并通知受益人以后,在有效期内,非经开证银行、保兑银行(若信用证已经保时)、受益人同意,不得任意将信用证修改或撤销。根据 UCP 600 第 3 条规定,不管信用证是否有说明,依该惯例所适用的信用证都是属于不可撤销的。

(2)依据是否有加保兑,可分为:

① 保兑信用证(confirmed credit),是指在信用证开出后,有经过开证银行以外的另一家银行在信用证上承诺,将对受益人所签发的汇票予以承兑或付款。信用证一旦经过保兑,其对于受益人而言,相当于获得了两家银行(开证银行及保兑银行)的付款保证,所以是一种对受益人最有利、最有保障的信用证。

② 无保兑信用证(unconfirmed credit),即信用证中并无开证银行以外的另一家银行,在该信用证上承诺担保付款给受益人所提示的汇票。在信用证上或信用证通知书中并未出现有如上述的保兑条款者,都属于无保兑信用证。

(3)依是否可转让，可分为：

①可转让信用证(transferable credit)，若信用证上已明确标示可转让“transferable”字样且有规定办理转让的银行者，原信用证受益人即可请求被授权办理付款、延期付款、承兑或让购的银行(该信用证中有指定办理付款、延期付款、承兑或让购银行者)，或被授权办理转让的银行(该信用证是属于可自由让购者)将信用证的全部或一部分转让给他人(可以是一个也可以是多个)来使用，即称为可转让信用证。

②不可转让信用证(non-transferable credit)，信用证中并未明确标识可转让字样者或虽有“可转让”字样的标识，但信用证中并未规定有关于办理转让作业的银行，即属于不可转让信用证。

(4)依是否附随商业单证，可分为：

①跟单信用证(documentary credit)，即信用证上约定受益人在向银行请求让购、付款或承兑时，须备齐符合信用证条款的全套有效货运单证。一般信用证多属于此种信用证。

②无跟单或光票信用证(clean credit)，即信用证上约定受益人在向银行请求让购、付款或承兑时，不必交付货运单证而仅凭一纸光票(金融单证)即可。

(5)依汇票兑付期限，可分为：

①即期信用证(sight credit)，即信用证规定受益人签发即期汇票，或在不需凭汇票仅凭货运单证即可向银行请求立即付款的信用证。在即期信用证的场合，只要受益人所提示的汇票及单证符合信用证的规定，且经由押汇银行寄往开证地，经开证银行审核无瑕疵后，开证银行或付款银行应立即向押汇银行付款，同时要求进口商立即付款赎单。

②远期信用证(usance credit)，即信用证要求开立远期汇票或仅凭单证于一定时期后才付款。其中若规定使用汇票，则该汇票须先经付款人承兑后，到期日方才付款。国内远期信用证实务中，如规定由出口商负担融资成本者，亦即规定票据贴现利息是由出口商负担，称为卖方远期信用证(seller's usance)，若由进口商负担融资成本(贴现利息)者，则称为买方远期信用证(buyer's usance)。一般进口商以远期信用证方式付款时，其都是在汇票到期日(在不使用汇票的场合，则为远期付款日)向开证银行清偿。

(6)依有无限定兑付银行，可分为：

①让购信用证(negotiation credit)，即信用证中并未特别限定办理兑付的银行，所以任何银行均可让购而不必向付款银行提示的信用证，因此，出口商可将其所签发的汇票及单证持前往本国家任何一家押汇银行请求让购。此种信用证对出口商较有利，因其可选择提供最有利条件的银行办理押汇手续。

②直接信用证(straight credit)，即信用证要求受益人须将信用证项下的汇票及单证，向特定的银行提示请求付款的信用证，因为有时信用证所规定的条件较复杂而需要特别注意审查，或因开证银行在出口地的头寸充裕，故而要求受益人将汇票及单证直接提交开证银行或其所指定的银行办理兑付。

(7)依有无限定押汇银行，可分为：

①一般信用证(general credit)，即信用证中并未特别指定让购银行，出口商可自由选择任何银行办理押汇，又称为自由让购信用证（freely negotiable credit)或巡回让购信用证

(circular negotiation form credit)。在自由让购信用证下，任何一家银行均为被指定银行，受益人可选择对其最有利的银行办理让购。

②限制信用证(restricted credit)或称为特别信用证(special credit)，亦即信用证中有指定押汇银行的信用证，此时受益人只能向该指定银行请求让购、承兑或付款。

(8)依有无追索权，可分为：

①有追索权信用证(with recourse credit)，即信用证上载有"with recourse"字样者。但信用证上若未明确标示有追索权或无追索权时，一般视为有追索权，追索权是指票据的执票人在票据不获付款或承认时，得向其前手(如发票人等)请求偿还票据金额、利息及费用的一种票据上的权利。因此，依照有追索权信用证所开发的汇票，其执票人在汇票不获付款或承兑时，即可向发票人行使追索权请其偿还票款。

②无追索权信用证(without recourse credit)，即信用证上标示"without recourse"字样，或授权受益人签发"without recourse"字样票者，依无追索权信用证所签发的汇票在不获付款或承兑时，执票人即不得向其前手依票据追索的方式追偿票款。对于不可撤销的信用证，因已有开证银行的付款承诺，故汇票有无追索权对受益人没有什么影响，更何况信用证有时并不要求受益人需提供汇票。

(9)依可否循环使用，可分为：

①循环信用证(revolving credit)，即信用证在一定期间内，信用证所载的金额得循环回复使用者。实务上，常因进口商与出口商间订有经常按期进货的持续性交易，而进口商为免重复开证的麻烦及花费，以及为避免一次开发巨额的信用证造成其在银行额度的浪费、相关费用的增加，甚或造成银行拒绝开证，乃有循环信用证的应用。

②不可循环信用证(non-revolving credit)，即信用证金额一旦用完，或虽未用完但却超过信用证的有效期限时，该信用证即属失效，不得再回收使用。一般的信用证多属此类型。

3. 信用证的开发

若贸易合同中规定，进口商须以信用证作为付款工具时，则进口商应依合约所规定的期限开出信用证(或将信用证送达出口商手中)。进口商为达成此目的，即应向银行(若中有规定开证银行时，则应向该指定银行)为信用证的开发申请手续，由于厂商向银行申请开发信用证，是属于银行授信业务的一种，因此银行在受理开证申请时得酌收保证金(margin money)，其比率高低通常与银行对进口商业务性质、业务财务近况、进货，或存货的内容所做的评估判断有密切关系，可分为"全额保证金结汇"的开证与"部分保证金结汇"的开证两种。其间的差异取决于进口商与银行间的关系，若进口商能与银行建立密切的往来关系，在日后的开证手续上将可节省不少成本。

4. 开证有关费用

银行开发信用证时所收取的各项费用，常因各国商业习惯的不同而有所差异，即使是同一个国家内，亦常因制度的改变及信用证的种类、性质的不同，而有所差异。因此，在此将一般在开证过程中所产生的主要费用列示如下：

(1)信用证开立手续费。银行因开立信用证所征收的保证费及营运成本。通常按信用证的有效期间，以每 3 个月为一期，按信用证的金额征收一定比率手续费，一般银行对于优良的客户皆有优惠的收费办法。

(2) 保兑费用。国外通汇银行因保兑信用证，而向开证银行收取的费用。

(3) 通知费用。国外通汇银行因通知信用证，而向开证银行收取的费用。

(4) 邮电费。开证银行将所开发的信用证依照申请书指定的方式，传至出口地的费用。

(5) 国外银行费用。原则上，国外银行费用(如通知费、补偿费等)通常是归由开证银行负担。而开证银行是受开证申请人的委托开立信用证，故开证银行所需负担的国外费用，自当归由进口商负担。对于与银行关联密切的进口商，就国外银行在进行信用证通知或偿付时所发生的通知费、补偿费，通常可以等到国外银行向开证银行要求时再行补缴。

5. 通知信用证

开证银行将开好的信用证交到受益人手中的过程，称为通知信用证，该过程一般通过银行来进行。

6. 接受信用证

出口商在接受信用证时，应先就该信用证进行审查，确定该信用证没有问题后，方可进行后续的备货及交货作业。因为信用证是依当初交易双方所约定的买卖合同，作为进口商支付货款的工具，所以有关信用证的审查，自然是要回到当初双方对整个交易的约定上。出口商在审查信用证时，应注意其内容是否与买卖契约相符、有无不能接受或无法履行的条款，以及开证银行信用是否良好等问题。若有问题或有需要，即应要求进口商修改信用证。

7. 信用证的修改

当交易条件发生变动，或开证银行所开发的信用证内容与当初交易双方所约定的有出入时，该信用证便有修改的必要。然而在进行信用证修改时，其程序将因该信用证种类是属于可撤销还是不可撤销而有所不同。在可撤销信用证下，信用证的修改及撤销，可以由开证银行单独决定而无须通知受益人或征得受益人的同意；不可撤销信用证的修改及撤销则需征得信用证当事人的同意。

8. 信用证纠纷的预防

信用证对于出口商而言，不仅是作为买方付款的保证，同时又兼具确定交易的功能，谨慎小心地处理信用证不仅有助于达成交易目的，更可避免日后可能衍生出的不必要的贸易索赔纠纷。

2.4 合同的履行

2.4.1 贸易进出口合同的履行

1. 合同成立的方式

就合同法的角度而言，一般合同成立的方式有以下几种。

(1)依要约承诺成立合同，确定要约。只要当事人所发出的要约是属于确定的要约(firm offer)，且在要约的有效期限内为被要约人有效接受(valid acceptance)，合同即为有效成立。确定要约一般应具备下列4个条件。

①要约人须清楚表明愿意按照要约内容成立合同。

②要约应向特定人发出。

③要约内容必须确定。

④要约在到达被要约人时才开始生效。

若要约不完全符合上述4个要件，一般都认为是不确定的要约(non-firm offer)。确定要约与不确定要约间的不同点，除了是否可有效构成合同外，就是确定要约是不可任意撤销的(对此，英美法有较宽松的规定和做法)，所以一旦确定报价被对方有效承诺，合同即成立。

(2)有效承诺。有效承诺通常具备下列要件。

①承诺须由被要约人发出。

②承诺须在要约所规定的有效存续期限内作出回应。

③承诺的内容须与要约一致。

④承诺的通知方式须符合要约的指示。

假如承诺不完全符合上述4个要件，则可能会被认为是一项反要约（counter offer)，并无法构成有效合同。贸易实务上，通常贸易商所发出的确定报价(不管是买方报价或卖方报价)，被对方在期限内所接受，即为成交，亦即买卖合同成立。

(3)依交错要约成立合同。交易双方当事人在偶然的场合里同时对对方发出相同内容的要约，即为交错要约(cross offer)。例如，卖方在对买方发出欲以一定条件销售某一规格计算机的要约(或报价)时，不知情的买方亦对该卖方发出欲以相同条件购入该规格计算机的购货要约(或报价)。对于交错要约，大陆法国家一般认为因双方的意思在主、客观上皆为一致，故双方合同成立。而对于若干属英美法国家而言，多对交错要约成立合同持否定的看法。因此，尽管交错要约实务上并不多见，然而为避免滋生不必要的贸易纠纷，贸易商若遇有交错要约的情形时，宜立即向对方发出承诺的表示，以符合一般的要约承诺成立合同的法则。

(4)依意思实现成立合同。若依照交易的性质或习惯，或要约上明确规定承诺无须通知时，且在有效期限有发生承诺的事实，双方合同即成立。如在卖方所给对方的要约（或报价)中并未明确规定买方表示承诺的特定方式，则此时若买方依照要约内容规定在期限内对要约人(卖方)开出信用证，尽管其并未明确以意思表示接受要约，然其依要约开发信用证的行为已是一个相当明确的接受行动，故此时应认为合同有效成立。但需注意，若要约中有明确规定承诺的特定方式者，则意思实现是否构成合同仍有待商讨。

2. 合同成立的法律要件

合同成立虽然有很多种模式，但都需要以符合法律规范为要件，因此，要成立有效的贸易合同，厂商须注意要符合下列法律要件。

(1)合同当事人须具有行为能力。进出口交易的双方当事人须具备法律上签订合同的资格；亦即签订合同的当事人必须是取得企业相应授权的代表，同时，签约当事人不能是未成年人或精神病患者。

(2)当事人间必须达成协议。合同是双方当事人意思表示一致的结果，因此所签订的书面合同是当事人通过要约(或报价)与接受(或承诺)所达成的具体结果。

(3)合同的目标及内容必须合法。任何合同的签订都必须保证不违反法令或不违背国家公共政策，否则合同无效。如买卖枪支、毒品等危害社会安全的交易，或未取得许可证或配额而进出口属于政府管制货品的合同，其合同无效。

(4)双方当事人的合意必须真实。如果当事人意思表示的内容有错误或意思表示不一致，或是在受到诈欺或胁迫的情况下订立的合同，此种“合意”即为不真实的合意。对于根据不真实的合意所成立的合同，尽管世界各国法律的处理方式不一，但都会对合同的有效性造成影响。

3. 贸易契约书

在国际贸易关系中，当一个确定报价被有效接受以后，买卖双方即存在契约关系，双方都受契约内容的拘束，并有义务按照规定内容来履约。是否有书面契约的存在，有时并不是很重要，因为有些国家的法律并不要求一定要签订书面契约。联合国国际货物买卖契约公约(CISG)也规定，买卖契约无须以书面订立或书面证明。不过，有些国家则要求一定金额以上的交易契约必须签订书面契约文件，否则会影响该契约在法律上的执行效力。就契约成立的观点来看，是否存在书面契约，基本上并不会影响契约成立的事实。只不过，就契约的法律效力的观点来看，没有书面契约将可能衍生若干在执行上的问题。就国际贸易实务而言，进出口商在进行交易洽商时，通常为争取时间，会以电报或电话方式来协商有关交易的各种条件。同时为节省费用，在电报或电话的沟通过程中，又常常简化流程。若在交易成立后，不将双方所达成的协议事项再作汇整和确认，极可能会在日后的履约过程中产生不必要的摩擦。因此，为使双方将来在履行契约时能有所依据，减少贸易纠纷，进出口商的双方应于交易成立后，再将交易内容作为契约书。

4. 成立贸易契约书的方法

对一般的国际贸易实务而言，成立贸易契约书的方法有以下四种。

(1)以换文方式成立的贸易契约。

在小笔(small lot)的交易或续订货物(repeat order)的国际交易中，当事人为争取时效而使用电报或书信的交换方式来成立契约书；亦即双方借由多次的电报、函电或书信的往返所达成的合意而成立的书面契约。虽然手续简便，但对买卖双方权利义务的规定，有时会有不够明确的情况，对契约并未规定的“灰色地带”，往往无法明确地判定孰是孰非。因此，为使契约内容能更明确，最好的改进方法，还是交换买卖契约书。

(2)以确认书的方式成立的贸易契约。

贸易契约内容在经过一连串的报价、还价、接受后达成最后合意，再由当事人的一方将合意的交易内容制作成确认书，寄交对方表示确认所成交的内容。

确认书若由卖方制作，称为售货确认书(sales confirmation; confirmation of sale; acknowledgement of sale)或售货单(sale note)。

确认书若由买方制作，称为购货确认书(purchase confirmation; confirmation of purchase)、购货单(purchase note)或订单(order; order sheet; purchase order; indent)。

目前实务中，以此方式订约相当普遍，但经常会发现提出或制作此确认书的当事人在该文件中加入有利于自身的条款的情况。亦即，若是由卖方制作确认书(如售货单、售货确认书)，其上必定充斥有利于卖方的条款；若是由买方制作确认书(如订单、购货确认书)，则其上必定充斥有利于买方的条款。特别是那些印定的背面条款(general terms and conditions)，通常在契约书洽订过程中限于时间或篇幅而未必有达成合意，故往往由制作确认书的一方来负责拟定。于是借此加入对其自身有利的片面规定，列出规定若被对方接受(通常对方是在不明就里、糊里糊涂的情况下接受)，则该规定将对当事人产生拘束力。所以，从契约谈判的角度，贸易商应该主动提供契约草本作为谈判依据，以争取谈判的主导地位。假若是被动接到对方寄来的契约文件，则切记要详读其中的每一个约款，千万不要糊里糊涂就签字接受。

(3)以契约书的方式成立的贸易契约。

在交易条件经双方同意，契约成立后，也可以另外制作契约书，由双方共同签署后各执一份。以这种方式订约要比上述以确认书的方式慎重，且内容上也更为完备。至于契约书的制作，可以委托当事的任一方来负责，当然也可由双方共同负责草拟，但必须经过双方签署后才具有法律效力，契约书的种类如下。

由卖方负责草拟制作，称为售货契约(sales contract; contract of sale)或输出契约(export contract)。

由买方负责草拟制作，称为购货契约(purchase contract)或输入契约(import contract)。

由买卖双方派代表共同起草制作，并当场签署，则称为购销契约(sales and purchase contract)或输出入契约(export and import contract)。

(4)以事先签订协议书为根据成立的贸易契约。

对于交易双方均有意进行持续性交易(standing business)的场合，谨慎的贸易商为使双方日后交易的规范更明确，通常在与对方取得联系并对彼此信用满意的情况下，即与对方先行磋商签订一般交易条件协议书(agreement on general terms and conditions of business)或一般交易条件约定书(general terms and conditions of business)，双方各执一份，以规范、适用于日后各笔交易。因此，在交易协议书签订以后，买卖双方在进行交易时，双方仅需针对交易商品名称、质量、数量、价格、交货期限，以及协议书未规定或未提及事项进行约定，无须每次都重复签订一般的交易条件。而采取这一方式成立契约，必须将预先签订的一般交易协议书与后来所成立的个别交易契约(或合意)合并在一起，才算是一份完整的贸易契约。

2.4.2 贸易货物报关

1. 货物出口通关前的准备工作

出口商将货物出口前，必须经过通关程序，经海关核验准予放行后才可以装运出口。因此，假如计划以船运输出，则应注意出口船舶截止收货日期及结关开航日期，向船公司预约舱位并取得装货单。此外，如拟出货品属应申办签证的货品项目，则应依照规定向指定的签证机构申请核发输出许可证，备妥各项必要文件后，准时将货物在船舶截止收货日期前的规定期限内，全部运进码头仓库或货柜集散站(出口货物完成进舱后，仓储业者即通过关贸网络将货物进仓数据传输至海关主机)。

但由于国内的通关手续较为繁杂，因此大多数的贸易商都是将相关的通关作业委托报关外包公司完成。谨慎选择一家收费合理、有经验、服务迅速可靠的报关行，是出口商在出口通关作业中刻不容缓的首要任务。以下就一般出口商在选择报关行时通常采取的原则简述如下。

(1)为防止商机外泄，应避免与同业竞争者选择同一报关行。

(2)选择有报关执照且在港口有自己办事处的报关行。

(3)选择收费最合理的报关行。

(4)为求联络迅捷，应选择与出口商地址最近的报关公司。

2. 出口货物通关流程

出口货物通关流程可分成：收单→验货→分估→放行。

若货物免验则跳过验货步骤：部分货品将验货步骤移到最后办理，自实施自动化通关后，申报人在向海关申报通关时，依其是否与海关联机报关，可分为以下两种。

(1) 未联机：将出口报单及相关文件递交海关后，由海关录入计算机，其后的流程与联机的相同。只是海关响应或通知事项仅能用口头、电话或简便通知。

(2) 联机：

①报关行用计算机传输，经关贸网络(T/V)到达海关，海关经筛选后，抽中 C1 者，送往放行；核列为 C2 或 C3 者，通知报关行送报单及相关文件；报关行依通知于次日工作时间内向海关送报单等文件。

②C3 案件由验货单位受理书面文件后办理验货，然后送往分估单位。

③分估单位受理 C2 案件书面文件及由验货单位转来 C3 案件后，审核文件，完成分估作业以后，送往放行。

④海关将放行信息传输至报关行及货栈，实施初期打印“放行通知”交报关行(或报关行自行打印)。

⑤报关行持“放行通知”到货栈进行装运。

3. 货物通关方式

进、出口货物以自动化联机报关后，海关计算机专家系统按进出口厂商的等级、货物来源地、货物性质及报关行等筛选条件，分别将报单核定为C1(免审免验通关)、C2(文件审核通关)及C3(货物查验通关)3种通关方式，分别说明如下。

(1)C1通关方式：出口货物可立即装船出口；进口货物则在完成缴纳税费手续后，可持凭计算机打印的放行通知及原提货单证前往货栈提货。其书面报单及其他有关文件正本，出口案件应由报关人列管1年，进口案件列管2年，必要时海关命其补送或前往查核。

(2)C2通关方式：报关人在联机报关后，须于次日海关工作时间内补送书面报单及其他有关文件正本，经审核相符后通关放行。

(3)C3通关方式：报关人除在上述工作时间内检送书面报单及其他有关文件正本外，进口货物并应自报关日起10日内申请会同海关验货关员查验货物，再由业务单位审核及分类估价后通关放行。

4. 进口货物通关流程

进口货物通关流程可分为：收单→分估→验货→征税→放行。

其中货物免验的则跳过验货步骤；部分货品将验货步骤移到最后办理。在申报通关时，根据申报人是否连接关贸网络，可分为：

未联机：将进口报单及相关文件交海关后，由海关人员录入系统，其后的流程与联机的相同，只是海关响应或通知事项，仅能用口头、电话或简便通知。

联机：

①报关行用计算机传输，经T/V到达海关，海关经筛选后，抽中C1者，送往征税；核列为C2或C3者，通知报关行递送报单及相关文件，报关行依通知于次日工作时间内向海关送报单等文件。

②海关接受书面文件后，C2案件审核文件，完成分估作业，送往征税；C3案件审核文件后送往验货，验收完毕再退回办理分估作业。

③C3案件办理验货后，退回办理到分估作业。

④海关核发(或报关行自行打印)税款缴纳证，纳税义务人向银行缴纳(或用电子转账刷卡)并传输给海关。

⑤海关将放行信息传输报关行及货栈，实施初期打印放行通知交报关行(或报关行自行打印)。

5. 出口报关应附文件

报关人在申报货物出口通关时，除投递出口报单外，还要检附：

(1)装货单(shipping order，S/O，又称作订位单)或托运申请书(shipper letter of instruction或cargo shipping application，又称托运单)。

(2)装箱单(packing list，P/L)1份。

(3)装柜明细表(container loading list)1份：1份报单申报整装货柜2只以上时请提供本明细表。

(4)输出许可证(export permit，E/P)正本(海关存查联)。

(5)发票或商业发票 1 份。

(6)货物进舱证明文件 1 份。

(7)委任书 1 份。

(8)型录，说明书或图样——配合海关查核需要提供。

(9)海关协助其他机关代为查核的同意文件等。

6. 进口报关应附文件

进口货物通关时申报人应填报进口报单并应检附下列文件，前三项为必要文件。

(1)发票或商业发票两份(政府机关或公营事业进口货物仅须一份)。该发票应详细列明收货人名称、地址，货物名称、牌名、数量、质量、规格、形式、号码、单价，运费、保险费、其他各项应加计费用及输出口岸减免的税款等。

(2)装箱单一份：散装、大宗或单一包装货物免附。

(3)提货单(D/O)或空运提单(AWB)复印件：应海关为个案查案需要的要求提供。

(4)委托书一份：委托报关行报关者，须逐案检附，但已办常年委任者，得每年检附委任书一次。

(5)型录、说明书或图样。

(6)产地证明书。

(7)输入许可证。

(8)进口汽车应加附进口汽车应行申报事项明细表。

(9)其他依有关规定应检附者：如商品检验合格证、农药许可证等。

2.4.3 贸易主要单据

1. 各种结汇单据

(1) 汇票

在国际贸易中，主要使用跟单汇票，它是出口方要求付款的凭证。制作汇票时应注意下列问题：

① 出票条款。信用证名下的票，应填写出票条款，包括开证行名称、信用证号码和开证日期等信息。

② 汇票金额。托收项下的汇票金额应与发票一致。若采用部分托收、部分信用证方式结算，则两张汇票金额分别按规定填写，两者的和等于发票金额。信用证项下的汇票，若信用证没有规定，则应与发票金额一致。若信用证规定汇票金额为发票的百分之几，则按规定填写。这一做法，通常用于以含佣价向中间商报价，发票按含佣价制作，开证行在付款时代扣金的情况。

③ 付款人名称。托收方式的票，付款人应为买方。信用证方式下，以信用证开证行或其指定的付款行为付款人。若信用证未加说明，则以开证行为付款人。

④ 收款人名称。汇票的收款人应是银行。信用证方式下，收款人通常为议付行；托收方式下，收款人可以是托收行，均做成指示式抬头。托收中也可将出口方写成收款人

(已收汇票)，然后由收款人做委托收款背书给托收行。

2. 商业发票(commercial invoice)

(1)商业发票是出口商开立的发货价目清单，是装运货物的继说明。发票全面反映了合同的内容。

(2)发票的主要作用是供进口商收货、支付货款和进出口商记账、报关纳税的凭据。在不用汇票的情况下(如付款信用、即期付款交单)，发票代替汇票作为付款的依据。

(3)发票没有统一的格式，其内容应符合合同的规定，在以信用证方式结算时，还应与信用证的规定严格相符。发票是全套货运单据的中心，其他单据均参照发票内容制作，因而制作发票不仅要求正确无误，还应排列规范、整洁美观。

(4)商业发票的制作内容及注意事项。

① 出口商名称。发票顶端必须有出口商名称、地址、电传、传真和电话号码，其中出口商名称和地址与信用证的一致。

② 发票名称。在出口商名称下，应注明“发票”(commercial invoice 或 invoice)字样。

③ 发票抬头人通常为国外进口商。在信用证方式下，除非另有规定，应开证申请人。

④ 发票号码、合同号码、信用证号码及开票日期。发票号码由出口商自行按顺序编制。合同号码和信用证号码应与信用证所列的一致，如信用证无此要求，亦应列明。开票日期不应与运单日期相距太远，但必须在信用证交单期和有效期内。

⑤ 装运地和目的地，应与信用证所列一致，目的地应明确、具体，若有重名，应写明国别。

⑥ 运输标志(唛头)。凡来证有指定唛头(shipping mark)的，按来证制作。如无规定，由托运人自行制定。以集装箱方式装运的，可以集装箱号和封印号码取代。运输单据和保险单上的唛头，应与发票一致。

⑦ 货物名称、规格、包装、数量和件数。关于货物的描述需符合合同要求，必须和信用证所用文字完全一致。如需列明重量，应列明总的毛重和净重。

⑧ 单价和总值。单价和总值必须计算准确，应列明价格条件(贸易术语)，总值不可超过信用证金额的超值发票，银行可以接受，也有权拒收。

⑨ 大致有以下几种附加证明：加注费用清单——迎费、保险费和 FOB 价；注明特定号码，如进口许可证号、布鲁塞尔税则号；注明原料来源地的证明文句。

3. 运输单据

运输单据因贸易方式的不同而各异，主要有海运提单、海运单、航空运单、铁路运单、货物承运收据及多式联运单据等。我国外贸运输方式以海运为主，下面着重介绍海运提单的缮制及注意事项。

(1)托运人(shipper)，一般为出口商，也即信用证的受益人，如果开证申请人为了贸易上的需要，在信用证内规定做成第三者提单也可，例如请货运代理公司作托运人。

(2)收货人(consignee)，该栏又称提单抬头，应严格按信用证的规定制作。如以托收方式结算，则一般做成指示式抬头，即写成“To order”或“To the order of ×××”字样，不可做成以买方为抬头的记名提单，或以买方为指示人的提单，以免过早转移物权。

(3)通知人(notify party)，这是货物到达目的港时船方发送到货通知的对象，通常为进口方或其代理人，按信用证规定填写。如果信用证没有规定，则正本提单以不填为宜，但副本提单中仍应将进口方名称、地址填明，以便承运人及时通知。

(4)提单号码(B/L No.)，提单上必须注明编号，以便核查，该号码与装货单(又称大副收据)或(集装箱)场站收据的号码是一致的。没有编号的提单无效。

(5)船名及航次(name of vessel; Voy. No.)，填列所装船舶及航次，如中途转船，只填写第一程船名的航次。

(6)装运港(port of loading)和卸货港(port of discharge)应填写具体港口名称。卸货港口如不同国家有重名，则应加注国名。卸货港口如采取选择港方式，应全部列明。如伦敦/鹿特丹/汉堡选卸，则在卸货港栏中填上“option London/Rotterdam/Hamburg”，收货人必须在船舶到达第一卸货港前在船公司规定时间内通知船方卸货港，否则船方可在其中任意一港卸货。选择港口最多不得超过三个，且应在同一航线上，运费按最高者计收。如中途转船，卸货港口即填写转船港口名称，而目的港口应填入“最终目的地”(final destination)栏内。也可在卸货港内填上目的港，同时注明“在××港转船”。

(7)唛头要与发票所列一致。

(8)包装件数和种类(number and kind of packages)与货物描述(description of goods)要按实际情况列明。一张提单有几种不同包装分别列明，托盘和集装箱也可作为包装填列。裸装有捆、件，散装货应注明“In bulk”字样。货物名称允许使用货物统称，但不得与信用证中货物的描述有抵触。危险品应写清楚化学名称，注明国际海上危险品运输规则号码(IMCO CODE PAGE)、联合国危规号码(UN CODE No.)和危险品等级(CLASS No.)。冷藏货物要注明所要求的温度。

(9)毛重和尺码(gross weight & measurement)，除信用证另有规定外，重量以千克或公吨为单位，体积以立方米为单位。

(10)运费和费用(freight & charges)，本栏只填运费支付情况，CFR 和 CIF 条件成交，应填写运费预付。FOB 条件成交，一般填写运费到付(freight collect)，除非买方委托发货人代付运费。程租船一般只写明“AS ARRANGED”(按照约定)，如信用证另有规定，按信用证规定填写。

(11)正本提单份数(number of original Bs/L)应按信用证规定签发，并分别用大小写数字填写。信用证中仅规定“全套”(full set)，习惯做两份正本，但一份正本亦可视为全套。

(12)提单日期和签发地点。除备运提单外，提单日期均为装货完毕日期，不能迟于信用证规定的装运期。提单签发地点按照装运地填列。如果船期晚于规定装运期，要求船方同意以担保函换取较早日期的提单，这就是“倒签提单”(anti date dB/L)；货未装上船就要求船方出具已装船提单，这就是“预借提单”(advanced B/L)，这种做法是国际航运界的陋习，一旦暴露，对方可能提出索赔甚至拒收。

(13)按“UCP 500”规定，海运提单表上要注明承运人名称，并由承运人或其代理人、船长或其代理人签署，签署人亦须表明其身份。若代理人签署，尚须表明被代理一方的名称和身份。

(14)其他信用证要求在提单上加注的内容，如信用证规定“每份单据上均应显示信用证号码”“提单需提供贸促会证明”等。

4. 保险单(insurance policy/certification)

保险单是保险人与被保险人间订立的保险合同的凭证，是被保险人索赔、保险人理赔的依据。在CIF或CIP合同中，出口商在向银行或进口商收款时，提交符合销售合同或信用证规定的保险单据是出口商的义务。

5. 原产地证明 (certificate of origin)

原产地证明用以证明货物的原产地或制造地，也是进口国海关计收税率的依据。出口商品所使用的产地证主要有以下4种。

(1)普通产地证。它用以证明货物的生产国别，进口国海关凭此核定应征收的税率。普通产地证可由出口商自行签发，或由进出口商品检验局签发，或由中国国际贸易促进委员会签发。在实际业务中，应根据买卖合同或信用证的规定，提交相应的产地证。产地证应按《中华人民共和国出口货物原产地规则》及其他规定办理。

(2)普惠制产地证(GSP certificate of origin)。目前给予普惠制待遇的有澳大利亚、新西兰、日本、加拿大、挪威、瑞士、俄罗斯及欧盟15国，以及部分东欧国家。凡是向给惠国出口受惠商品，均须提供普惠制产地证，才能享受关税减免的优惠，所以不管来证是否要求提供这种产地证，出口商均应主动提交普惠制产地证的书面格式名称格式A(Form A)。但对新西兰还须提供格式59A(Form 59A)；对澳大利亚不用任何格式，只需在商业发票上加注有关声明文句即可；在我国，普惠制产地证由进出口商品检验局签发。

(3)纺织品产地证(certificate of origin textile product)。对欧盟国家出口纺织品，需提交纺纤品产地证。该证是进口国海关控制配额的依据。GSP产地证可取得关税优惠，而纺织品产地证可取得配额证明，对欧盟出口有关产品时，需同时提交这两种产地证。

(4)对美国出口的原产地声明书。凡属对美国出口的配额商品，如纺织品等，应由出口商填写原产地声明书。有以下3种格式：①格式A：单一国家声明书(single country declaration)，声明商品产地只有一个国家；②格式B：多国家产地声明书(multiple country declaration)，声明商品的原材料是由两个或两个以上国家生产的；③格式C：非多种纤维纺纤品声明书，亦称否定声明书(negative declaration)，凡纺纤品的主要价值或主要重量属于麻或丝的原料或含羊毛量不超过17%的，则可填用此格式，以说明该类商品为非配额产品。

6. 检验证书(inspection certification)

国际贸易中检验证书的种类有很多，分别用以证明货物的质量、数量、重量和卫生条件等方面的情况。检验证书一般由国家指定的检验机构出具，也可根据不同情况，由出口企业或生产企业自行出具。应注意出证机构检验货物名称和检验项目必须符合信用证的规定。还须注意检验证书的有效期，一般货物为60天，新鲜果蔬类为2～3个星期，出口货物务必在有效期内出运，如超过期限，应重新报验。

7. 包装单据(packing document)

包装单据是指一切记载或描述商品包装种类和规格情况的单据，是商业发票的补充说明，主要有装箱单(packing list)、重量单(weight list)和尺码单(measurement list)。

8. 其他单证

其他单证按不同交易情况，由合同或信用证规定，常见的有：寄单证明(beneficiary's certificate for dispatch of documents)、寄样证明(beneficiary's certificate for dispatch of shipment sample)、邮局收据(post receipt)、快速收据(courier receipt)、装运通知(shipping advice)以及有关运输和费用方面的证明。

9. 交单结汇

1)交单

交单是指出口商(信用证受益人)在规定时间内向银行提交信用证规定的全套单据，这些单据经银行审核，根据信用证条款的不同付汇方式，由银行办理结汇。交单应注意：① 单据的种类和份数与信用证的规定要相符；② 单据内容要正确，包括所用文字与信用证一致；③ 交单时间必须在信用证规定的交单期和有效期内。

交单方式有两种：①两次交单或称预审交单。在运输单据签发前，先将其他已备妥的单据交银行预审，发现问题及时更正，待货物装运后收到运输单据，可以当天议付并对外寄单。②一次交单，即在全套单据收齐后一次性送交银行，此时货已发运。银行审单后若发现不符之处需要退单修改，耗费时日，容易造成逾期而影响收汇安全。因而出口企业宜与银行密切配合，采用两次交单方式，加速收汇。

2)结汇

信用证项下的出口单据经银行审核无误后，银行按信用证规定的付照条件，将外汇结付给出口企业。在我国的出口业务中，大多使用议付信用证，也有少量使用付款信用证和承兑信用证。主要的结汇方式有以下三种。

(1)议付信用证。议付又称为出口押汇。议付押汇收取单据作为质押，按票或发票面值，扣除从议付日起到估计收到开证行或偿付行票款之日的利息，将货款先行垫付给出口商(信用证受益人)。议付是可以追索的。如开证行拒付，议付行可向出口商追还已付的货款。议付信用证中规定，开证行对议付行承担到期承兑和付款的责任，“UCP 600”规定，银行如仅仅审核单据而不支付价款不构成议付，除上述出口押汇外，还可以采用另外两种方式：①收妥结汇，即收到单据后不叙做押汇，将单据寄交开证行，待开证行将货款划给议付行后再向出口商结汇；②定期结汇，即收到单据后，在一定期限内向出口商结汇，此期限为估计索汇时间。上述两种方式，对议付银行而言，都是先收后付。但按“UCP 500”的规定，银行不能取得议付行资格，只能算是代收行。

(2)付款信用证。付款信用证通常不用汇票，在业务中使用的即期付款信用证中，国外开证行指定出口地的分行或代理行为付款行，受益人直接向付款行交单。付款行付款时不扣除利息，且不可追索。显然在信用证方式中，这是对出口商最为有利的一种方式。

(3)承兑信用证。承兑信用证的受益人开出远期汇票，通过国内代收行向开证行或开证行指定的银行提示，经其承兑后交单。已得到银行承兑的票可到期收款，也可贴现。若国内代收行愿意叙做出口押汇(议付)，则出口商也可立即收到货款，但此时该银行仅以汇票的合法持票人向开证行要求付款，不具有开证行所邀请的议付行的身份。

3)单证不一致时出口商可采取的措施

在出口业务中，若由于种种原因造成单据不符，而受益人又因时间条件的限制，无法在规定期限内更正，则有下列处理方法：

(1)凭保议付。受益人出具保证书承认单据瑕疵，声明如开证行拒付，由受益人偿还议付行所付款项和费用，同时电请开证人授权开证行付款。

(2)表提。议付行把不符点开列在寄单函上，征求开证行意见，由开证行接洽申请人是否同意付款。接到肯定答复后议付行即行议付。如申请人不予接受，开证行退单，议付行照样退单给受益人。

(3)电提。议付行暂不向开证行寄单，而是用电传和电文通知开证行单据不符点。如开证行同意付款，再行议付并寄单，若不同意，受益人可及早收回单据，设法改正。

(4)有证托收。单据有严重不符之处，或信用证有效期已过，只能委托银行在向开证行寄单函中注明“信用证项下单据作托收处理”，作为区别，称为“有证托收”。而一般的托收，则称为“无证托收”。由于申请人已因单证不符而不同意接受，故有证托收往往遭到拒付，是一种不得已而为之的方式。

2.5 国际货物运输及贸易物流

2.5.1 贸易运输方式

国际贸易中采用的运输方式主要有海洋运输、铁路运输、航空运输、邮政运输和国际多式联运等。在国际贸易中，应根据货物的性质、运量的大小、路程的远近、需求的缓急、运费的高低、装卸地的情况、法律法规的规定、自然气候条件、国际政治形势的变化等影响因素，慎重选择合理的运输方式。

2.5.1.1 海洋运输

海上货物运输(ocean cargo transport)就是利用海洋通道，使用船舶在国内外港口之间，通过一定的航区和航线运送货物的一种运输方式，简称海运。在国际货物运输中，海洋运输是最主要的一种运输方式。国际贸易中2/3以上的货物通过海上运输完成，在我国的对外贸易中，通过海洋运输实现的货物运送比例更高。此外，伴随着集装箱运输的兴起和快速发展，国际货物运输正朝着集约化、合理化的方向发展。各种不同的运输方式可以有机地衔接起来，不仅使得海洋运输的优越性更充分地体现出来，而且节省货物包装用料和运杂费，减少货损货差，保证运输质量，缩短运输时间，从而降低运输成本。

水路货物运输包括江河货物运输和海上货物运输，海上货运方式又由沿海货物运输方式与国际海上运输方式组成。本节探讨的是国际海上货物运输。

1. 海洋运输的特点

(1)运载量大。随着造船技术的日益发展，船舶朝着大型化的方向发展，巨型客轮已超过8万吨，巨型油轮超过50万吨。

(2)通过能力强。海上天然航道四通八达，将世界各地港口连接起来，海上运输可以利用天然航道完成。但这也不是绝对的，如果发生堵塞，影响也非常大。比如 2021 年 3 月 23 日，货轮“长赐号”在大风和沙尘暴中偏离航道，触底搁浅在苏伊士运河航道 151 千米处，堵塞多艘船只，造成非常大的经济损失。

(3)运费低廉。海上运输所通过的航道均为天然形成，港口设施一般为政府所建，不像公路或铁路运输那样需大量投资用于修筑公路或铁轨；另外，船舶运载量大，使用时间长，运输里程远，所以与其他运输方式相比，海运的单位运输成本是最低的。据统计，海运运费一般约为铁路运费的 1/5，公路汽车运费的 1/10，航空运费的 1/30，这就为低值大宗货物的运输提供了有利的竞争条件。

(4)对货物的适应性强。海上运输的船舶多种多样，可以适应不同类型的货物运输。即使是石油井台、火车、机车车辆等超重超大货物，其他运输方式无法装运，船舶一般也都可以装运。

(5)运输的速度慢。由于商船的体积大，水流的阻力大，加之受装卸时间长等其他各种因素的影响，使得海洋运输货物的运输速度比其他运输方式慢。较快的班轮航行速度也仅 30 海里/小时左右①。

(6)风险较大。由于船舶海上航行受自然气候和季节性影响较大，海洋环境复杂，气象多变，随时都有遇上狂风、巨浪、暴风、雷电、海啸等人力难以抗衡的海洋自然灾害袭击的可能，遇险的可能性比陆地、沿海要大。同时，海上运输还存在着社会风险，如战争、罢工、贸易禁运等因素的影响。为避免损失，海上运输的货物、船舶保险尤其应引起重视。

(7)受有关国际公约和各国法律约束。首先是适用法规的国际统一性，世界各国政府、船公司一直谋求成立相关的国际组织和行业组织，制定相关的国际公约，目前在海运方面取得很大成效。其次是主要货运单证的国际通用性，因为国际海上货运船舶航行于不同国家、地区的港口之间，作为划分各方责任和义务关系主要依据的货运单证，必须能适应不同国家和港口各方的相关要求，既符合本国法令和习惯，也要为他方所接受，所以一些主要单证在名称、作用和记载内容上大多大同小异，可以国际通用。

总之，海洋运输最适宜承担运量大、运距长、对时间要求不太强、运费负担能力较低的货物运输。

2. 海洋运输船舶的经营方式

海洋运输船舶的经营方式一般可以分为两大类：定期船运输和不定期船运输。定期船运输又称为班轮运输，不定期船运输是与班轮运输相对应的一种经营方式，它是指航线、港口、起运与终止的时间、运价或租金等均需由承托双方在运输合同中予以协商约定的运输。

---

① 海里，非法定计量单位，1 海里 = 1.852 千米。

1)班轮运输(liner transport)

(1)班轮运输的概念和类型。

班轮运输又称定期船运输。班轮是指船舶按事先制定的船期表(sailing schedule)，在特定的航线上，以既定的挂靠港口顺序和事先公布的运价费率，经常从事航线上各港口间货物运输的船舶。

班轮运输可以分成不同的类型：

①定期定线的班轮运输和定线不严格定期的班轮运输。

②杂货班轮运输、集装箱船运输、多用途船运输。

③多港口挂靠航线运输、干线配支线运输、多角航线运输、单向环球航线运输。

班轮船期表的主要内容有：航线，船名，航次编号，始发港，中途港、终点港的港名，到达和驶离各港的时间，其他有关注意事项等。

(2)班轮运输的特点和作用。

班轮运输的特点如下。

①"四固定"，即具有固定航线、固定港口、固定船期和相对固定的运价。

②班轮运输通常不签订运输合同，而是在承运人将货物装上船后或接收货物后，签发提单；承托双方的权利义务和责任豁免以提单条款为依据。

③杂货班轮运输，通常承运人是在装货港和卸货港码头仓库交接货物；集装箱班轮运输，通常承运人是在装货港和卸货港码头堆场或货运站交接货物。

④班轮公司承担装货费和卸货费。

⑤不规定装卸时间，也不计算滞期费和速遣费。

班轮运输在国际贸易中发挥了重要作用，极大地促进了国际贸易的发展，其优越性主要体现在3方面：①特别有利于一般杂货和小额贸易货物运输；②班轮公司负责转运，能满足货物运输的特殊需要；③提供较好的运输质量、手续简便、方便货主。

(3) 班轮运价。

班轮运价中包括了运输费和装运港、目的港的装卸费。班轮运价一般以运价表的形式公布，具有一定的垄断性。

运价表：按照制定者的不同，可分为班轮公会运价表、班轮公司运价表、货方运价表；按照运价表的形式，可分为等级费率运价表、单项费率运价表。我国目前广泛使用的外运3号本、中运6号本就属于等级费率运价表，该表中货运商品分为20个等级，1级费率最低，20级费率最高。

运价表内容：货物运输说明及有关规定、港口规定及条款、货物分级表、航线费率表、附加费率表、冷藏货费率表及活牲畜费率表等。

(4)班轮运费的计收。

班轮运费由基本运费和附加运费组成。基本运费是普通货物在正常运输的情况下，运至某基本港口，船方分航线规定必收的货物运费。附加运费是船方为了补偿因船舶、货物、港口或其他原因导致的船舶运输费用增加而加收的那部分费用。

基本运费的计收：

①重量法。按货物的毛重计收，可以公吨、长吨、短吨为计算单位，统称重量吨（weight ton），运价表中以“W”（weight）表示。

基本运费 = 货物按重量计算的运费吨（此处为重量吨）× 运费率

②体积法。按货物体积计收，如以 1 立方米或 40 立方英尺为计算单位，精确到小数点后三位，统称尺码吨（measurement ton），运价表中以“M”（measurement）表示。

基本运费 = 货物按体积计算的运费吨（此处为尺码吨）× 运费率

1 英制尺码吨 = 40 立方英尺 ≈ 1.133 公制尺码吨

1 公制尺码吨 = 1 立方米 ≈ 0.883 英制尺码吨

重量吨和尺码吨统称为运费吨或计费吨（freight ton，FT）。一般来讲，船方按照货物的重量吨和尺码吨中的高者作为运费吨或计费吨来计算基本运费。

尺码吨费率 × 积载系数 = 重量吨费率

重量吨费率 ÷ 积载系数 = 尺码吨费率

③从价法。以货物价值作为运费计收标准，适用于黄金、白银、精密仪器及手工艺等贵重商品。

基本运费 = FOB 价格 × 从价费率（一般 ≤5%）

运价表中以“Ad. Val.”或者“A. V.”表示。

④选择法。从两种或三种方法中选择一种收费最高的计费方法，适用于存在“不确定性因素”的货物，如某大类中包括了许多性质不同的货物，或根据货物的包装形式不能识别是属于重货或轻货，或价值变化不定的货物。运价表中以如下方式表示：“W or Ad. Val.”“M or Ad. Val.”“W/M”“W/M or Ad. Val.”。由船公司从中选择收费最高的一种计收。

⑤综合法。货物除按运费吨计收运费外，还加收从价运费。运价表中以如下方式表示：“W&Ad. Val.（W plus Ad. Val.）”“M&Ad. Val.”“W/M&Ad. Val.”。

⑥按件法（per unit/per head）。按照货物的件数计收，如小轿车按每辆计收，活牲畜按每头计收。

⑦议定法（open rate）。由货主和船公司临时议定运价。

⑧起码费率（minimum rate）。凡不足 1 运费吨（1 重量吨或 1 尺码吨）的货物，无论货物属于几级货物，均按一个统一的标准收取运费，称为起码运费或起码费率。在实际业务中，以“W”“M”“W/M”方式计收运费的较多，贵重商品多以“Ad. Val.”方式计收。

附加运费的计收：

①超重附加费（extra charges on heavy lifts）。一件货物毛重超过运价表规定的单件货物重量，即为超重货，需要加收一定的附加费。各轮船公司对每件货物的重量规定不一，我国船公司规定每件货物不得超过 5 公吨。

②超长附加费（extra charges on long lengths）。一件货物的长度超过运价表规定的长度，即为超长货，需要加收一定的附加费。

③燃油附加费（banker adjustment factor，BAF）。在燃油价格上涨时，轮船公司便按基

本运价的一定百分比加收附加费。

④货币贬值附加费(currency adjustment factor, CAF)。当运价表中规定的货币贬值时，轮船公司为弥补其损失，便按基本运价的一定百分比加收附加费。

⑤港口附加费(port surcharge)。有些港口由于设备条件差或装卸效率低，船公司便加收附加费用来弥补船舶靠港时间延长造成的损失，一般按基本运价的百分比计收。

⑥港口拥挤附加费(port congestion surcharge)。它指有些港口由于压港压船，以致停泊时间较长，船方因此而收取的费用。此项费用较高，应设法由进口货物的买方负责。

⑦转船附加费(transhipment additional)。当货物需要转船时，船公司必须在转船港口办理换装和转船手续，由此而增加的费用称为转船附加费。

⑧直航附加费(direct additional)。运往非基本港口的货物达到一定数量，轮船公司才肯安排直航，如此直航要收取一定的费用。直航附加费一般比转船附加费低。

⑨绕航附加费(deviation surcharge)。当正常航道不能通行，需绕道才能到达目的港时，船方要加收此费。

⑩选卸货港附加费(additional for optional destination)。对于选卸货物(optional cargo)需要在积载方面给以特殊的安排，这要增加一定的手续和费用，甚至有时需要翻船(指倒舱翻找货物)，由此而加收的费用称为选卸货港附加费。

⑪更换卸货港附加费(additional for alternation of destination)。关于附加费的计算有两种方式：a. 以基本运费的一定百分比计收；b. 以每运费吨若干金额计收。

运费计算：当确定所运载商品的品种和运往的目的港后，首先查该船公司所使用的运价表，在运价表中查找所装商品的等级和计费标准，再找出运往的目的港属于哪一航线，然后根据商品的单位重量或尺码乘以基本运费，加上应收的各项附加费，得出应付每吨或每立方米的运费，再乘以计费总吨数，即得出该批货物应付的运费总额。如果是从价运费，按规定的百分比乘FOB货值即可。

运费总额 = 基本运费 + 附加运费综合，即 $F = F_b + \sum s$。

式中，$F_b = f \times Q$ = 基本费率 × 货运量；s 为某一项附加费。

附加费可以用比率表示，也可以用绝对数表示。其计算公式如下：

以比率表示：$\sum s = (s_1 + s_2 + s_3 + \cdots + s_n) \times F_b$

以绝对数表示：$\sum s = (s_1 + s_2 + s_3 + \cdots + s_n) \times Q$

实际操作时，在进出口商品报价前必须做商品运输成本的核算(不包括国内运输、港口杂费和报关检疫检验等费用)。在核算一般商品的海运费时，进出口商必须根据进出口商品数量算出商品体积和重量，再查找船公司、货运代理人方面提供的“运价表”，找到对应该批货物目的港的运价。如果进出口商品数量正好够装整箱(20英尺或40英尺)，则直接取其运价为海运费；如果不够装整箱，则用商品总体积×拼箱的价格来算出海运费。然后在咨询船公司或货运代理人的基础上，累加国内运输费、港口杂费和报关检疫检验等费用，做出较为准确的运输成本核算。

【计算示例】

出口玩具狗到加拿大，卸货港为蒙特利尔港。商品的体积是每箱 0.164 立方米，每箱装 60 只，按照 M 级。试分别计算出口数量为 5000 只和 9120 只的海运费。

解：第 1 步，计算产品体积。

出口数量为 5000 只：总体积 = 5000 ÷ 60 × 0.164 = 13.66（立方米）

出口数量为 9120 只：总体积 = 9120 ÷ 60 × 0.164 = 24.928（立方米）

接近 20 英尺集装箱的装载量。

第 2 步，查运价。

在当年应季班轮运价表中，可以查到运至加拿大蒙特利尔港的海运费分别是：每 20 英尺集装箱 1350 美元，每 40 英尺集装箱 2430 美元，拼箱每立方米 65 美元。根据第 1 步计算出的体积来看，5000 只宜采用拼箱，9120 只宜采用 20 英尺集装箱。出口数量为 5000 只：海运费 = 13.66 × 65 = 887.9（美元）< 1350 美元，因此选用拼箱式海运。

出口数量为 9120 只：按照 20 英尺集装箱海运费 = 1350 美元

按照拼箱海运费 = 24.928 × 65 = 1620.32（美元）

因此，出口数量为 9120 只时，宜采用 20 英尺集装箱海运。

第 3 步，计算国内运杂费。

咨询得知，国内运到码头运费 60 元/（吨 · 千米），报关、报检、港口杂费等共计 3000 元人民币。按照汇率核算成美元，计入运输成本即可。

2）租船运输

（1）含义

租船运输又称不定期船（tramp）运输，与班轮运输不同，船舶没有固定的船期表，航线、港口、费用也不固定，都是由双方在合同中明确加以约定，并按照合同约定的条款行事。

（2）租船运输的特点

①根据租船合同组织运输；

②国际租船市场行情影响租金或运费的高低；

③船舶营运中的有关费用的分担取决于不同的租船方式，并在租船合同中订明；

④租船运输主要适用于大宗货物的运输。

（3）租船运输的方式

随着国际航运市场的发展，租船运输的方式进一步细分为程租、期租、包运租船、光租租船、航次期租 5 种运营方式。

②航次租船：又称航程租船或程租（voyage charter），是指船舶出租人向承租人提供特定的船舶或船舶的部分舱位，在特定的两港或数港之间进行一个特定的航次或几个航次的航行并承运特定货物的租船方式。

程租又分为 3 种：单航次租船（single voyage chater）、来回航次租船（round voyage charter）和连续航次租船（consecutive voyage charter）。

②定期租船（time charter）：定期租船也称期租，是一种以时间为基础，由船舶出租人

将特定的船舶出租给承租人使用一定时期的租船方式。

③包运租船(contract of affreightment，COA)：又称大合同，是指船舶出租人提供给承租人一定的吨位，在确定的港口之间，在事先约定的时间内按约定的航次周期和每航较均等的货运量完成合同规定的总运量的租船方式。

④光租租船：由船舶出租人向承租人提供一艘未配备船员的空船，承租人在合同规定的租期内按所确定的租金率支付租金并配备船员，进行船舶的经营和管理。

⑤航次期租：指采取以抵达装运港交船时起到目的港卸货完毕时止的航次时间为租期，并按期租方式进行业务运作、支付租金的定期租船方式。

上述5种租船方式的区别主要体现在船舶所有人和承租人对船舶的支配权、占有权不同，进而表现在货物运输经营过程中所承担的责任与风险不同。各个海运国际组织对此有各自的规定和制度体系。

2.5.1.2 铁路运输

国际铁路运输具有运量大、速度快、连续性强、受气候自然条件影响小、安全可靠、运输成本低等优势。但是，由于建筑铁路的困难较多，需要消耗大量的钢铁等工业产品，修路、架桥、开挖隧道需要大量的土石方工程，因而初期投资比较大。

1. 国际铁路货物联运

1)含义

凡使用统一的国际联运票据，由铁路负责经过两国或两国以上铁路的全程运送，并由一国铁路向另一国铁路移交货物时，不需发货人和收货人参加，这种运输方式称为国际铁路货物联运。

2)铁路货物联运的两个重要公约

(1)《国际货约》。1890年欧洲各国在瑞士首都伯尔尼举行的各国铁路代表大会上制定了《国际铁路货物运送规则》，1938年改为《国际铁路货物运送公约》(简称《国际货约》)。

(2)《国际货协》。1951年11月，苏联和东欧各国签订《国际铁路货物联运协定》(简称《国际货协》)。1954年1月，我国加入《国际货协》。1990年10月，德国统一，民主德国终止《国际货协》，随后东欧形势剧变，匈牙利、捷克也于1991年1月终止《国际货协》。但该协定在其他原签字国家之间仍然有效，也是我国对外贸易铁路货物运输中仍需遵守的重要国际协定。

3)国际铁路货物联运办理的种别

(1)整车货物：凡按一份运单托运的货物，按其体积或重量，需要单独车辆运送的，作为整车货物。

(2)零担货物：凡按一份运单托运的一批货物，重量不超过5000千克，按其体积或种类又不需要单独车辆运送的，作为零担货物。

(3)大吨位集装箱：指按一张运单办理的，用大吨位集装箱运送的货物或空的大吨位集装箱。

4)国际铁路货物联运运单

国际铁路货物联运运单是参加国际铁路货物联运的铁路与发货人、收货人之间缔结的运输合同。它体现了参加联运的各国铁路和发货人、收货人之间在货物运输上的权利、义务、责任和豁免，对铁路、发货人、收货人都具有法律效力。

联运运单的构成：①运单正本；②运行报单；③运单副本；④货物交付单；⑤货物到达通知单。

2.5.1.3 航空运输

航空运输(air transport)是一种现代化的运输方式。与海洋运输和铁路运输相比较，它具有交货迅速、节省包装、减少保险和储存费用、保证运输质量且不受地面条件限制等优点，因而特别适合运输易腐商品、鲜活商品和季节性强的商品。

航空运输方式主要有班机运输、包机运输、集中托运和航空快递业务。

(1)班机运输(scheduled airline)，指具有固定开航时间、航线和停靠航站的飞机。通常为客货混合型飞机，货舱容量较小，运价较贵，但由于航期固定，有利于客户安排鲜活商品或急需商品的运送。

(2)包机运输(chartered carrier transport)，是指航空公司按照约定的条件和费率，将整架飞机租给一个或若干个包机人，从一个或几个航空站装运货物至指定目的地。包机运输适合大宗货物运输，费率低于班机，但运送时间则比班机要长些。

(3)集中托运(consolidation)，可以采用班机或包机运输方式，是指航空货运代理公司将若干批单独发运的货物集中成一批向航空公司办理托运，填写一份总运单送至同一目的地，然后由其委托当地的代理人负责分发给各个实际收货人。这种托运方式可降低运费，是航空货运代理的主要业务之一。

(4)航空快递业务(air express service)，是由快递公司与航空公司合作，向货主提供的快递服务，其业务包括：由快速公司派专人从发货人处提取货物后以最快航班将货物出运，飞抵目的地后，由专人接机提货，办妥进关手续后直接送达收货人，称为“桌到桌运输”(desk to desk service)。这是一种最为快捷的运输方式，承运人必须根据托运人的要求安全如期地将物品送达，特别适合各种急需物品和文件资料的运送。

2.5.1.4 集装箱运输

集装箱运输(container freight transport)是以集装箱作为运输单位进行货物运输的一种现代化运输方式。由于集装箱运输具有提高货运速度、简化货运手续、降低货运成本等优点，因此成为国际货物运输中普遍采用的重要方式。它可适用于海洋运输、铁路运输、公路运输与国际多式联运等。

集装箱按其装载货物所属货主，可分为整箱货和拼箱货。

(1)整箱货(full container load，FCL)，可由货主自行装箱后直接送至集装箱堆场(container yard，CY)，整箱货到达目的地后，送至堆场由收货人提取。堆场通常设在集装箱码头附近，是集装箱的中转站。

(2)拼箱货(less than container load，LCL)：如果一家货主的货物不足一整箱，需送至集装箱货运站(container freight station，CFS)由承运人把不同货主的货物按性质、流向进行拼装，称为拼箱货。

在集装箱运输中，货物交接方式一般可分为以下几种：

①FCL/FCL 或 CY/CY(整装整拆)；

②FCL/LCL 或 CY/CFS(整装拼拆)；

③LCL/FCL 或 CFS/CY(拼装整拆)；

④LCL/LCL 或 CFS/CFS(拼装拼拆)。

每个集装箱有固定的编号，装箱后封闭箱门的钢绳铅封上印有号码。集装箱号码和封印号码可取代运输标志，显示在主要出口单据上，成为运输中的识别标志和货物特定化的记号。

2.5.1.5 公路运输

公路运输(highway transportation)是在公路上利用汽车运送货物的运输方式，是交通运输系统的组成部分之一。公路运输机动灵活，简洁方便，可以深入可通公路的各个角落，不仅可以直接运进或运出对外贸易货物，而且也是港口、车站、机场集散进出口货物的重要手段。

2.5.1.6 内河运输

内河运输(inland water transportation)指船舶在江河航线之间经营货运业务。与沿海运输和远洋运输相比，船舶吨位较小。它是内陆腹地和沿海地区的纽带，也是边疆地区与邻国边境河流的连接线，在现代化的运输中起到重要的辅助作用。

2.5.1.7 管道运输

管道运输(pipeline transport)是用管道作为运输工具的一种长距离输送液体和气体物资的运输方式，是一种专门由生产地向市场输送石油、煤和化学产品等物质的运输方式，是国际货物运输的特殊组成部分。管道运输不仅运输量大、连续、迅速、经济、安全、可靠、平稳以及投资少、占地少、费用低，并可实现自动控制。除广泛用于石油、天然气的长距离运输外，还可运输矿石、煤炭、建材、化学品和粮食等。管道运输可省去水运或陆运的中转环节，缩短运输周期，降低运输成本，提高运输效率。

2.5.1.8 大陆桥运输

大陆桥运输(land bridge transport)是指利用横贯大陆的铁路(公路)运输系统，作为中间桥梁，把大陆两端的海洋连接起来的集装箱连贯运输方式。简单地说，就是两边是海运，中间是陆运，大陆把海洋连接起来，形成海—陆联运，而大陆起到“桥”的作用，所以称为“大陆桥”。而海—陆联运中的大陆运输部分就称为“大陆桥运输”。大陆桥运输是借助不同的运输方式，跨越辽阔的大陆或狭窄的地峡，以沟通两个互不毗连的大洋或海域的运输形式。通常也是一种国际联合运输，目的在于缩短运输距离，减少运输时间和节约运输总费用支出。目前，世界上的大陆桥主要有北美大陆桥、南美大陆桥、新亚欧大陆桥和南亚大陆桥等。

2.5.1.9 国际多式联运

国际多式联运(international multimodal transport; international combined transport)是指根据多式联运合同，由多式联运经营人以至少两种不同的运输方式将货物从一国境内接收货物的地点运往另一国境内指定交货地点的一种运输方式。按照《联合国国际多式联运公约》的解释，“国际多式联运”必须具备以下 5 个条件：

(1)必须有一个多式联运合同；

(2)必须是国际两种或两种以上不同运输方式的连贯运输；

(3)必须使用一份包括全程的多式联运单据；

(4)由一个多式联运经营人对全程运输负责；

(5)必须是全程单一的运费费率。

2.5.2 贸易运输单据

运输单据是指承运人或其代理人签发给托运人的证明货物已装船或已经由承运人监管的单据，它是交接货物、处理索赔与理赔，以及向银行结算货款或进行议付的重要单据。在国际货物运输中，运输单据有很多，主要有海运提单、铁路运单、航空运单、国际多式联运单据、邮包收据等。

1. 海运提单

1)海运提单的性质和作用

海运提单简称提单(bill of lading，B/L)，是指用以证明海上货物运输合同和货物已经由承运人接收或装船，以及承运人保证凭以交付货物的单据。它是由承运人签发的具有法律效力的单据。海运提单具有以下三方面的性质和作用：

(1)提单是承运人签发的货物收据，证明承运人已按提单所列内容收到货物。

(2)提单是代表货物所有权的凭证。提单作为物权凭证，其持有者可凭此向承运人提货，亦可通过背书将其转让，以实现货物所有权的转让，或凭以向银行办理抵押贷款或叙做押汇。

(3)提单是海上货物运输合同的证明，是承运人和托运人处理双方在运输中的权利和义务问题的主要法律依据。

2)海运提单的内容

目前各航运公司所制定的提单，格式上虽不完全相同，但其内容大同小异，主要包括正面内容和背面条款两部分。

(1)提单的正面内容。提单的正面内容具体包括以下各项：承运人名称及主营业所、托运人名称、收货人名称、通知人名称、船名、航次及船舶国籍、装运港、目的港、货物的品名、唛头、件数、重量或体积、运费及其他费用、提单号码、份数和签发日期和地点、承运人或船长，或其代理人签字等。正面内容主要由承运人和托运人填写。

(2)提单的背面条款。提单背面条款是处理承运人和托运人之间所发生争议的依据。目前大多数提单的背面条款是基于《海牙规则》制定的。一般而言，主要包括首要条款、定义条款、承运人的责任和豁免、运费条款、转运条款、包装与唛头条款、赔偿条款、留置权条款、特殊货物条款等内容。

3)有关提单的国际公约

为了统一提单背面条款关于托运人和承运人之间的权利义务的规定，国际上先后签署了以下3个国际公约。

(1)1924年8月25日在布鲁塞尔签订了《统一提单的若干法律规则的国际公约》，简称《海牙规则》。

(2)1968年2月23日在布鲁塞尔签订了《修改统一提单的若干法律规则的国际公约的议定书》，简称《维斯比规则》。

(3)1978年3月在汉堡通过的《联合国海上货物运输公约》，简称《汉堡规则》。

4)海运提单的种类

(1)按货物是否已装船划分。

已装船提单(on board B/L)。它是在货物装上船后，由承运人或其代理人签发的提单。这种提单必须注明船名、装船日期，并由船长或其代理人签字，提单中须有“货已在船”(on board)字样。实务中，买方一般要求卖方提供已装船提单。

备运提单(received for shipment B/L)。它是指承运人在收到托运货物等待装运通知时所签发的提单。在货物装船后，托运人可以此向船公司换取已装船提单；也可经承运人在其上批注已装船字样，并注明船名、装船日期及签字后，变成已装船提单。

(2)按提单收货人的抬头方式划分。

记名提单(straight B/L)，又称收货人抬头提单，是指在提单收货人一栏填写指定收货人名称的提单。这种提单只能由提单上指定的收货人提货，不可转让。一般只有在运输贵重物品或展览品时才使用该提单，银行一般不愿意接受记名提单作为议付的单证。

不记名提单(bearer B/L)，又称来人抬头提单，是指提单收货人栏内不填写具体收货人名称的提单，该栏或留空白，或填写“to the bearer”。这种提单任何人持有皆可提货，而且仅凭交付即可转让，因而风险较大，实务中很少使用。

指示提单(order B/L)，是指提单收货人一栏只填写“凭指示”(to order)或“凭某人指示”(to the order of ×××)字样的提单，这种提单经背书后可转让。在进出口业务中使用最广。背书的方法有两种：空白背书和记名背书。前者是仅有背书人(提单转让人)在提单背面签字盖章，而不注明被背书人的名称；后者是除背书人签章外，还须列明被背书人名称。实务中使用最多的是“凭指示”并经空白背书的提单，习惯上称其为“空白抬头、空白背书”的提单。

(3)按提单对货物外表状况有无不良批注划分。

清洁提单(clean B/L)，是指货物在装船时外表状况良好，承运人未加注任何有关货物残损、包装不良或其他有碍结汇批注的提单。

不清洁提单(unclean B/L)，是指承运人在提单上加注有货物表面状况不良或存在缺陷等批注的提单。国际贸易中，卖方有义务提交清洁提单，也只有清洁提单才可以转让。

(4)按运输方式划分。

直达提单(direct B/L)，是指轮船中途不经过换船而直接驶往目的港卸货所签发的提单，凡合同和信用证规定不准转船时，必须使用这种直达提单。

转船提单(transhipment B/L)，是指从装运港装货的轮船，不直接驶往目的港，而在中途港换装另外船舶所签发的提单。

联运提单(through B/L)，是指经过海运和其他运输方式联合运输时由第一承运人所签发的包括全程运输的提单。

(5)按提单内容的繁简划分。

全式提单(long form B/L)，是指提单有正面条款，同时又有反面条款。

简式提单(short form B/L)，是指提单背面没有任何条款。

(6)按提单的有效性划分。

正本提单(original B/L)，是指提单上有承运人、船长或其代理人签字盖章并注明签发日期的提单，提单上必须要标明“正本”字样；在货款的收付中银行及买方只接受正本提单。

副本提单(copy B/L)，是指提单上没有承运人、船长或其代理人签字盖章，而仅供工作上参考用的提单。在副本提单上，一般都以“副本”或“不可转让”字样，以示与正本提单有别。

2. 铁路运单

铁路运输可分为国际铁路联运和国内铁路运输，前者使用国际铁路联运运单，后者使用国内铁路运单。中国大陆通过铁路对港、澳出口的货物，由于国内铁路运单不能作为对外结汇的凭证，故使用“承运货物收据”这种特定性质和格式的单据。现将国际铁路联运运单和承运货物收据分别简介如下：

1)国际铁路联运运单

国际铁路联运运单(international through rail waybill)，是发货人与铁路之间缔结的运输契约，它规定了铁路与发、收货人在货物运送中的权利、义务和责任，对铁路和发、收货人都具有法律效力。该运单从始发站随同货物附送至终点站并交给收货人，它不仅是铁路承运货物出具的凭证，也是铁路同货主交接货物、核收运杂费用和处理索赔与理赔的依据。国际铁路联运运单副本，在铁路加盖承运日期戳记后发还给发货人，它是卖方凭以向银行结算货款的主要证件之一。

国际铁路货物联运分为快运和慢运两种，在运单及其副本上加有不同的标记。凡需快运的货物，则在运单及其副本的正反两面的上边和下边加印有红线；慢运货物则使用不加注红线的运单和运单副本。铁路运单及其副本，不同于海运提单，它不是代表货物所有权的物权凭证。

2)承运货物收据

承运货物收据(cargo receipt)是在特定运输方式下使用的一种运输单据，它既是承运人出具的货物收据，也是承运人与托运人签订的运输契约。我国内地通过铁路运往港、澳地区的出口货物，一般都委托中国对外贸易运输公司承办。当出口货物装车发运后，当地外运公司即签发一份承运货物收据给托运人，以作为对外办理结汇的凭证。承运货物收据的格式及内容和海运提单基本相同，主要区别是它只有第一联为正本。在该正本的背面印有“承运简章”，载明承运人的责任范围。该简章第二条规定由该公司承运的货物，在铁路、轮船、公路、航空及其他运输机构范围内，应根据各机构的规章办理。可见，这种承运货物收据不仅适用于铁路运输，也可用于其他运输方式。

3. 航空运单

航空运单(air waybill)是承运人与托运人之间签订的运输契约，也是承运人或其代理人签发的货物收据。航空运单还可作为核收运费的依据和海关查验放行的基本单据。但航空运单不是代表航空公司的提货通知单。在航空运单的收货人栏，必须详细填写收货人的全称和地址，而不能做成指示性抬头。航空运单的正本一式三份，每份都印有背面条款，其中一份交发货人，是承运人或其代理人接收货物的依据；第二份由承运人留存，作为记账凭证；最后一份随货同行，在货物到达目的地，交付给收货人时作为核收货物的依据。

航空运单主要分为两大类：

(1)航空主运单(master air waybill)。凡由航空运输公司签发的航空运单就称为主运单，它是航空运输公司据以办理货物运输和交付的依据，是航空公司和托运人订立的运输合同。每一批航空运输的货物都有自己相对应的航空主运单。

(2)航空分运单(house air waybill)。集中托运人在办理集中托运业务时签发的航空运单被称作航空分运单。在集中托运的情况下，除了航空运输公司签发主运单外，集中托运人还要签发航空分运单。在这中间，航空分运单作为集中托运人与托运人之间的货物运输合同，合同双方分别为各货主和集中托运人；而航空主运单作为航空运输公司与集中托运人之间的货物运输合同，当事人则为集中托运人和航空运输公司，货主与航空运输公司没有直接的契约关系。不仅如此，由于在起运地货物由集中托运人将货物交付航空运输公司，在目的地由集中托运人或其代理从航空运输公司处提取货物，再转交给收货人，因而货主与航空运输公司也没有直接的货物交接关系。

4. 国际多式联运单据

国际多式联运单据(multimodal transport document，简称 MTD 或 combined transport document，简称 CTD)，是指证明国际多式联运合同以及证明多式联运经营人接管货物，并负责按照合同条款交付货物的单据，它是适应国际集装箱运输需要而产生的，在办理国际多式联运业务时使用。国际多式联运单据也称为国际多式联运提单(multimodal transport B/L 或 combined transport B/L)。

2.5.3 贸易物流

贸易物流是在全世界范围内不同国家之间的物流，这种物流是国际贸易的一个必然组成部分，各国之间的相互贸易最终通过贸易物流来实现。全球贸易物流是现代物流系统中重要的领域，近十几年有很大发展，也是一种新的物流形态。物流网络庞大、网点分散，运输车辆分散在全球各地，无论是运输任务的分配还是车辆的调度，包括司机绩效的考核，在传统的、人工调度的管理方式下，无法满足对车、司机的监控以及成本控制的需要。

引入数字化运输管理系统，借助 GPS 全球定位系统等技术手段，对网络中所有车辆实现有效的管理和监控，可以提高运输车辆的利用率，降低调度强度及运输成本。电商的迅速发展，给传统仓储物流带来很大的挑战，特别是仓储的拣货、分拣等业务环节，需要大量人工并且劳动强度大、重复枯燥，导致仓储管理的成本高、效率低下。在“无人化”技术发展的推动下，越来越多的配送中开始采用“无人仓”系统完成仓储作业。运输管理系统可以完成订单管理、接单、派车、在途跟踪、回单管理、费用结算等基本作业，以及异常运行车辆数据分析、公里统计、平均油耗数据分析、异常报警等管理功能。配送中心利用无人仓系统进行入库、上架、拣选、分拣、出库等作业，并利用仓储管理系统完成物流机器人的调度。

本章小结

本章主要介绍了国际贸易中的基础知识，包括合同的主体和标的、商品的价格及货款的收付、合同的履行、国际货物运输及贸易物流。首先从贸易商品品质、数量及包装现状等方面介绍了合同的主体和标的。其次在商品的价格和货款的收付方面，介绍了 FOB/CFR/CIF 等计价方式的计算方法以及计价货币的选择方法；重点介绍了信用证付款方式，包括种类、内容、开发与信用证的整个流程。再次描述了合同的整个履行流程，包括货物的报关、出关及相应的单据等。最后介绍了国际贸易运输的主要方式及单据。

本章习题

1. 请简述贸易商品包装的类型。
2. 请简述信用证的种类。
3. 请简述海洋运输的特点。

第3章

新型国际贸易理论

学习目标

(1)掌握新型国际贸易的理论内涵、发展进程。

(2)了解传统贸易理论与新型国际贸易理论的异同。

(3)掌握新型国标贸易的基础框架。

(3)了解新型国际贸易的理论内涵；明晰新型国际贸易的相关理论。

基于比较优势理论，经济学家们为成功地促进产业发展的正确政策组合进行了长期而艰辛的思考。目前的许多理论都暗含一种自由放任的贸易方式，但是，自1980年代初以来，研究表明某些类型的政府干预可能会成功，比如波特模型。这些理论强调规模的作用以及知识创造和传播的作用。遗憾的是，这些理论所产生政策规定对知识的创造及其扩散的形式都非常敏感。

通过统计数据可以清晰地了解人工智能在国际上的发展现状与传播方式，例如，一个地区的学术文章、专利和专利引文的数量；一个地区成立的初创企业的数量；或者一个地区的上市人工智能公司。本小节探讨两个指标：基础研究和市值。对于基础研究方面，本节收集了在美国人工智能协会(American Association for Artificial Intelligence，AAAI)的人工智能专题会议上所提交的论文情况。表3－1中展示的是2012年和2017年国际人工智能学术会议参与者的情况。2012年，41%的作者在美国机构工作；但2017年，这一比例下降到34%。另外两个跌幅最大的国家是加拿大和以色列。虽然这些国家的绝对参与人数都有所增加，但相对而言，数量略逊于中国，中国从2012年的10%跃升到2017年的24%。本节研究的是专利数量，但是研究表明，人工智能在国际上的扩散仍然较弱，美国的技术巨头，如IBM和微软，仍然是世界上主要的专利申请者。

人工智能经济未来的另一个标志来自全球市值最大的上市公司。表3－2列出了全球最大的12家公司。该表中引人注目的是，在主观上可能被描述为“人工智能密集型”的12家公司中，有7家从事人工智能，如伞形公司(Alphabet)和谷歌(Google)；有3家从事金融业(人工智能的应用正在迅速增长)，还有1家拥有大量药品产量(人工智能很可能很快就会降低开发成本)。表3－2与国际贸易相关的原因在于，目前全球最大的两家公司都是中国人工智能密集型企业(腾讯和阿里巴巴)。值得注意的是，这两家跻身于世界最大公司之列的中国高科技公司，都属于私营公司，而不是国有企业。

有学者从表3－1和表3－2得出结论，几乎所有世界最大的公司很快都将与中国公司直接竞争。更普遍地说，每个国家都在思考如何通过支持人工智能技术来获得更大的竞争优势和市场份额。此外人工智能的发展离不开数据的获取，因为机器要想智能地“思考”，就必须用大量的数据来训练它。

表 3-1 国际人工智能学术会议的参与者比例

国家和地区	2017 年	2012 年	变化率/%
美国	34%	41%	-6
中国	23%	10%	13
英国	5%	5%	0
新加坡	4%	2%	2
日本	4%	3%	1
澳大利亚	3%	6%	-2
加拿大	3%	5%	-3
印度	2%	1%	1
中国香港	2%	3%	-1
德国	2%	4%	-2
法国	2%	4%	-2
以色列	2%	4%	-2
意大利	2%	2%	0
其他	10%	10%	0

资料来源：Advancement of Artificial Intelligence（AAAI）Conference on Artificial Intelligence. 2017

表 3-2 全球最大的上市公司和人工智能使用程度

序号	上市公司	市值/美元	人工智能使用程度
1	苹果	754	高
2	伞形公司	579	高
3	微软	509	高
4	亚马逊	423	高
5	伯克希尔·哈撒韦公司	411	上升中
6	脸书	411	高
7	埃克森美孚公司	340	低
8	强生公司	338	上升中
9	摩根大通集团	314	上升中
10	富国银行	279	上升中
11	腾讯控股	272	高
12	阿里巴巴	269	高

资料来源：Market capitalization of the largest public companies，PWC，2017

综上所述，有两个问题比较突出。首先，专门研究集群效应的经济学家对集群政策的有效性深表怀疑，这些政策失败的原因大多归咎于集群政策的理论依据对知识扩散的假设缺乏高度敏感。此外，一系列关于数据隐私、数据本地化、技术标准和产业的政策将影响不同国家的企业获取数据的能力。目前这些数据的监管现状如何，如何影响贸易模式，是否服务于公众利益，是否被用作变相的保护政策从而产生比较优势，是否应该被国际贸易协定所涵盖？这些都是本章接下来会讨论的问题。

3.1 新型国际贸易理论体系

作为一种建立在现代互联网技术、云计算技术和大数据应用基础上的新型国际贸易方式，传统经济理论和国际贸易理论无法圆满解释这一国际贸易方式发展的新变化和新趋势，迫切需要创造一种基于成功实践和未来发展的新理论范式。

3.1.1 新型国际贸易的理论内涵

新型国际贸易，简言之就是基于互联网、物联网、云计算、人工智能等新一代信息技术所引发的新贸易形态，亦即国际贸易的新型化，是高度信息化、智能化、国际化、网络化的线下线上一体化的贸易方式，是当代数字经济、共享经济、平台经济、信息经济和知识经济的综合表现形态。这种贸易方式不同于一般贸易、加工贸易、小额边境贸易，也不同于改革开放之后出现的采购贸易，而是在这几种贸易方式基础上的突破与创断。这种新的贸易业态和贸易方式不断迭代传统的贸易方式，是科技创新与贸易形态创新的交叉融合，新型国际贸易平台和渠道，将连接更多个性化需求和中小企业创业者的奇思妙想，降低其进入国际市场的门槛，使国际贸易不再集中在大型企业主体的手中。日益社会化、大众化、集群化、平台化、混沌化和社区化的理念将使国际市场进入消费者主权时代。这种贸易方式建立在现代互联网技术、云计算技术形成大数据流量处理能力的基础上，解决了信息不对称、时空阻隔的障碍，并使通关便利化成为可能，全面促进了贸易的自由化。依托新型国际贸易平台的共享功能，以数据的流动带动全球消费者和生产者、供应商、中间商集成产生贸易流量，并由此改变贸易方向。依托新型国际贸易平台，可以使单一、分散的个体生产者、中间商和消费者获得或共享更多、更便捷的信息、资源和服务，并汇集成若干生产者、中间商和消费者选择的集成，这种由单体和新群体形成的贸易流量，将打破传统的地理行政疆界，使无形网络链接成为国际经济与贸易联系的推进器，推动国际贸易规则和全球治理体系的重塑，推动传统国际贸易治理机制如 WTO 等的整体改造和提升，以继续推动下一代国际贸易朝着普惠、公平、自由、便利、共享的方向发展。

3.1.2 新型国际贸易与新型全球化互动发展进程

新型国际贸易是不可遏制的新型全球化理论的新载体。新型国际贸易既是经济全球化的产物，也是推动经济全球化的加速器。新一轮经济全球化将因新型国际贸易的发展而变得更公平、更透明、更自由、更便利。

(1)新型国际贸易体现新型全球化中的两种基本经济形态：实体经济与虚拟经济。这两种基本经济形态是现代经济发展并驾齐驱的两个轮子，成为经济金球化趋势性特征。新型国际贸易融合了制造业和服务业，通过平台集聚全球的生产者、供应商、中间商和消费者，规避和跨越传统国际贸易中那些被割裂的经济关系，并不断平衡两种基本经济形态的关系，使之逐步进入完全的、内生的"全球化"进程。在这样的世界里，传统意义上的诸多"边界"日渐模糊甚或消失。实体经济与虚拟经济两种基本经济形态并驾齐驱，互为表里、互相作用、互为溢出和转化的能量，导致有形要素禀赋与无形要素禀赋共同进入流通，有形市场与无形市场日益融合，有形国界与无形国界日益交错，两种基本经济形态发展导致的现代经济演化，使当前和未来的经济全球化正在从沿着单向轨道前进转变为在双向轨道上加速前进，新型国际贸易既适应现代经济的两种基本经济形态的变化，也推动两种基本经济形态平衡发展。

(2)新型国际贸易体现出新全球化中的经济表征：呈现万物互联的网络状态并形成网络体系，以大数据化、高度智能化、强融合化、移动化和泛在化，推动全球经济社会呈现更紧密的联系。新型国际贸易在全球新经济表征——网络状态和网络体系的连接中，可以使更多国家和区域进入越来越完善、越畅通、越有序的网络状态和网络体系。一个国家、一个城市、一个领域网络状态和网络体系越密集、越完善、越顺畅，其产生的集成、集疏、集散、集约功能就越强，共享发展的机遇和程度就越高。这种网络状态与网络体系一旦被切割或碎片化，网络体系中的节点、环节或单体将失去其显在或潜在价值。新型国际贸易将提高全球的经济互联性，加快产业和要素跨国界流通的速度，成为直接驱动全球范围社会生产力与生产关系变革的内在动力。在新型国际贸易背景下、互联网与物联网革命带来的新经济表征逐渐凸显，以云计算、大数据、移动互联网等新一代信息技术为支撑，以全球范围内个人电脑、智能手机等设备普及为基础，以实现智能化识别、定位、跟踪、监控与管理为保障，以可扩展性、可移动性、泛在性、异构性、复合性、增值性为特征，进一步呈现万物互联的网络状态。新型国际贸易加快了构建万物互联的网络状态与网络体系的进程，全球消费者的跨国需求拉动全球商流、物流、信息流和资本流通等所需的软硬基础设施联通，推动各国经济乃至全球经济社会呈现更紧密的联系。

(3)新型国际贸易体现新全球化中的经济链接：产业链、供应链、服务链、资金链、信用链和价值链等，这些虚拟链条较之过去的组织形式具有更大的黏性和融合度。新型国际贸易是顺应经济全球化使科学技术和社会生产力发展到更高水平，各国经济相互依存、相互渗透程度增强，阻碍生产要素在全球自由流通的各种壁垒不断削弱，经济运行的国际规则逐步形成并不断完善的必然产物。新型国际贸易不仅通过提供新技术手段实现对生产与生活方式等诸多领域的影响和渗透，而且通过产业链、供应链、服务链、资金链和价值链等协同互动发展，创造新的生产模式、管理模式和服务模式，实现更深层次的融合发展。这些虚拟链条比传统的组织和经济关联更具有黏性，成为现代产业特别是现代制造业的连接方式。新型国际贸易进一步适应并推动供应链的连接、服务链的连接、资金链的连接和价值链的连接。新型国际贸易促使若干产业变成跨国界、跨区域、跨产业的链状连接或组合，既使市场呈现潜在爆发力，也使信息加入流通产生巨大变量，新型国际贸易生成的大数据成为流通中要素禀赋甚至交易物，促进产业跨国界或跨区域实现更优组合。这种力量导致全球产业链、供应链和价值链不断优化调整。

(4)新型国际贸易体现出新型全球化中的新经济主体：跨国公司、若干大数据集成系统、平台经济、体现消费者个人主权意识的市场集成方式或组织形式，具有更大的跨国界流通和配置资源的新动能。新型国际贸易为新经济、新业态、新经济主体提供了更为广阔的发展空间，这些新经济主体具有强大生命力，将成为跨国界流通和配置资源的主力军。跨国公司可以在新型国际贸易中发挥更大的跨国经营能量，在全球范围内利用各地的优势组织生产，促进各种生产要素在全球流通和国际分工，并由此极大地推动经济全球化进程。在跨国公司成为主导经济全球化主体的同时，大数据集成系统、物流集成商、供应链零售商、平台经济、体现消费者主权意识的市场集成或更多中小企业乃至自由创业的个人，利用互联网平台迅速发展成为新经济主体，成为经济全球化的加速器或催化剂，并依托发达的全球配送及终端配送体系成为新型国际贸易的新组织形式渠道。信息流通由桌面互联网向移动互联网转变，成为“泛在互联网”，促使在任何时间、任何地点、任何人、任何要素禀赋都能顺畅地快速流通，而大数据集成系统本质特征是泛在和跨界，这种新经济主体跨国界的能量，高于由人组织而成的传统企业组织。平台经济作为新型国际贸易基础设施和组织形式，快速发展成为一种新经济主体，这种跨领域、跨行业、跨业态、跨国界的新经济平台，具有极强的生命力与竞争力，其规模越大，服务功能越强，平台经济成为跨国界的消费者集成、生产商集成、供应商集成、市场集成的力量就越强，这是一种内在的需求和选择。

(5)从现代流通维度提出了新型国际贸易的本质特征是国际化大流通，在中国引领下为全球迎来国际化、信息化、网络化和混沌化的大流通时代。新型国际贸易作为下一代主要的贸易方式，加速了全球范围的商流、物流、信息流、资金流和人员流动，满足了现代流通便利化、快捷化、共享化和顺畅化的内在要求。国际化大流通使互联互通的网络体系超越了自然和政治地理边界，新型国际贸易平台和越来越多、越来越频繁的国际贸易，成为新型全球化的经济体系和形态的内生动力。

(6)新型国际贸易发挥的经济功能与现代流通的重要地位和作用相吻合。大国之间的博弈越来越转向经济能力的博弈，经济能力博弈的核心在于现代流通能力的博弈，抢夺流通规则的制定权和主导权成为大国之间竞争的焦点。新型国际贸易依托的跨境贸易平台实际上是一个基于新技术的现代流通中心，新型国际贸易的基础平台。跨境贸易平台或现代流通平台并不只是以前意义上的商品买卖或批发零售的概念，而是涵盖社会再生产全过程的大流通，这是以消费为起点周而复始的循环过程，制造过程、买卖过程只不过是中间环节。制造环节在整个流通过程中占比越来越小，物流过程和物流成本成为现代流通的主体、信息成为流通领域中的最大变量，信息流成为最具有引领性的力量，随着信息向海量、即时传输、渗透性、泛在化发展，将从根本上改变传统产业的业态，形成综合的、跨界的、智能的现代流通能力。

(7)新型国际贸易演绎了互联网革命下国际贸易和流通业态的深刻变化。当前，世界经济从以实体经济为主体的工业化时代，进入由实体经济与虚拟经济共同构成的信息文明时代，互联网把实体经济和虚拟经济连为一体，形成一种新实体经济。新实体经济给国际贸易和流通业带来了深刻的变化，即互联网通过改变信息获取、展示、连接的形式，推动国际贸易向下一代国际贸易和现代流通体系加速演化。由众多分散的消费者和供应者聚集在一起形成交易总量和金额巨大的平台，带有准公共平台服务的性质。电子商务平台经济成为流通市场各类资源、服务的网络集散门户和新型集聚形态，中立第三方平台模式改善了传统流通模式在信用、融资等方面的信息不对称问题。各类垂直平台推动了流通市场的极致细分化、专业化，提升了流通体系的整体服务水平。新型国际贸易突出体现和演绎了新实体经济下国际贸易和流通业态的深刻变化，构建了一个实物展示与虚拟展示、传统营销与网络营销、线下有形市场与线上无形市场相互交融、互促发展的新型世界商品交易大平台。

(8)新型国际贸易的发展诠释了现代流通革命关于四流分离与聚合的理论内涵。现代流通理论提出，在形成实体经济与虚拟经济两种基本经济形态后，流通过程中的商流、物流、信息流、资本流“四流”进一步分离，形成各自独立的流通过程，只是在一个节点上相遇或相重叠，最后完成商品交易的全过程，实现价值和使用价值的统一。传统单一的面对面议价完成交易的商流过程正演化为多样化的电子商务交易商流过程，并形成了独立的商务流通规律，如新型国际贸易和互联网商业规律等；信息成为流通中的变量可以完成独立流通的过程；传统现金当面结算的实物货币流通日益形成区块链技术支撑的结算体系，以电子货币等形式表现的虚拟货币快速流通，形成独立资本流通过程；物流也和商流、信息流、资本流产生分离，形成物流的全球供应链体系、社会化物流平台等。新型国际贸易以“平台”为载体，以“信息”为灵魂，集聚“供、销、需”三者共享平台，延伸展现出“体验、认购、订单、采购、交易、结算”的现代流通四流分离与聚合的理论内涵。

(9)新型国际贸易具有现代流通国际化、社会化、信息化、流程化和混沌化的典型特征，是一种涵盖生产、交易和售后的全过程循环流通的先导性经济运行方式。现代流通理论认为，现代流通是囊括有形与无形要素禀赋的全要素流通，并且更多如无形商品、无形货币、无形资产等柔性的、没有物质形态的、更高级的要素禀赋进入流通过程，并迅速膨胀扩张，使得工业化初、中期生产过程与流通过程相对独立的形态逐渐隐退，生产过程与流通过程呈现日益融合的态势，现代市场流通把几乎所有国家的分工和交易都纳入国际化大流通的轨道，一切国家的生产与消费都成为世界性的、流程化的。生产是流通中的生产，更多的产品无法在一个国家、一个工厂、一条生产线或一个工序完成；分工是流通中的分工，现代流通把各个“部件”配置在能发挥效用的地方；交易是流通中的交易，所有有形的和无形的要素禀赋，其交换价值的实现必然伴随着自身的流动；消费也是流通中的消费，是一种涵盖生产、交易和销售后全过程循环流通的先导性经济运行方式。新型国际贸易是互联网革命引发的贸易业态变革，其与下一代制造业业态融合发展将成为全开放条件下引领生产、引领消费和引领经济运行的先导性力量，带动制造业的流程再造和产业结构的转型升级。面向全球市场的新型国际贸易及其平台从市场流通需求的末端反馈，即从市场发出信号即订单开始向生产过程即制造业延伸，导致制造业从原来的矩阵结构、柔性生产线向全流程的信息先导模式转变，推动制造业转型升级，而生产制造业的转型升级反过来也会支撑和推动市场流通的进一步发展，形成带动市场流通和生产制造业转型升级的良性互动机制。

3.1.3 传统贸易理论与新型国际贸易理论的异同

研究认为，互联网革命推动人类从工业社会步入信息社会，从根本上改变传统经济理论的研究基础，动摇了传统经济学假设，“社会人”假设日益取代“理性人”假设，信息打破“资源稀缺假设”，否定了边际效用理论、边际收益递减理论，催生出新的经济理论。对于广大消费者而言，互联网经济与新型国际贸易可以带来消费者边际效用递增。互联网经济和新型国际贸易中的定价模式完全不同于传统经济与国际贸易。在传统经济与国际贸易中，商品的价格越高，需求越少；在互联网经济和新型国际贸易条件下，出现了一种商品或服务的1%价格随着用户数量的增加而剧增，而这种价格的剧增反过来又吸引更多用户的现象，从而产生多重效益，这是互联网经济和新型国际贸易的“外在性”。互联网经济和新型国际贸易的这种“外在性”，是与传统国际贸易方式的重大区别。互联网经济和新型国际贸易理论的主要贡献，在于揭示了以贸易平台为标志的信息现象对整个经济贸易的决定性作用，把经济学和国际贸易的重心从货币现象转向信息现象，使信息成为经济学和国际贸易核心的内生变量。作为一种建立在现代互联网技术、云计算技术和大数据应用基础上的新型贸易方式，传统国际贸易理论受到了前所未有的冲击，而其中部分适应性理论得以传承和丰富发展。

新型国际贸易打破了李嘉图比较优势理论的前提假设。传统比较优势理论的两个基本假设前提是，生产可能性边界不变(技术不变)和边际收益递减。生产可能性边界是李嘉图比较优势理论的主要分析工具，而技术不变是生产可能性边界的重要前提，但在新型国际贸易背景下，现代互联网技术、信息技术和大数据的广泛应用，使得社会生产率大大提高，因此生产可能性边界失效。另外，由于边际收益递减，生产可能性边界为向外凸出的曲线。在新型国际贸易下，许多产品如信息、服务等的生产，由于其具有可复制性、无排他性等特点，其成本并不随使用量的增加而增加，从而出现了边际收益递增的现象。新型国际贸易深化了要素禀赋理论的内涵。随着现代互联网和电子商务不断融入国际贸易和经济社会发展中，知识、信息与基础设施互联互通水平等动态的要素变化，很大程度上会决定一个国家的未来竞争力，大大削弱传统生产要素在国际贸易中所起的作用，比较优势利益也随之发生改变。而H-O理论主要关注自然资源、资本资源、劳动力和人力资源等静态资源要素的结果禀赋，忽视技术进步和其他客观存在的要素，显然这种理论难以诠释下一代贸易方式。

新型国际贸易大大丰富了规模经济的概念，在新型国际贸易和新型WTP的国际贸易平台经济下，消费者流量和消费者评价等信息会随着商品市场规模的不断扩大而集聚，而且这种随机、个体、零散的信息会使消费者个人行为聚合成一种贸易流量，并由此产生消费者集成形成的经济规模和贸易规模。这就为国际贸易中的产品差异化和个性化服务等内部规模经济提供更多可能性，可以有效协调规模经济与个性化需求的矛盾，实现生产与消费更具个性的经营，扩大规模经济理论的作用范围。在新型国际贸易发展中，大量虚拟企业、中小企业乃至个人都可以通过网络和平台共享信息、资源，进行生产经营合作，分散贸易流量通过平台汇集成一个整体，产生集聚效应和规模效应。而在传统经济和国际贸易下，规模经济仅适用于单一的实体大型企业或行业，规模经济只与生产者有关。

3.2 新型国际贸易的基础框架

3.2.1 总体框架

基于当前新型国际贸易的先发实践和发展趋势，新型国际贸易的总体框架可分为三个层次：①新型国际贸易的基础支撑体系，新型国际贸易运转所需的交通物流等硬件基础设施，下一代信息技术等软件基础设施，金融、信用、物流等现代服务能力都集中于该层；②新型国际贸易平台与组织，该层是新型国际贸易不同于传统国际贸易的核心层，新型国际贸易的核心载体新型 WTP 及依托新型 WTP 的跨国公司、企业位于该层；③新型国际贸易的通关与监管方式，由于新型国际贸易运行方式完全不同于传统国际贸易，因此需要在海关通关、贸易监管等方面创造全新的制度安排。三个层次有机统一、协调互动，共同构成下一代贸易方式——新型国际贸易的基本框架。

3.2.2 基础支撑体系

新型国际贸易基础支撑体系由硬件基础设施体系、软件基础设施体系、服务保障体系三大部分组成。

硬件基础设施体系是指新型国际贸易在商流、物流、资金流、信息流中所需要的硬件支撑。新型国际贸易是在传统国际贸易基础上，融入互联网和信息技术的业态变革，因此不可能全部脱离传统国际贸易，在基础设施方面必须嫁接在传统国际贸易上。遍布全球的铁路网、公路网、航空网、航运网、港口网、邮政网、仓储网、物联网、保税区、配送中心、转运中心、线下展示等物流通道、节点和功能载体均可为新型国际贸易所用，对新型国际贸易发挥支撑保障作用。

软件基础设施体系是新型国际贸易运转的技术条件，新型国际贸易所需的信息存储、数据处理、单据生成、智能筛选、平台联通、数据交换、交叉比对、全程追溯等各类功能都需通过互联网、云计算、大数据等技术予以实现。随着技术创新和成熟应用，物联网、人工智能、3D 打印、传感网络、区块链、生物信息等技术也有望应用到新型国际贸易中来，届时新型国际贸易将出现更加纷繁多样的模式和业态。服务保障体系是指物流、金融、信用、数据等各类服务商围绕新型国际贸易商品流通过程所能提供的虚拟展示、通关报关、支付结算、金融信贷、智能征信、国际物流、企业托管等全部服务的集合。生产商、供应商与服务商依托新型 WTP 有机协作，在业务链上相互嵌套。商家或消费者在购买商品时，可以自主选择物流服务商、支付结算方式；商品在进出口报关时可通过新型 WTP 选择适宜的报关服务商；金融机构在决定是否给商家贷款或个人消费信贷时，可通过智能征信服务评估风险；生产商和供应商在研判未来市场变化、制定生产销售策略时，可以借助消费大数据进行市场分析等。总之，围绕互联网、信息化、大数据平台可提供新型国际贸易所需的多种类型服务，可使生产商和销售商从繁重复杂的服务中解脱出来，专注于生产和销售，消费者也可以享受到更加优质便利的专业服务。

3.2.3 贸易平台与组织

新型国际贸易的核心是新型 WTP(世界电子贸易平台)。新型 WTP 是利用互联网技术建立的撮合供(生产端)需(消费市场)双方，实现货物交易、服务贸易和政府监管功能的公共性基础平台。新型 WTP 是新兴信息技术革命的产物，是互联网技术成果市场化的重要标志，是新型国际贸易发展的主要载体。新型 WTP 是生产商、供应商、批发商、分销商、零售商、消费者等贸易主体集聚，商品交易、支付结算、报关清关、物流安排、金融征信、数据分析等服务功能集成的综合性平台，是新型国际贸易运转的核心部分，也是区别于传统国际贸易最重要的特点。新型 WTP 不是特指某一个平台，而是一大类平台，按照运营模式、贸易方向、投资主体、商品特点等维度可分为多个种类，每一种类都由很多平台企业组成。阿里巴巴电子世界贸易平台、河南郑州中大门、天猫国际、京东全球购、亚马逊海外购等都是新型 WTP 的突出代表。同时，新型 WTP 代表政府行使一定的监管职能，具有准公共品的性质。新型 WTP 主要由市场交易平台、服务监管平台两大平台组成，功能、运营主体各不相同，但彼此联通、信息共享、功能协调。

市场交易平台类似于国内电子商务平台的国际版，是连接跨国界买卖双方的互联网商贸交易平台。不同于传统国际贸易，新型国际贸易作为一种以平台经济为特点的新兴经济业态，其经济活动需要依托市场交易平台这一媒介。在该平台上进行商业运营活动和提供服务的是企业、个人等市场主体，新型国际贸易的商品展示、询盘问价、商品交易、资金往来等都需要在市场交易平台上进行，生产商、中间商、贸易商、消费者、物流方、金融机构、信息公司等各经济主体均能在该平台上汇聚交易，共同构成新型国际贸易的交易生态圈和产业生态圈。

服务监管平台是指将分散于工商、海关、检验检疫、食品药品监督、税务、金融监管、口岸、统计等监管部门的各自独立的信息化系统整合后的统一信息平台，各政府部门数据信息在此平台上交换共享。该平台通过与市场交易平台的联通接口，无缝实时从市场交易平台上抓取监管所需的数据，市场交易平台依法向服务监管平台无偿、实时、准确供给监管信息，彻底实现由传统国际贸易的单据监管、人工检查、抽样检验向新型国际贸易的信息备案、信用监管、智能监管转变。服务监管平台一般由政府委托有资质的企业以 PPP 模式(public-private partnership)筹建运营，政府和建设企业以股份合作形式共同参与平台管理。与此同时，传统国际贸易中海量的跨国企业、贸易公司既是新型国际贸易中必不可少的元素，也是新型国际贸易的重要参与主体。与传统国际贸易不同的是，新型国际贸易中的跨国公司呈现出去中间化、去中心化的特征，所有贸易企业都在新型 WTP 平台上完成交易活动，呈现新型化特征，贸易的中间渠道被大幅缩减，流通成本大大下降，流通效率显著提升。

3.2.4 贸易通关与监管方式

由于新型 WTP 的出现，新型国际贸易的贸易流程、海关监管流程均发生了变化，需要形成一套全新的运行规则和监管规则。

通关体系是围绕新型国际贸易这一新经济、新业态，在传统国际贸易通关制度的基础上重新构建的通关制度安排。由于目前新型国际贸易呈现多种运作模式，各模式也适用于不同的通关制度。B2B 模式因主要为大额、大量、同品类商品贸易，适用于传统国际贸易的一般贸易通关方式。由于现有监管模式不能满足单笔小额、多批次的商品进出口报关要求，B2C、C2C 模式大多采取国际快递、国际邮政方式和个人携带方式通关。按照国际通行规则，一定金额以下小件商品可按个人物品处理，予以快速清关，且除少量行邮税外可免征关税，但如贸易规模较大，该种通关制度就存在税源流失、监管缺项等问题，因此只能作为一时的解决方法，不能构成长远的制度安排。未来要依托大数据、物联网技术，建立对新型国际贸易单件商品的实时跟踪和信息查询机制，将后置入关查验转化为前置进关备案，从物品监管转变与数据监管，真正形成面向未来的数据化通关模式。

由于新型国际贸易较传统国际贸易具有完全不同的运作模式，其监管方式较传统国际贸易也有很大不同。从监管技术上，新型国际贸易更加依托于服务监管平台，从传统贸易的货物管理转向数据信息管理，监管重点在于掌握贸易全流程的全部数据信息。从监管结构上，打破传统国际贸易部门分割、条块分割、各管一摊的监管模式，形成面向企业的政府综合服务信息系统(服务监管平台)、各部门后台分工运作的新型监管格局，企业与监管部门仅通过信息系统相联系，除出现重要问题或事故外无须面对面打交道，大幅提升监管效率。从监管模式上，相比传统贸易，新型国际贸易从正面清单进口转向负面清单进口，从实物监管转向数据监管，从前置检查、合规放行转向信息备案、信用监管，通过全程信息获取和失信惩戒机制提高企业违约成本，形成违约威慑，确保各经营主体合法合规经营。

3.2.5 构建新型国际贸易规则

由于新型国际贸易的运作模式、监管方式与传统国际贸易完全不同，因此基于 WTO 的传统国际贸易规则大多也不适用于新型国际贸易，这就意味着新型国际贸易规则体系的构建必须要在传统国际贸易规则的基础上有大量的突破和创新。

当前，世界各国开展国际贸易主要基于 WTO 的规则和框架，但 WTO 规则主要适用于一般性的国际贸易和服务贸易，对于新型国际贸易、跨境电子商务、数字经济等新经济、新业态目前没有完善的适用性规则，全球开展新型国际贸易处于无规可依、无规可守的状态。为使新型国际贸易有序规范发展，必须在现行 WTO 体系的基础上，抓紧建立适应新型国际贸易业态特点、发展规律、未来趋势的新规则体系，解决新型国际贸易在全球发展的制度供给不足问题，最终建立下一代贸易方式——新型国际贸易的国际新规则体系。

新型国际贸易国际新规则是以 WTO 现有制度框架为基础，在规则中融入互联网、大数据、云计算、平台经济、跨境电商、数据流动、信息监管、智能通关等新型元素，结合新型国际贸易发展的现实需求与长远趋势，一方面对不适用于新型国际贸易这一新经济、新业态的制度进行改造，另一方面创造当前 WTO 框架中没有的、适应新型国际贸易发展的新规则。新型国际贸易国际新规则的责任是推动新型国际贸易关税协定、关务规则、准入协定、质量管理、贸易服务等的监督、管理和执行，规范新型 WTP 运营，并为其发展提供良好的环境和政策支持。其宗旨是在公平、自由、共享、包容的原则下，引导新型国际贸易健康、持续发展，促进全球经济繁荣并使全球化的成果惠及各国民众。新型国际贸易并非要彻底颠覆现行 WTO 框架，但要在经济规则、监管规则等方面做出突破和创新，形成 WTO 框架下不同于传统国际贸易的新型规则体系。由于新型国际贸易也融合了大量传统国际贸易的服务、业态、内容，因此新型国际贸易新规则与 WTO 规则一定有交叉，依然遵循非歧视性、公平贸易、透明度三大规则，在最惠国待遇、国民待遇、市场准入、贸易自由化等方面延续 WTO 中已较为成熟完备的规则，但在新型国际贸易范围、数据自由流动、数据安全、知识产权保护、新型国际贸易平台运行、通关制度、监管制度、税收制度、结算体系等方面需要有更多创新性的规定和安排。

当前我国在新型国际贸易领域处于领先地位，可率先完善我国国内针对新型国际贸易的配套规则和机制，形成示范和样板，让各国看到新型国际贸易的活力和前景，并在我国与重要贸易伙伴的双边谈判中加入新型国际贸易规则内容、开展对等谈判，使其接受我国在新型国际贸易实践中逐渐形成的发展经验。推动我国主导设计的新型国际贸易规则在 G20、APEC、“一带一路”、金砖合作等多边平台上得到更多国家的认可，最终上升至全球层面，形成全球认可的国际新规则。因此，建立新型国际贸易国际新规则总的思路是先国内再双、多边，由下而上，由内而外，最终形成世界各国认可的新规则体系。

3.3 新型国际贸易的理论内涵

人类社会的发展，最根本的动力是生产力的发展，而在决定生产力发展的诸因素中，科学技术是最具影响力的因素。马克思指出：“随着大工业的发展，现实财富的创造较少地取决于劳动时间和已经耗费的劳动量，较多地取决于在劳动时间内所运用的动因的力量，或者说取决于科学在生产上的应用。”现代互联网革命是人类发展史上历次科技革命的发展和延续，但其作用范围远远超过前几次科技革命，它将触角延伸到全球的每一个角落，拓展到社会的无数个领域，使整个社会和经济产生了深刻变化。自国际贸易产生以来，贸易方式一直都在随着科学技术的发展而不断改进和完善，互联网革命引发了传统业态的深刻变革，在国际贸易领域形成了互联网与国际贸易相结合的新型国际贸易。研究和历史实践表明，随着科学技术和其他领域的发展，范式也会随之发生变化，这种转变的重要性在于：现实世界中的重大变化往往需要概念上和理论上的创新与之相适应，新型国际贸易也不例外。跨境电子商务和新型国际贸易的蓬勃发展使得国际商流、物流、信息流和资金流等的流动更加迅速和快捷，来自世界各地的生产企业、供应商、中间商和消费者等在虚拟贸易平台上汇聚与流动，传统国际贸易中的地理疆域的界限日渐模糊，不同国家之间的经济联系和贸易往来变得比以往任何时候都更加紧密。同时，世界范围内的逆全球化思潮兴起，以 WTO 为主导的多边贸易谈判进展缓慢，传统统计方法上的全球贸易持续低迷，世界经济和全球贸易正面临着诸多不确定性因素。因此，在理论上如何适应变化了的国际经济和国际贸易环境，在实践中如何制定适宜的国际贸易政策规则体系和贸易战略政策，对互联网革命带来的新型国际贸易理论和政策的发展变化进行深入的研究和探索，已成为国内外研究者不得不面对的新的范式转变。

3.3.1 理论界定

(1)新型国际贸易及相关概念辨析。当前的理论与实践对有关新型国际贸易的概念并没有形成统一的认识，更多情况下，新型国际贸易的内涵与跨境电子商务、新型 WTP 和数字贸易等交叉使用。对这些概念进行辨析有利于进一步加深对新型国际贸易的认识。

(2)新型国际贸易与跨境电子商务。当前对跨境电子商务也有不同的认识，有学者认为跨境电子商务是指分属不同关境的交易主体，通过电子商务平台达成交易、进行支付结算，并通过跨境物流送达商品、完成交易的一种国际商业活动。新型国际贸易是互联网革命引发国际贸易业态变革的产物，是下一代的主要贸易方式。而跨境电商是新型国际贸易的现行表现形式，会逐渐转化为下一代贸易方式，其与新型国际贸易的关系，就是现在与未来的关系。

(3)新型国际贸易与新型 WTP。根据阿里研究院发布的《新型 WTP2017 年度报告》，新型 WTP 是一个私营部门引领、市场驱动、开放透明、多边利益相关方参与的公私合作平台，旨在探讨全球数字经济和电子贸易的发展趋势、面临问题和政策建议，分享商业实践和最佳范例，孵化和创新贸易新规则和新标准，推动全球数字经济基础设施建设，共同促进全球经济社会普惠和可持续发展。新型 WTP 是一个共创治理规则、交流最佳实践、建设未来设施、追梦普惠贸易的平台。可以看出，新型 WTP 实际上是一个开展新型国际贸易必不可少的公共平台，是新型国际贸易的基础设施，而新型国际贸易是下一代贸易方式。

(4)新型国际贸易与数字贸易。数字化是新型国际贸易的特征之一，但新型国际贸易不局限于此，它是互联网革命和大数据应用下的产物。在新型国际贸易中，信息作为一种独特的资源，通过大数据产生了包括商流、物流、信息流、资金流和人员流动在内的流量经济，是一种新型的贸易方式，并将推动传统贸易向下一代贸易方式转变，是贸易方式和贸易业态的变革，二者是贸易方式与贸易内容的关系。

3.3.2 主要类型

根据新型国际贸易的划分标准不同，新型国际贸易有不同的类型。按照国际贸易的进出口流向进行划分，新型国际贸易可以分为新型国际贸易进口和新型国际贸易出口。

按照新型国际贸易的表现形式(商业模式)来进行划分，可以分为跨境 M2C、跨境 B2C、跨境 B2B2C、跨境 B2B、跨境 C2C 和跨境 C2B 等。跨境 M2C 即生产厂家直接对消费者提供自己生产的产品或服务的一种跨国电子商务模式。跨境 B2C 是指直接面向消费者进行跨国销售产品和服务的商业零售模式。跨境 B2B2C 指的是在广大供应商和消费者之间搭建起一种实现交易的平台，提供外贸综合服务的平台型服务型企业，以实现国际贸易交往的商业模式，它包括了现存的 B2C 和 C2C 平台的商业模式，可以提供更加综合化、更优质的服务。跨境 C2C 是指个人与个人之间实现跨国商品交易的商业模式。跨境 C2B 是跨境电商未来一个重要的演变方向，是指根据消费者的预购情况，按需生产，满足特定消费需求的商业模式。

按新型国际贸易交易的客体进行划分，可分为间接新型国际贸易和直接新型国际贸易。间接新型国际贸易涉及的商品是有形商品的电子订单，交易的商品需要通过传统运输渠道完成交易。直接新型国际贸易涉及的商品是无形商品与服务，如软件、全球信息服务、远程教育等，从事交易的双方能跨越地理界限直接交易，交易的商品与服务无须传统运输渠道，只需互联网传输即可完成国际交易全过程。

按从事新型国际贸易企业的平台类型与模式划分，新型国际贸易平台分为第三方开放型平台模式、垂直自营平台模式和线上线下融合的 O2O 模式等。第三方开放型平台模式是指平台型电商企业通过线上搭建商城，并整合物流、支付、运营等服务资源，吸引商家入驻，为其提供跨境贸易的交易服务。同时，平台以收取商家佣金以及增值服务佣金作为主要盈利模式。垂直自营平台模式是指从事跨国自营型电商企业通过在线上搭建平台，平台方整合供应商资源，通过较低的进价采购商品，然后以较高的售价出售商品，自营型国际贸易平台企业主要以商品差价作为盈利模式。线上线下融合的 O2O 模式是指利用线上的跨境贸易平台、海外展示中心+海外仓(自贸区或保税区)，盘活国内外市场的货源，对接线上线下的海内外批发和零售市场，实现线上线下融合互动，内外贸一体的一种新型模式。

3.4 新型国际贸易相关理论分析

现实世界中的重大变化往往需要概念上和理论上的创新与之相适应，任何新的理论都是对前人理论的继承和发展，国际贸易理论也是如此。一方面，新型国际贸易的发展引发传统国际贸易理论的重大变革，是对传统国际贸易的扬弃；另一方面，新型国际贸易的发展催生新的理论，丰富现有的国际贸易理论体系。

3.4.1 国际化大流通与新型国际贸易

随着现代信息网络技术的发展，互联网革命导致世界经济形态、经济表征与产业链接方式产生颠覆性的变化，新型国际贸易带来了全球供应链和价值链的革命，贸易互联互通网络超越了自然和政治地理边界。新型国际贸易平台和越来越多、越来越频繁的贸易往来支撑起新型全球化的经济体系，全球范围内商流、物流、信息流、资金流和人员流动的便利化、快捷化、共享化和顺畅化正在大大加快，我们真正迎来一个国际化、信息化、网络化和混沌化的大流通时代。

(1)新型国际贸易的经济功能发挥与现代流通的重要地位和作用相吻合。国际上大国之间的博弈越来越转向经济能力的博弈，经济能力博弈的核心在于现代流通能力的博弈，抢夺流通规则的制定权和主导权成为大国之间竞争的焦点。新型国际贸易依托的跨境贸易平台实际上是一个基于新技术的现代流通中心，新型国际贸易的基础平台——跨境贸易平台或现代流通中心平台并不只是以前意义上的商品买卖或批发零售的概念，而是涵盖社会再生产全过程的大流通，这个过程是以消费为起点周而复始的循环过程，制造过程、买卖过程只不过是其中的中间环节。制造环节在整个流通过程中占比越来越小，物流成为现代流通的主体，信息成为流通领域中的最大变量，信息流成为最具有引领性的力量。随着信息向海量、即时传输、渗透性、泛在化方向发展，它将从根本上改变传统产业的业态，使信息与传统产业融合，具有综合的、跨界的、智能的现代流通能力。

(2)新型国际贸易演绎了互联网革命下国际贸易和流通业态的深刻变化。新实体经济给国际贸易和流通业状态带来了深刻的变化，即互联网通过改变信息获取、展示、连接的形式，推动整个社会向新一代国际贸易和现代流通体系加速演化。它的演化主要表现在三方面：①线上线下流通立体化、混沌化。大宗 B2B 贸易平台和零售 B2C 平台开始冲击传统实体渠道，线上贸易体系和线下交易体系可能形成边界清晰、相辅相成、共生发展的新一代流通产业。②会出现若干新型公共服务平台或准公共服务平台。由众多分散的消费者和供应者聚集在一起形成交易总量和金额巨大的平台，它带有公共平台的性质，在新经济情况下，电子商务平台经济成为流通市场各类资源、服务的网络集散门户和新型集聚形态，第三方中立平台模式改善了传统流通模式在信用、融资等方面的信息不对称问题；各类垂直平台推动了流通市场的极致细分化、专业化，提升了流通体系的整体服务水平。③场景化、社区化、移动化。O2O 通过全渠道、场景化推动流通市场业态向“消费主权”时代迈进；社群、微商、社区化服务等关系型销售网络和共享经济快速发展；C2B 定制将进一步重塑环节缩减，带来跨境贸易的零售革命；出口更加依赖品牌和渠道；进口也倾向于小批量和低关税，并且更加依赖于平台；贸易流通更加平台化、集成化、全程化、专业化、智慧化。未来这种场景化、社区化、移动化可能要决定零售业态的变革。新型国际贸易突出体现和演绎了新实体经济下国际贸易和流通业态的深刻变化，构建了一个实物展示与虚拟展示、传统营销与网络营销、线下有形市场与线上无形市场相互交融、互促发展的新型世界贸易大平台，在这样一个平台上，其贸易业态不再是传统的一般贸易、加工贸易和采购贸易，而是跨境的新型国际贸易，其跨境贸易平台将成为快速获取全球的供应商、经销商和消费者信息的市场商业集群；另外平台通过场景化、社区化、移动化等不断创新商业市场功能，推动市场商业功能从商品贸易、展示交易、物流配送向推进新品、发现形成价格、产品研发设计、商业融资、国际规则标准制定等多功能集成方向发展。

(3)新型国际贸易的发展诠释现代流通革命关于四流分离与聚合的理论内涵。当今时代，在形成实体经济与虚拟经济两种基本经济形态后，商流、物流、信息流、资本流，“四流”分离形成独立的流通过程已成为常态：传统单一的面对面的议价完成交易的商流过程正演化为多样化的电子商务交易商流过程，并形成了独立的商务流通规律，如新型国际贸易和互联网商业规律等；信息成为流通中的变量可以完成独立流通的过程；传统现金当面结算的实物货币流通日益形成以区块链技术为支撑的结算体系，以电子货币等形式表现的虚拟货币快速流通，形成独立资本流通过程；物流也和商流、信息流、资本流产生分离，形成物流的全球供应链体系、社会化物流平台等。可以看出，与传统交易方式不同，现代交易方式中的“四流”形成了各自的流通规律，都是独立的流通过程，只是在一个节点上相遇或重叠，最后完成商品交易的全过程，实现价值和使用价值的统一。新型国际贸易作为下一代主要贸易方式，就是以各种有形、无形商品为主体，以平台为载体，以信息为灵魂，集聚供、销、需三者共享平台，延伸展现出“体验、认购、订单、采购、交易、结算”的现代流通四流分离与聚合的理论内涵。

(4)新型国际贸易具有现代流通国际化、社会化、信息化、流程化和混沌化的典型特征，是一种涵盖生产、交易和销售后全过程循环流通的先导性经济运行方式。现代流通理论认为，现代流通是囊括有形与无形要素禀赋的全要素流通，且使更多如无形商品、无形货币、无形资产等更高级的要素禀赋进入流通渠道，并迅速膨胀扩张，使得工业化初期、中期生产过程与流通过程相对独立的形态逐渐隐退，生产过程与流通过程呈现日益融合的态势，现代市场流通把几乎所有国家的分工和交易都纳入国际化大流通的轨道，一切国家的生产与消费都成为世界性的、流程化的。生产是流通中的生产，更多的产品无法在一个国家、一个工厂、一条生产线或一个工序完成；分工是流通中的分工，现代流通把各个“部件”配置在能发挥效用的地方；交易是流通中的交易，所有有形的和无形的要素禀赋，其交换价值的实现必然伴随着自身的流动；消费也是流通中的消费，是一种涵盖生产、交易和售后全过程循环流通的先导性经济运行方式。新型国际贸易是互联网革命引发的贸易业态变革，其与下一代制造业业态融合发展将成为全开放条件下引领生产、引领消费和引领经济运行的先导性力量，带动制造业的流程再造和产业结构的转型升级。面向全球市场的新型国际贸易及其平台使制造业从原来的矩阵结构、柔性生产线向全流程的信息先导模式转变，推动制造业转型升级，而生产制造业的转型升级反过来也会支撑和推动市场流通的进一步发展，形成带动市场流通和生产制造业转型升级的良性互动机制。

3.4.2 全球经济新形态、连接方式、产业构成和国际贸易形态的变化

经济全球化催生新型国际贸易，新型国际贸易加快新型全球化的互动发展进程，新一轮经济全球化将因新型国际贸易发展更公平、更透明、更自由。新型国际贸易已成为全球化的新载体，其所体现出的实体经济和虚拟经济两大基本经济形态，万物互联的经济表征，产业链、供应链、服务链、资金链和价值链集成的经济连接，跨国公司、大数据系统、平台经济、消费者集成的新经济主体、新型国际贸易等下一代贸易方式正在引领全球化的未来发展方向。新型国际贸易既是经济全球化的产物，也是推动经济全球化的加速器。新型国际贸易与新型全球化相通、相容、相互催化，新型国际贸易反映了不可遏制的经济全球化内在动力。

3.4.3 全球贸易理论体系、评价体系和规则治理体系的变革

新型国际贸易的贸易形态和方式不同于传统的贸易方式，也不能完全等同于当前的跨

境电子商务、新型 WTP 和数字贸易等，是下一代主要贸易方式，代表着国际贸易未来发展的方向，是新型全球化的贸易形式。

(1)贸易形式是伴随着生产力水平、技术革命与业态变革而不断发展变化的，新型国际贸易是当今科技革命、业态变革与生产力发展水平等变量相互作用形成的贸易形态的具体演化。自 20 世纪 80 年代以来，伴随着经济全球化、生产国际化与生产要素跨国流动日益增强，国际分工发生了深刻变化：一方面，生产的国际化和生产要素的跨国流动使国际分工深入产品生产环节，各国参与国际分工不再以产品为界限，而是以要素为界限，一件最终产品的全部价值已不再完全由一个国家的本土要素所独自创造，而是由多国以“要素优势”共同参与的结果。各个国家是以要素优势而不是以产品优势参与国际分工、竞争和合作。另一方面，产品的价值链被分解，不同生产环节和流程按照不同的要素密集度特征，被配置到具有不同要素禀赋优势的国家和地区，形成全球价值链。

要素分工与全球价值链融合发展使国际分工从过去以垂直分工为主发展到以水平分工为主的新阶段。在新阶段中，国际贸易与世界经济增长很大一部分是通过全球价值链和网络来组织和实现的，而不是通过垂直整合不同国家的贸易，全球贸易主要表现为中间产品的贸易。据统计，全世界进口的 60% 和大型发展中国家如中国和巴西等大约 3/4 的进口都是中间产品。在新阶段中，全球迎来了全球第五轮产业转移，劳动密集型产业正渐次从中国向南亚、东南亚、非洲，以及具有人口红利和劳动力价格优势的国家和地区转移。

与此同时，网络空间成为人类生产生活的主要场所，成为人类赖以生存发展的公共基础设施。在这个虚拟世界里，依托带有公共产品特征的互联网平台，人们可以从事贸易、虚拟制造、社交等与现实世界一样的活动，加速国际贸易业态的演化，新型国际贸易即为互联网引发的产业变革与新型贸易业态融合的产物。互联网、物联网、大数据、云服务、云计算和智能技术加快发展，全球贸易流动呈现出全新的跨国界、多边化、多元化、多样化和网络化的链接状态，带有准公共产品性质、具有强大功能的新型国际贸易平台开始形成。提高诸如交通与通信设施、网络平台、大通关体系、统一的认证认可体系、电子经贸规则等软硬基础设施的互联互通水平，加强创新能力成为创造贸易利益和提高贸易竞争力的着力点。

在国际分工与国际贸易深刻发展变化的基础上，国际贸易方式也在不断进行着创新和发展，尤其在国际贸易平台经济和现代信息技术、大数据和云计算等大量应用于国际贸易领域以后，传统的国际贸易方式已经不能满足经济发展的需要，国际贸易向高度信息化、智能化、国际化、网络化的新型国际贸易方向发展。

(2)新型国际贸易将成为体现普惠、智能、高效、便利的下一代贸易方式，将渐次与一般贸易、加工贸易、边境小额贸易和采购贸易融合，成为新全球化的贸易形式。

新型国际贸易方式发展大大快于传统贸易方式，而传统贸易方式，或逐渐被融合、替代，或演化为下一代贸易方式。经济全球化的显著特征之一，是生产的全球化、贸易的全球化、金融的全球化、投资的全球化和消费的全球化。特别是贸易的全球化，使国际贸易成为世界经济发展的火车头，加强了资源和生产要素在全球范围的合理配置，加快了资本和产品在全球流通，促进了科技在全球性的应用或转化，有利于促进不发达地区经济的发展。国际贸易方式中的一般贸易、加工贸易、小额边境贸易和采购贸易等传统贸易方式，已经被各国采用。随着中国与相关国家跨境电子商务的发展，国际贸易正迅速被新型化，向着下一代贸易方式——新型国际贸易演进。

以科技革命和信息技术发展为先导，新型国际贸易将涵盖生产、流通、金融、投资各个领域，将囊括世界经济和与世界经济相联系的各个方面及全部过程。随着新型国际贸易的发展，国际贸易速度大大加快，国际贸易规模大大增加，国际资本流通将达到空前的规模，金融国际化的进程加快，使世界市场不断扩大，国际分工更加深化，各国可以从事能获得最大限度比较优势产品的生产，促进产业的转移和资本、技术等生产要素的加速流动。更具黏性和融合度的各类企业，如跨国公司、平台企业、大数据集成系统和全球的中小微企业乃至个人可以依托新型国际贸易平台创新贸易方式，参与国际竞争。从这个意义上讲，新型国际贸易的形成过程是一个既相互竞争，又相互合透的过程，既是在传统贸易方式基础上的突破与创新，也是科技创新与贸易形态创新的交叉融合，国际贸易的新型化形成更为便利和自由的下一代贸易方式，跨境电商将成为一种历史过渡形式。随着新型国际贸易的发展，传统贸易方式将逐渐被替代，并渐进演化成为适应新时代发展需要，最终受到各国广泛认可的新型国际贸易方式。

(3)必须正确认识新型全球化下的新型国际贸易及其发展规律，建立适应新型国际贸易发展的理论、评价体系和贸易治理体系。

当前，世界经济进入新旧动能加速转换的关键期，世界经济下行风险和不确定性在同步上升，逆全球化思潮兴起，全球贸易保护主义抬头，多边贸易谈判举步维艰，但国际贸易和经济全球化的长期发展趋势没有发生根本变化，国际贸易规模越来越大，新旧贸易业态正在加速替代，新的贸易方式和贸易模式正在涌现，贸易仍然是世界经济增长的发动机。必须以全新的视角研究新型国际贸易，建立适应新型国际贸易发展的新理论，推动全球认识新型国际贸易规律规则，重塑国际贸易理论、评价体系和治理体系。

如何重新认识新型国际贸易的内涵及规律，这是一个非常重大而紧迫的问题。现在国际上争论的很多国际贸易问题，应用的都是传统理论，对于国际贸易新方式和一些崭新的规律，缺乏全球化视野，缺乏对现代国际贸易从内生因素、深层次、根本上的认识。新型国际贸易与国际分工的深化发展、科技革命和业态变革息息相关。随着信息技术的发展和国际分工的深化，全球经济以全球价值链为特点，在这一链式系统中，利用现代信息技术、网络技术、大数据、云计算和现代物流技术，全球资源与生产要素的配置已经从一个工厂、一个地区、一个国家扩展到整个世界，依托新型国际贸易平台，国际贸易不再主要被大型公司、大型企业主体所垄断，一批平台型企业、大数据集成和更多体现消费者主权的中小微企业乃至个人成为国际贸易的主体，消费也呈现全球化态势。这种新型国际贸易产生的贸易流动，将打破传统的地理行政疆界，打破传统贸易的“不自由”和“不公平”，推动国际贸易规则和全球治理体系的重塑，推动传统国际贸易治理机制如 WTO 等的整体改造和提升，推动下一代国际贸易朝着普惠、公平、自由、便利、共享的方向发展。

当前，国际贸易规模越来越大，国际贸易争论也越来越激烈，必须突破过去条件下形成的理论，建立新的符合新型国际贸易规律的理论体系。应研究建立新型国际贸易理论，从国际贸易发展实践出发，创新提出新型国际贸易理论，解释国际贸易领域正在发生的巨大变迁，为我国参与全球贸易立论。应抓紧建立全球崭新的贸易评价体系。新型国际贸易和全球价值链已经改变了全球贸易的性质、形态和方式，现有的贸易统计评价体系已不能准确地反映新型全球化背景下的生产与贸易现状，迫切需要建立与之相适应的贸易统计评价体系。应研究重塑新型全球化条件下的全球贸易规则与治理体系。新型国际贸易和新型全球化发展为广大发展中国家、全球中小微企业乃至个人平等参与经济全球化、国际贸易提供了新契机。面对新型国际贸易的蓬勃发展，现有 WTO 规则和治理体系已逐渐不能适应新型国际贸易的变革性发展，要研究在新型全球化和新型国际贸易条件下如何建立开放的、高效的、公平的、共赢的国际贸易体制，如何依托新型国际贸易平台突破现有的国际贸易壁垒、障碍和非理性贸易保护主义，使所有参与全球化和国际贸易的国家、地区、企业、个人、消费者，都获得相对的利益、均衡的利益。

新型国际贸易作为下一代贸易方式，将使国际经济关系更加紧密、复杂，要求以往的国别关系、地区关系发展为多极关系和全球关系，并要求强化国际经济发展的协调性与经济政策的趋同性，导致一系列全球性新经济规则的产生，国际组织、区域组织的经济作用更加重要。新型国际贸易的形成过程，既是一个全球性制度变迁和相关国家政策沟通协调的过程，也是一个全球贸易评价统计体系的重建过程，还是一个全球贸易规章与治理体系的重塑过程。

(4)新型国际贸易对传统国际贸易理论的背离与深化。

对于广大消费者而言，互联网经济与新型国际贸易可以带来消费者边际效用递增。互联网经济和新型国际贸易中的价格决定完全不同于传统经济与国际贸易中的价格决定。在传统经济与国际贸易中，商品的价格越高，需求会越少；但在互联网经济和新型国际贸易条件下，一种商品或服务的价格可能会随着用户数量的增加而剧增，而这种价格的剧增反过来又吸引更多的用户，从而产生多重效益，这是互联网经济和新型国际贸易的“外在性”。互联网经济和新型国际贸易的这种“外在性”，是新型国际贸易新型贸易方式与传统国际贸易方式的重大区别。互联网经济和新型国际贸易理论的主要贡献，在于揭示了以贸易平台为标志的信息现象对整个经济贸易的决定性作用，把经济学和国际贸易的重心从货币现象转向了信息现象，使信息成为经济学和国际贸易核心的内生变量。作为一种建立在现代互联网技术、云计算技术和大数据应用基础上的新型贸易方式，传统国际贸易理论受到前所未有的冲击，而部分适应性理论得以传承和丰富发展。

3.4.4 具体理论

1. 比较优势理论

李嘉图认为，按照“两优取其重，两劣取其轻”的比较优势原则，任何一个国家，不论它在经济上的强弱，或处于什么样的发展阶段，都可以确定自己具有相对优势的产品，安排生产和贸易，从而在国际贸易中获利。

比较优势理论以生产可能性边界不发生变化(技术不变)和边际收益递减为前提。随着新型国际贸易的产生和发展，这两个条件都出现了新变化。

(1)生产可能性边界所依据的前提条件发生了重大变化。生产可能性边界是李嘉图比较优势理论的主要分析工具，而技术不变是生产可能性边界的重要前提，但是作为现代互联网技术、云计算技术和大数据应用基础上的新型国际贸易给该理论的前提假设条件带来巨大冲击。在新型国际贸易背景下，现代互联网技术、信息技术和大数据的广泛应用使社会生产率大大提高，生产可能性边界失效。

(2)边际收益递减规律的适用范围发生了很大变化。由于边际收益递减，生产可能性边界为向外凸出的曲线。但在新型国际贸易背景下，许多产品如信息、服务等，由于其具有可复制性、无排他性等特点，其成本不随使用量的增加而增加，从而出现边际收益递增的现象，而且这种现象还会因网络效应不断强化。边际收益递减规律适用范围的重大变化，改变了解释传统比较优势理论的经济学基础。

(3)引起劳动生产率不同的要素发生重大变化。比较优势理论认为，自然资源、劳动力是引起劳动生产率不同的主要因素，但新型国际贸易背景下，信息成为对劳动生产率产生作用和影响的重要因素。信息化和网络化促进了全球统一大市场的形成，信息的获取、传播和利用更加便捷，互联互通水平(信息基础设施水平和信息处理水平)成为一个国家国际贸易竞争力的重要构成要素。信息进入国际贸易流通领域成为流通中最大的变量，信息与传统要素的结合大大提升了传统要素的效率。此外，信息技术的发展催生出大量从事信息生产、传播及相关活动的产业和劳动者，改变了劳动者要素的工作内容和社会价值。

2. 要素禀赋论(H－O理论)

要素禀赋论认为，由于两国的要素禀赋和要素密集程度的不同，会导致成本和价格的绝对差异，它强调不同的国家和不同的要素禀赋以及不同的产品对贸易产生的重要作用，利用要素价格的差异来进行国际贸易，就能够使得一国获得比较优势带来的利益。H－O理论要素禀赋主要是指自然资源、资本资源、劳动力和人力资源等，而且主要注重静态的结果，而忽视了技术进步和客观存在的其他因素。随着现代互联网和电子商务不断融入国际贸易和经济社会发展的大背景中，对H－O理论的发展也提出了新的挑战，很多新的生产要素随着经济形态的改变开始慢慢浮现，从而产生了一些对一国贸易具有重大影响力的核心因素，例如随着现代互联网和电子商务不断融入国际贸易和经济社会发展中，知识、信息与基础设施互联互通水平等动态要素发生变化，大大削弱了传统生产要素在国际贸易中所起的作用，比较优势利益也随之发生改变。在新型国际贸易的发展中，现代互联网的发展使数字化信息技术在世界范围内迅速传播，众多发展中国家若将自身的劳动力优势和信息化优势很好地结合起来，就会表现出极大的竞争力。同时，信息和网络等基础设施互联互通水平很大程度上决定一个国家未来的竞争力，为许多后工业化国家平等参与国际贸易提供新机遇和新契机，良好的互联互通水平及新型国际贸易的发展可以迅速调整其在全球的格局，使传统的比较优势利益在国际贸易中发生改变。

3. 规模经济理论

规模经济理论认为，某些产品的生产具有规模报酬递增的特点，即扩大生产规模后每单位生产要素的投入会有更多的产出，产品的平均成本会下降。生产规模的扩大会带来生产成本的节约和生产效率的提高，各国用比以往更有效的规模来专业化生产有限类别的产品，同时，它们之间的相互贸易又使消费所有产品成为可能。

规模经济可以分为外部规模经济和内部规模经济。外部规模经济指的是单位产品成本取决于行业规模而非单个厂商的规模；内部规模经济则指的是单位产品取决于单个厂商的规模而不是其所在的行业规模。规模经济理论是解释行业内贸易的重要理论工具，新型国际贸易发展使得规模经济的概念和作用范围发生了重大变化。

(1)新型国际贸易大大促进了专业化与规模经济的统一，专业化特性更加明显。新型国际贸易是通过互联网和准公共贸易平台实现交易的一种全新的贸易和商务关系，注入了大量信息经济的内容与方法，使其影响新型国际贸易规模经济性的因素很大程度上取决于带有准公共产品性质的互联信息网络平台、电子商流、信息流与资金流、物流、客户流以及它们之间的协调程度。

(2)新型国际贸易大大丰富和扩大了规模经济概念。首先，在传统经济和国际贸易下，规模经济仅适用于一个实体企业或行业。而在新型国际贸易和新型 WTP 的国际贸易平台经济下，越来越多的中小企业乃至个人通过网络和新型国际贸易平台共享信息基础，规模可以很小，但分散贸易流量通过平台汇集成一个整体，产生集聚效应和规模效应，使每个参与国际贸易的个体享受到规模经济带来的利益。其次，在传统贸易和经济下，规模经济只与生产商有关。而在新型国际贸易和 WTP 的国际贸易平台经济下，规模经济不只与生产商有关，还与消费者有关。消费者流量和消费者评价等信息会随着商品市场规模的不断扩大而不断集聚，而且这种随机游走的信息会使消费者个人行为聚合成一种贸易流量，并由此产生消费者集成的经济规模和贸易规模。新型国际贸易和平台经济下带来的规模效应要远远大于传统经济的规模效应，因为生产商规模经济与消费者规模经济的有机结合会产生双重作用：消费者需求的增加不但降低了生产成本，同时也使产品对用户更有吸引力，从而进一步增加了消费者的需求。

(3)新型国际贸易发展为国际贸易中的产品差异化和个性化服务等内部规模经济提供了更多可能。一方面，在新型国际贸易和新型国际贸易平台经济下，生产企业和供应商通过互联网和新型国际贸易平台可以更清晰了解到消费者的差异化需求，从而生产出满足消费者多样化需求的差异化产品；另一方面，消费者也可以通过互联网和新型国际贸易平台了解不同供应商在价格、产品性能、包装等各方面的差异，从而决定自己的购买选择。信息流的畅通加快了企业与消费者之间的信息沟通和交流，国际贸易的规模也得以不断扩大。此外，随着新型国际贸易、信息技术的迅速发展和大数据的广泛应用，不同国家的生产者可以通过提供个性化服务来提供多样的差异化产品。基于互联网的个性化服务可以使生产者跨越国界的限制，即可以把每一位顾客都当作一个潜在的细分市场，实现个性化和柔性化生产。可见，规模经济与新型国际贸易的融合发展，使生产企业在组织形式、组织结构、经营理念、信息传送方式、环境反应能力、顾客联系方式等方面发生重大变化，生产的专业化、市场需求的个性化、组织的灵活性可以实现有机结合，从而有效协调规模经济与个性化的矛盾，实现生产的规模个性化经营。

(4)新型国际贸易发展丰富了外部经济(外部规模经济)对国际贸易的解释。当规模经济存在于行业内而不是单个厂商内部时，就称为外部经济。在传统经济和贸易中，单个厂商不可能提供足够大的服务需求市场来维持众多供应商的生存，从而需要行业的地区和地域上的集中，知识外溢通常通过正式或非正式的企业间沟通渠道发生在地理位置比较集中的厂商中间。而在新型国际贸易和电子商务经济下，网络技术的发展突破了传统地理空间的障碍，企业的生产、产品设计、顾客服务都可以在不同的地方完成，密集的专业化供应商网络平台就可以实现集聚效应。互联网使得信息流通速度大大加快，知识外溢的速度大大加快，技术人员和消费者可以通过互联网上的各种论坛发表自己的观点和见解，由此导致新产品、新技术层出不穷，国际贸易交换活动也不断发展。

在统计学中，统计预测结果的准确性会随着数据的数量和质量的提高而提升，这意味着拥有更多观察结果的公司将产生更准确的预测。正因如此，规模经济才如此重要。由于预测以样本数为单位增加，因此，尽管规模很重要，但就预测的准确性而言，规模收益却在下降。

然而在企业的实际应用却比统计学概念更有趣。谷歌和微软都运营搜索引擎。谷歌的搜索引擎拥有更高的市场份额，因为它的质量更好。通过拥有更多的数据，谷歌可以更准确地预测人们在搜索结果中想要什么。虽然谷歌拥有更多的数据，但是数据越多意味着涉及的法律条款也就越多。因此，更多的数据并不能提供有意义的优势。微软认为，更高的数据质量是规模的直接结果，这是规模经济的关键所在。谷歌拥有数十亿的搜索，其中许多搜索查询是极其罕见的，所以谷歌可以更好地预测那些罕见的查询，而微软可能只看到其中两三个。如果人们根据稀有搜索的质量差异化来选择搜索引擎，那么谷歌更高质量的数据将导致市场份额大幅增长。拥有更大的份额会给谷歌带来更多的数据，这反过来又会提高质量并支持更大的份额。

因此，规模经济的来源是直接网络外部性。更多的客户意味着产生更多的数据，进而又产生更多的客户。这与关于双边市场和间接网络外部性的文献不同。网络外部性类似于电话网络，而不是像 eBay 这样的市场上买卖双方之间的外部性。这一点在国际贸易背景下意义重大，因为国际贸易强调的是双边匹配。这也不同于所有强调规模经济的贸易和市场结构的研究，因为这是由固定成本驱动的。因此，贸易理论目前还没有适用于人工智能技术环境的模型。

直接网络外部性环境导致人工智能的核心竞争：数据竞争。拥有最好数据的公司会作出更好的预测，这就形成了一个正反馈回路，就可以收集更多的数据。换言之，数据的重要性形成强大的规模经济。

人工智能规模经济的另一个来源是在企业内部建立人工智能能力的固定成本，主要费用在人工成本上。许多软件都是开源的，企业一般可以通过云服务将硬件作为实用程序来购买。只有人工智能的使用需求才能用来覆盖为建立一个人工智能专家团队而耗费的巨大成本，到目前为止，就开发人工智能的能力而言，聘用精英研究人员与其他研究人员之间存在显著的差异。

4. 范围经济

人工智能技术的建立不仅有赖于规模经济，同时也需要范围经济。只有当一个公司有各种各样的应用程序可供他们使用时，才有必要在公司内部建立一个人工智能团队。许多目前领先的人工智能公司都是多产品公司，例如视频网站的在线视频服务搜索引擎，安卓的移动设备操作系统等一系列产品。在大多数情况下，范围经济发生在供应商那一方，通过聘用人工智能专业人才以获取更好的硬件和软件资源。

范围经济的另一个重要应用是跨应用程序之间的数据共享。例如，来自百度搜索引擎的数据可能有助于确保淘宝等广告的有效性，或在开发自动驾驶汽车时可能需要用到百度的地图服务。此外，数据共享是当前国际社会在信息保护等相关问题上产生摩擦的一个关键原因。隐私政策的差异意味着，在某些国家，跨应用程序共享数据比在其他国家更容易。例如，由于中国和美国的法律差异，字节跳动在两国的使用政策就会有所区别。

这与国际贸易文献对范围经济的主要解释形成对比，后者强调更加注重需求方的要素。目前研究认为，人工智能的范围经济似乎与品牌认知度或销售渠道中的需求外部性无关。相反，它们更趋向由创新的范围经济驱动。未来关于人工智能更广泛的潜在应用将鼓励企业更乐意投资人工智能的研究团队，并且由于跨应用程序共享数据的潜力，它为每个特定的人工智能项目带来更多好处。

5. 新型国际贸易下的自由贸易与贸易保护

自有国际贸易以来，有关自由贸易与贸易保护的争论就从来没有停止过，贸易理论史不断证明自由贸易对一国和全球经济增长的意义，也一再提出对于某一国而言特定阶段的保护是必要的。事实上，绝对的自由贸易和贸易保护从来都不存在，任何一个国家贸易政策都是自由贸易与贸易保护政策的结合。纵观理论发展的历史，贸易保护理论历经了重商主义、李斯特的幼稚产业保护理论、凯恩斯学派、瑞典学派和新制度学派等多个阶段，而自由主义政策也有亚当·斯密的古典学派、马歇尔的新古典主义、现代货币主义、理性预期学派、供给学派、弗莱堡学派和哈耶克新自由主义的支持。以两种理论为指导的国际贸易政策也在各国的实践中不断发生着更迭。近年来，随着全球经济持续低迷，新贸易保护主义重新抬头，全球跨境电子商务飞速发展，跨境电子商务向新型国际贸易过渡，以政府干预为主要方式的管理型贸易成为国际贸易政策的主流。

(1)自由贸易是新型国际贸易发展的主流。20 世纪 90 年代中后期以来随着电子商务的蓬勃发展，以及其在国际贸易领域的应用，新型国际贸易作为一种新型贸易方式开始出现，全球市场从原来的有形空间延伸到无形的虚拟空间，即搭建一个自由、开放、通用、普惠的全球新型化贸易平台。在这个平台上，亿万消费者可以“买全球”，中小企业可以迈向全球，真正实现全球连接、全球联动。从理论上讲，几乎所有国家都会从互联网平台和大数据应用基础上产生的新型国际贸易中获益。特别是对于广大落后的发展中国家而言，通过加强软硬基础设施建设，大力发展新型国际贸易，可为这些国家平等参与国际市场竞争，实现经济跳跃式发展提供新契机。可以预见的是，打破传统时空地理限制的新型国际贸易将依托网络贸易平台连接世界，并成为未来全球贸易的主要方式。

(2)新型国际贸易对贸易保护产生了巨大冲击。贸易保护主义，是指在对外贸易中实行限制进口以保护本国商品在国内市场免受外国商品竞争，并向本国商品提供各种优惠以增强其国际竞争力的主张和政策。但在新型国际贸易和新型 WTP 平台经济条件下，一国的贸易保护政策可能失效，这主要是因为：①新型国际贸易以“互联网 +”为技术支撑，以满足单个消费需求为切入点，将全球分散的消费需求变成一种市场集成，一定程度上可以避免贸易保护主义的影响。②政府监管的技术难度空前加大。由于突破了传统地域空间的限制，新型国际贸易平台的在线交易会使海关监管和征税的难度加大。③无纸化贸易成为未来贸易发展的趋势，对一国政府的外贸政策选择和实施简约有效的监管职能提出了新的要求。

6. 交易成本理论

交易成本理论认为，只要进行交换活动，就会产生交易成本。交易成本是指完成一笔交易时，交易双方在买卖前后所产生的各种与此交易相关的成本。在新型国际贸易下，由于互联网和信息技术的发展，大数据的广泛应用，贯穿整个国际贸易活动成本，商品和商业信息搜寻成本下降，国际贸易中数据和信息处理速度提升，传统繁杂的国际贸易程序大大简化，国际贸易交易时间大大缩短，库存构成成本下降，售前、售中、售后服务的成本降低，从而降低国际贸易总体成本，提高了制造业生产效率和参与国际贸易活动的效率。

7. 全球价值链理论

随着全球生产网络与新一轮产业技术革命的大力推动，全球价值链(global value chain，GVC)已成为世界经济大循环中的一个显著特征。全球价值链的快速发展改变了世界经济格局，也改变了国家间的贸易、投资和生产联系。在传统国际贸易下，中小企业难以直接对接世界市场，发达国家跨国公司是全球价值链的主导者，掌控了全球市场和资源，获得了大多数贸易增加值利益。据联合国贸发会议数据显示，跨国公司主导的全球价值链占全球贸易的80%。在新型国际贸易下，依托全球新型国际贸易平台，国际贸易流程大大简化，交易环节缩短，企业渠道成本和交易成本下降，新兴发展中国家和中小企业可以逐步融入国际生产体系和全球分工体系，获得以较低成本参与全球价值链、融入世界经济获得发展的新机遇。

8. 平台经济理论

随着平台经济的蓬勃发展，平台经济理论成为近年来受关注的热点问题之一。平台经济实质是全球化、信息化、网络化三大趋势的集大成者。与传统经济相比，平台经济具有双边性、多属性、外部性、服务性、竞争垄断结合等特点，与传统经济中市场简单分为买卖双方的单边市场不同，平台经济是以双边市场为载体，双边市场以"平台"为核心，通过实现两种或多种类型顾客之间的博弈获取利润。新型国际贸易是数字经济、共享经济、平台经济、信息经济和知识经济的综合表现形态，通过新型国际贸易平台进行交易、结算、配送等，汇聚贸易流量，并产生贸易大数据。新型国际贸易依托新型国际贸易平台，但绝不仅限于平台与平台经济，平台是新型国际贸易的基础设施，依托平台可使单一、分散的个体生产者、中间商和消费者获得或共享更多、更便捷的信息、资源和服务，依托大数据汇集成若干生产者、中间商和消费者选择的集成，这种由个体和新群体形成的贸易流量，将突破现有的贸易壁垒，冲击现有的贸易规则与治理体系，推动贸易规则与治理体系的重构。

9. 外部知识异质性

在讨论人工智能领域的外部知识异质性时存在着一种张力。一方面，科学研究往往在大学里讲授，并发表在学术期刊上，企业和政府人员得以快速、方便地了解前沿领域的研究成果。此外，还有人员跨区域和跨国家迁徙。这些都表明外部知识异质性是具有全球化属性的。

另一方面，人工智能的专业知识倾向于在全球范围内的几个狭窄区域聚集。与其他信息技术一样，大部分专业人员都集中在硅谷。柏林、西雅图、伦敦、波士顿、上海，以及多伦多和蒙特利尔都可以说是人工智能创新的中心。这表明人工智能包含了很多不易被编码和传递的隐性知识。

实际上，关于外部知识异质性的传统讨论在人工智能的背景下呈现出更加细微的差别。这些研究人员可以远程沟通吗，还是必须在一起？集聚力在人工智能中有多重要？截至 2017 年，人工智能专业知识仍然扎根于发明这些技术的大学所在地。例如，谷歌的 DeepMind 在伦敦，因为那里是首席研究员居住的地方。优步在多伦多开设了人工智能办公室，因为它想聘请多伦多大学教授拉奎尔・乌塔森（Raquel Urtasun）。一般而言，主要的人工智能研究部门有少数几个，如斯坦福大学、卡内基梅隆大学、多伦多大学等。他们的位置经常出人意料地与总部脱节。因此，公司应该在科研人员所在居住地开设办公室，而不是强迫科研人员迁往公司所在地。

外部知识异质性的确切性质对于理解集群和其他政策是否可能成功非常重要。这些外部性的性质也有一些意料之外的含义，例如由谁会说英语、谁会说汉语、谁会说这两种语言的不对称所造成的获取知识的不对称等。

本章小结

本章主要介绍了人工智能背景下的国际贸易理论基础。从新型国际贸易理论体系出发，首先描述了新型国际贸易的理论内涵，其次分析了新型国际贸易与新型全球化互动发展进程，最后介绍了传统贸易理论与新型国际贸易理论的异同。从总体框架、基础支撑体系贸易平台与组织、贸易通关和监管方式以及如何构建新型国际贸易规则方面介绍了新型国家贸易的基础框架。关于新型国际贸易的理论内涵从理论界定和主要类型两方面进行了阐述，并介绍了新型国际贸易的相关理论。

本章习题

1. 请简述新型国际贸易的理论内涵。
2. 请简述新型国际贸易的类型。
3. 请简述贸易通关与监管方式。

第4章

人工智能在国际货物贸易中的应用

学习目标

(1)了解人工智能在国际货物贸易应用中的发展现状。
(2)掌握人工智能在包装方面的选择和应用。
(3)掌握人工智能在国际贸易商品定价中的应用。
(4)掌握人工智能在货款收付方面的选择和应用。
(5)掌握人工智能在合同履行方面的选择和应用。
(6)掌握人工智能在贸易物流方面的选择和应用。

4.1 人工智能在国际货物贸易应用中的发展现状

4.1.1 人工智能在国际货物贸易的发展现状

根据货物跨境贸易模式的变化，中国智能化新货物外贸大致可分为4个时期。

(1)萌芽期(1999—2003年)，是中国智能化新外贸的试水阶段。1999年中国最大的货物外贸信息黄页平台阿里巴巴(Alibaba.com)的成立是该阶段的标志性事件。该阶段电商平台商业模式的主要特点是以展示为目的，交易和支付等其他环节仍在线下完成。

(2)1.0阶段(2004—2012年)，是中国智能化新外贸的探索发展时期。该阶段商业模式的主要特征是电商平台依靠现代信息技术，通过服务、资源整合有效打通上下游供应链和服务链，将线下交易、支付、物流等流程数字化，实现数字技术与货物外贸业务流程的初步融合，推动供应链扁平化和虚拟化，压缩了供应链周期，提升了企业盈利能力。

(3)2.0阶段(2013—2017年)，是智能化新外贸的爆发期。2013年电子商务法立法进程启动，国务院出台支持跨境电商的“国六条”，启动全国首个跨境贸易电子商务试点平台。全产业链在线化、移动化，带动智能化新外贸高速发展和生态系统不断完善。此阶段跨境电商呈现出大型工厂上线、企业类买家成规模、中大额订单比例提升、移动用户量激增和全产业链服务在线化等典型特征，商业模式由C2C、B2C向B2B、M2B(生产商对经销商)模式转变。

(4)3.0阶段(2018年至今)，智能化新外贸生态趋于完善。人工智能、数字化、区块链等技术在业务流程、监管模式和信息化建设等方面全面开花。构建全球支付结算金融、智能化关务、智能化物流等跨境供应链体系，提供全链路、一站式智能解决方案是现阶段商业模式的显著特征。智能化新货物外贸借助人工智能云计算和大数据技术，实现精准营销解决了传统货物贸易发展中存在的订单荒问题，借助人工智能和区块链技术解决了履约难等难题。

4.1.2 人工智能在国际货物贸易行业的前沿水平

2018 年，一个名为 Caribbean Pirates 的区块链智能国际贸易平台悄无声息地出现在大众面前，瞬间引发了圈内强烈的关注甚至是狂热的追捧。Caribbean Pirates 直接对标的项目就是阿里巴巴、亚马逊、eBay 等跨境电商平台，可以说是智能化贸易平台行业里第一个叫板互联网巨头的项目。Caribbean Pirates 针对服务贸易平台升级提出包括区块链 + 人工智能两大方向进行技术改革。Caribbean Pirates 打造全球智能化国际货物贸易应用服务开放平台，每秒可以支持数百万级以上的交易，主要体现为创新的架构模式。核心层由区块链节点和消息网路组成，提供账本的交易广播、共识的计算、智能合约的执行、身份的认证等功能。服务层可以承接分布式账本的各种业务场景，通过服务层构建相关的具体过程业务，包括在服务层构建和提交自己的智能合约、构建自己的资产体系、维护自己的过程业务数据、用户数据等。应用层终端提供基于分布式账本的应用服务，如产品的生产过程数据、产品的防伪数据、溯源数据、产品的使用情况、市场分布和数据资产的交易及数字资产的交易等。

Caribbean Pirates 的使命就是传统货物贸易平台的中心化垄断，利用分布式存储与点对点交易消灭中心化伺服器，创建数据绝对真实的交易平台，并且借助共识机制保证存储数据的绝对真实性。并且，Caribbean Pirates 可实现多语言联动连接全球用户，即平台提供语言翻译机制，让不同国家的用户都可以使用母语进行商务交流。

Caribbean Pirates 颠覆了传统的国际货物贸易平台，实现跨境电商溯源。利用智能合约、用户点对点交易、人工智慧检索与匹配等技术，通过区块链记录数据不可篡改的特点完成跨境电商交易的全程溯源，并结合人工智能技术快速完成买卖双方的业务匹配与辅助定价，极大程度地降低了货物外贸商家的交易成本，同时为贸易提供安全性和可靠性。

人工智能前沿技术目前正在高速发展阶段，但是距离 Caribbean Pirates 真正实现商业级别的应用依然有较长的路要走。Caribbean Pirates 要做到与阿里巴巴、亚马逊、eBay 这些巨头分庭抗礼，还需要经历一个较长的发展期。

4.1.3 国内人工智能在国际货物贸易行业的水平

近年来，人工智能、大数据等数字技术广泛运用于跨境货物贸易的各环节，驱动国际货物贸易平台不断转型升级。以阿里巴巴国际站为代表的一批跨境货物贸易平台不断拓展功能，形成平台整合资源提供跨境货物贸易全链条融合发展的新模式，以全链路跨境货物贸易平台为核心，衔接生产商、销售商(批发商、分销商、零售商等)及消费者的生态系统。数字化新外贸不仅包括跨境商品流通，还包括与之相关联的物流、金融、信息、支付、结算、征信、财税等配套服务，高效透明的通关、收汇、退税外贸综合服务，以及信息化、数据化、智能化的新型监管方式和新的国际规则体系。

在跨境通关环节，进出口许可证申领、签发和使用的全流程无纸化持续优化，进一步降低企业报关成本。国际货物贸易单一窗口等数字化平台提高贸易链条上各参与方系统间的互操作性，缩短报关时间，提高通关效率。人工智能报关机器人和智能审单机器人自动提取企业发票、装箱单、合同和提单等报关单证，实现智能制单、贸易合规智能体检、原产地证书智能审单等，彻底改变传统手工录入、审核的作业模式，提高了数据采集的效率和准确率，大大提高了贸易便利化水平。

在物流仓储环节，数字技术与物流和供应链深度融合，成为保障物流高效、稳定和安全运行的利器。智能仓储系统通过无线物联、室内地图技术，将仓内货物、车辆进行连接，实现入库、移库、出库的智能管理。通过 WMS(仓库管理系统)，实现库存数据自动采集、系统定向找货和现场可视化管理等，大幅提升仓库数字化程度。云仓服务实现业务动态可见、资源使用效率可见、仓间业务互动可见、客户及项目类型可见的全维度运营可视化，能够让客户即使不碰货品也能完成从源头到消费者交付的全流程，全面提升物流服务效率和客户体验感。

在市场营销环节，企业利用人工智能云展会等进行展示推介、验厂洽谈、线上签约，利用线上促销、工厂产线直播、网络直播带货等营销方式开拓市场。人工智能技术为国际货物贸易发挥新引擎的作用，为企业发展智能营销、精准营销提供支撑，不断提升客户开发维护及市场分析的能力。利用具有国际影响力的社交平台、搜索引擎等推广企业产品，直接精准触达境外买家，吸引境外买家达成交易，不断拓宽获客渠道，提高贸易发生率。数字品牌营销发展迅速，通过品牌资产数字化管理系统，企业得以精准评估营销效果。

在金融服务环节，通过人工智能、区块链等技术重构金融生态，建立高度信任机制，实现点对点多方信任关系，加强买卖双方、融资方、政府机构等参与者的连接，既提升融资机构识别中小企业信用风险的能力，又降低货物外贸过程中建立信任关系的成本，有效缓解企业融资贵问题。

在售后服务环节，人工智能等数字技术为产品设备的智能监控和远程运维提供支撑。通过物联网技术，对安装传感器的产品进行多维度数据采集，做到无论产品身在何处，只要开机运转，就能进行实时监控。一旦设备出现异常，做到提前预警、预测性维护，减少因设备故障造成的资源浪费，提高作业效率。通过报修平台、智能客服、大数据派工等智能化服务，实现设备智能诊断、远程运维，不断增强远程端服务能力，提升远程数字化售后的服务质量和服务体验。

数字化浪潮席卷百行千业，人工智能技术正在为生产制造、市场营销、跨境通关、物流仓储、金融服务、售后服务等多个环节赋能，国际货物贸易持续发力。在信息技术不断发展的今天，国际货物贸易与人工智能两大领域已经开始有效地融合在一起，不断改变着人们的生活，有力地促进了国内外经济增长。

4.2 人工智能在包装方面的选择和应用

4.2.1 智能包装

包装技术的发展是随着商品流通的需求而发展起来的。对于商品而言，包装主要是起到防护、隔离、定量、装潢和说明的作用，这也是传统包装的功能和特点。随着商品经济的发展，商品对包装的功能性要求越来越强，包装的智能化已经是商品包装发展中势在必行的趋势。智能包装在保护、服务、信息等方面的强大功能使其在药品、食品、日用化学品、物流等领域的运用越来越广泛。包装的一大作用体现在运输、物流功能上。1992 年，在伦敦召开的"智能包装"会议上，专家就给出了智能包装的定义：是指在一个包装、一个产品或产品包装组合中，有一集成化元件或一项固有特性(元件)，通过此类元件或特性把符合特定要求的职能成分赋予到产品包装的功能中，或体现于产品本身的使用中。当前，在物流领域中发展前景最大的当属 RFID 技术。RFID 射频识别是一种非接触式的自动识别技术，它通过射频信号自动识别目标对象并获取相关数据，识别工作无须人工干预，可工作于各种恶劣环境。RFID 技术可识别高速运动的物体并可同时识别多个标签，操作快捷方便。2007 年，中国的 RFID 市场规模已经达到 45 亿元，且发展速度越来越快。世界范围内，沃尔玛、麦德龙等大型仓储式零售商的主要工厂产品都将配备 RFID 标识，以满足未来智能化包装的巨大需求。早期智能包装技术一般只用在高档商品、奢侈品的包装上，随着 NFC、印刷电子技术等技术成本的下降，智能包装技术被越来越多地应用到价格较低的产品上。可以预测，未来几年，智能标签在广大消费者日常需求商品上的使用会越来越广泛。未来，智能包装将无处不在。智能包装的发展离不开多领域技术的协同发展，特别是印刷电子技术的发展。可以预见的是，随着物联网时代的到来与消费升级，部分领域从传统包装升级成智能包装是必然的，不论是物联网智能包装还是功能性智能包装，都存在巨大的想象空间与广大的潜在市场。

4.2.2 工业包装中的人工智能

人工智能加上机器视觉已经席卷了分销、包装和制造业，使得现代仓库的运作发生完全的改变。视觉系统和机器学习已经联合起来，在没有特定编程帮助的情况下也能很好地执行任务。人工智能的这一子集有效地形成了一个系统，可以学习，同时也可以相应地优化自身。系统能够从原始数据中学习和识别规则、模式与相互依赖关系。智能仓库可以根据新的场景动态独立地调整整个供应链。机器人被越来越多地应用到挑选和包装产品上，这引起了人们的极大关注。整个包装过程可以完全实现自动化。使用机器人进行包装比人工效率提高了 4 倍。

从商品入库、存储到包装、分拣、出库，目前在京东无人仓内，实现了全流程、全系统的智能化，随处可见的机器人有条不紊地完成各项工作，使得仓储效率大大提升。在自动化、智能化的基础上，为实现无人仓运维的自我感知、自主决策、自动适应，高度智能化的项目“X 仓储大脑”应运而生，通过物联网和人工智能技术的交叉融合，实现仓储系统的自动适应和高效运维(图 4－1)。

图 4－1 “X 仓储大脑”帮助京东无人仓实现订单有序调度

经历了仓储自动化生产模式的迅速发展，目前在物流行业使用机器人自动完成订单生产任务已成为常态。然而由于物流机器人数量多、设备模型和接口与技术标准复杂多样，要做到自动化仓储高效运维，巡检和维护设备的工作量巨大，亟待新技术的出现。京东物流研发的高度智能化项目“X 仓储大脑”，涉及工业互联网、物联网、人工智能等多种技术，在已经应用的京东无人仓中，可将规划、运营监控及维保效率提升高达 80%，节约运营成本 50% 以上。

“X 仓储大脑”已经落地了商品销量预测、订单量预测、商品关联度聚类等辅助决策技术，用以辅助仓库运营管理人员实时监控订单生产情况，并给出预警建议；应用了基于运筹优化算法、物流仿真技术和机器学习技术，用于智能排产和智能布局。“X 仓储大脑”相关技术在保证订单按时履约、提升订单运营效率和缓解订单暴涨压力方面，显示出了巨大的应用潜力，在整合基础数据方面也具有极强的能力，可对海量数据进行融合、分析和挖掘，并提供基于数据的无人仓人工智能算法。

除了订单数据的监控、预警和资源配置建议，“X 仓储大脑”还可以进行仓内机器人健康程度诊断，针对不同产品仓储环境规划算法并自动化建模，此外还可以自动适配 PC、移动端等不同的终端平台，实现云端管理。

京东物流“X 仓储大脑”不仅为智能物流综合解决方案提供了新的视角，而且不只应用于物流行业，其工厂级的设备监控、分析、可视化、预测性、动态建模等技术也可为其他行业的工业设备平台提供参考。

4.3 人工智能在商品价格方面的选择和应用

商品价格是影响国际贸易运作状况最为敏感的要素，在中国市场尤为如此。因此，价格策略是贸易市场战略最为重要的内容之一。企业定价的目标是追求利润，在经济全球化背景下，商品价格已经成为经济活动的中心。商品定价既是一门科学，也是一门艺术。价格制定不仅影响企业的市场占有率，还会影响企业的经营利润。因此研究传统商品的定价策略，并借助新型技术手段解决现有痛点，已经成为每个企业工作的重要方面。目前，客户定价、销量定价、回款周期定价和季节性促销定价等价格策略，已成为国际贸易领域的研究热点。随着人工智能技术的产生和发展，科技为商品销售提供新的模式。

4.3.1 商品定价

贸易经济中的一个基本问题是如何在成员之间分配资源，从而使社会总体福利最大化。为了实现这一目标，每一项资源的使用都应当以最有效率的方式对社会发挥作用。在市场经济中，资源的配置由价格体系决定。价格不仅影响收入而且影响消费的行为。对于收入固定的消费者而言，价格影响其所买的商品种类及支付的费用。对商业企业而言，利润取决于收入与成本之差，其中收入等于每单位产品的价格乘以售出数量。价格变动在市场经济中也起着重要的作用。当对产品或服务的需求量大于能够获得的供应量时，价格就会抬高，带来更多的利润，就会激励生产者对资源进行投资，从而生产更多数量的产品，生产厂家就有能力出较高的价格来购买原材料，从而引导资源进入该行业。此外，较高的价格也可能刺激技术革新和加快开发新技术的速率。另一方面，如果供大于求，各种压力积聚起来压低价格、减少产出，可导致生产厂商把资源转作他用。因此，提高的价格可以刺激供给，而降低价格具有相反的作用。

国际贸易瞬息万变，价格变动的多样性令定价成为一种非常重要的贸易手段。价格决策具有高度的复杂性，绝不仅仅是简单地确定一项交易所需要的货币量。价格是唯一一个能直接产生收益的营销变量。在进行价格决策时，定价决策既受到企业成本和营销目标等内部因素的影响，同时也受到市场性质、竞争、顾客需求和其他外部因素的左右。

1. 内部因素

制定商品的价格策略涉及因素很多，但出口商作为制定价格的主体，直接受到商品自身与企业利益需求等内部因素的影响，具体如下。

(1)成本。成本决定了出口商对商品收取的底价。价格不仅应该能够弥补生产、分销及销售成本，而且应该包括因付出努力和承担风险而赢得的公平利润。有些企业通过低成本生产来参与竞争，制定的价格让对手无法企及；另一些企业则通过生产独特的产品，以对质量和客户服务的承诺来参与竞争，高成本必然要求采取高价策略。为了确定一个既能收回出口商全部成本又能提供公平利润的价格，需要明确营销目标，并与营销组合中的所有要素相匹配。

(2)营销目标。出口商在为产品定价之前必须确定它们的营销策略。如果出口商已经对目标市场和定位作了精心选择，包括价格在内的营销组合策略将变得非常简单。出口商的目标越清晰，定价越容易。出口商在定价时通常采用营销组合策略。因为价格只是出口商用来达到其营销目标的营销组合工具之一。如果出口商想要组织一项有效的协调一致的营销活动，则价格决策必须与产品设计、分销途径以及促销与广告活动相匹配，营销组合其他成分的决策将影响到价格决策。一种常见的做法是先为产品定价，然后再根据价格对额外的产品特色、产品分销以及广告等做出该类产品的价格决策。价格决定产品的市场、竞争和设计，价格决策决定产品特征与生产成本。

2. 外部因素

影响出口商价格决策的外部因素包括市场性质、竞争、顾客需求以及其他外部因素。

(1)市场和顾客需求。成本决定价格的下限而顾客愿意支付多少决定价格的上限。出口商所有者与外贸经理在定价之前必须弄清产品价格与需求之间的关系。最终决定产品价格是否合适的是消费者。出口商也许会发现，判断顾客心目中的产品价值并非易事。但是，可以肯定的是，顾客确实是通过他们自己的价值观来判断产品价值的，如果产品价格高于他们认可的价值，他们就不会购买。只有产品提供的价值至少高于其价格时，他们才会购买。

(2)竞争对手。了解对手的成本和价格很重要，知道这些竞争对手将如何对价格变化做出反应也同样重要。

(3)其他外部因素。出口商也必须考虑外部环境中的其他因素，考察他们对市场需求、竞争或经营方式的影响。经济状况，例如繁荣或衰退、利率与该国新增投资的水平，都将影响到生产成本以及顾客对产品价值的认知。政府行为，例如在对生产、分销与销售产品等经营活动征税时也会影响到价格决策。新技术则通过降低生产成本或发明新的独具特色和利益的高附加值产品来影响价格。其他一些外部因素也会影响定价，例如，像洪水之类的自然灾害会影响到建筑材料的价格，中东地区局势的不稳定会导致油价波动等。

4.3.2 人工智能与商品定价

人们普遍认为，人工智能技术将是未来十年最具颠覆性的技术。对人工智能的兴趣反映在全球 CEO 调查中。该调查发现，85% 的 CEO 认为人工智能将在未来五年显著改变他们的经营方式，即使人工智能在企业中的渗透程度还不是很高。人工智能的重要性与日俱增是由几个因素造成的，包括数据的激增和技术的不断改进(处理能力和存储)，这导致了对这些工具和技术的大量投资。对人工智能的研究是希望在认识人类自然智能的基础上，模拟和实现人的自然智能，然后扩展并提高它，甚至加速人类智能的发展，并将其提高到一个更高的超自然智能的水平。在数据相对充足、足够真实的情况下，好的学习模型可以发现事件本身的内在规则、内在联系。人们可以借助人工智能技术，通过最少的特征构建最简单、误差最小的模型，以此将学习到的规则、逻辑应用到商品定价的具体场景中，从而快速准确地处理烦琐重复的工作。

理性定价靠的是数据。由于可用的数据量不断增加，传统的工程解决方案很快就无法胜任这项工作。人工智能技术允许组织使用数据来适应新情况，更有效地解决问题。机器学习技术将来几乎会使每个行业受益，因为它提供了从一系列观察中提取特定知识和模式的能力。

机器学习是基于以下三点想法：第一，我们制造机器，机器处理数据，并且能够自己学习，且不需要持续的人类监督。几乎所有的公司都在努力制定一种产品或服务的公平价格，通过顾客对不同价格的反应为市场中的顾客群体提取最大的价值。这就是机器学习发挥作用的地方。它使公司有机会优化价格、定价策略和管理者的效率。第二，准确地制定价格对于出口商、进口商、货运代理、船公司等都是困难的，主要是因为需要分析的现有内部和外部数据的复杂性和扩散性。机器学习可以在短时间内准确地分析大量数据，并从中得出指导业务的见解。它可以帮助公司通过基于价值的定价和最优的价格分层来实现利润最大化。它还允许决策者了解客户为一种产品支付的意愿，以及他们对不同定价策略的反应。第三，机器学习通过从多个来源收集数据，帮助企业建立更合理的全球定价策略：历史交易、赢/输分析、竞争对手的价格水平和背景数据（如客户在社交媒体上对产品的评价、整体市场趋势等）。通过查看这些规定性和预测性数据，管理层可以作出更好更快的决策。

近年来，人工智能使定价解决方案能够跟踪购买趋势并确定更具竞争力的产品价格。静态定价使价格保持绝对，动态定价则根据外部因素和消费者的购买习惯调整价格，为出口商和进口商提供不同的价格。虽然市场上有一些动态定价选项，但自动动态定价软件还处于起步阶段。大多数动态定价解决方案从网络上收集可用的定价数据，从公司的竞争对手或不同地区的消费者可获得的价格中提取数据。然而，一般而言，动态定价解决方案使用机器学习来找到客户的数据模式。这些模式通过分析各种数据来源（如会员卡和邮政编码）来揭示，以便预测客户愿意支付什么以及他们对特价优惠的响应程度。机器学习算法还可以揭示企业可以利用的定价差距。一旦模式被揭示，机器学习系统就可以调整和确定最适合个人消费习惯的产品价格。例如，如果一个线上客户的行为表明他没有花时间比较某一价格范围内的价格，机器学习算法就会注意到这种模式，并在下次将其考虑在内。

1. 动态定价

动态定价算法考虑竞争对手的定价、消费者行为、地点、一天中的时间和季节性等因素，以确定采购商愿意为一种产品或服务支付多少钱。借助遗传算法和神经网络算法，贸易商可以开发一款软件，利用机器学习让外贸经理探索匹配供需的定价。这可以让外贸经理通过提供顾客愿意支付的价格来最大化他们的利润，这些价格是基于他们的商品销售统计数据和一年中的订单量与其他因素来制定的。出口商和进口商可以根据特定的客户统计数据预测预订量的增减，并相应调整价格。例如，学生和老年顾客可能比住在酒店的商务人士支付更少的费用。假日也会影响这些分段的价格。也许学生最终会比非学生顾客在某些节日支付更多，因为销售统计数据显示他们愿意这样做。在考虑了价格建议后，外贸经理管理层可以最终确定一个价格，并将其发布到展会和外贸采购平台网站，如阿里巴巴。

此外，外贸企业还可以利用人工智能技术，开发一款动态定价解决方案，可以让外贸企业、供应商、船公司等做动态定价。该方案可以基于微细分模型计算定价，以更好地将价格与需求相匹配。传统上，出口商的定价策略是：①高价定价策略主要针对技术水平不高、工艺要求不是很复杂、容易被其他企业仿冒的产品而言，这样可以求得在最短的期限内收回预期利润。②渗透定价策略主要是将己方的产品推向已经强手如林的市场，采取低价低利的策略可以排斥其他企业，肃清竞争对手。③尾数定价策略，对需求价格弹性较强的商品可以采取该策略。④整数定价策略主要针对某些有档次感的商品而言。⑤声望定价策略，对于已经成名的企业、商品和经销商而言，维持或制定较高的商品价格往往能够为消费者所接受，并且容易在市场上形成价高质优的形象。⑥习惯定价策略，对于日用品、服装、礼品、食品等通常存在着消费者业已习惯或认可的价格水平，如果企业随意变动就可能会导致消费者产生疑虑而影响销售。基于这一动态定价方案，每一个商品级别和位置设置为自己的微分段，它可以把一天分成 24 个微分段，然后根据不同产品特性的定价策略属性微分段来进行动态定价。该应用程序能够确定某一商品在一天中的特定时间和特定区域是否显示出更高的需求，从而导致价格飙升，同时不影响其他商品。该系统的机器学习算法能够从数百万个组合中确定一个位置和一个商品类别的这种模式。另外，有了自动定价功能，该系统可能只需要最少的人工监督。该应用程序的预测能力可以使出口商进行定价模拟，测试客户是否更愿意订购新产品而非旧产品，它还可以测试促销和价格变化是否影响订单量和合同金额。

2. 定价数据汇总

运用智能算法和蚁群算法，第三方外贸平台可以运用外贸产品指数，使用户能够访问竞争对手的目录和定价，允许用户使用这些价格作为自己定价结构的基准。这款软件使用机器学习，可以协助出口商和进口商追踪超过 1100 个类别、超过 13 万个品牌的 10 亿种独特产品。基于应用程序的产品指数，该应用程序允许企业查看和比较竞争对手的产品，以确定他们的产品是定价过高、大致相等还是定价过低。要使用该应用程序，用户在搜索引擎中输入他们的业务网站，选择业务所属的行业，并列出他们的前 5 名竞争对手。然后找到并向用户提供用户公司前 5 名竞争对手的定价信息。数据按价格范围和产品性能显示，使用户能够看到价格变化趋势和竞争对手的活动。

借助人工智能技术，用户还可以在主页上，查看竞争对手的目录并显示更改，如添加、删除和缺货产品，以及监视产品和类别的发布和库存趋势。此外，用户还能定制专用仪表板来查看相关统计数据，如竞争对手的排名、库存、价格和任何产品的折扣。用户还可以查看子类别和产品属性级别的更详细数据。

拥有这些信息的出口商和进口商可以发现当前市场上流行的产品，并准确地知道购物者想要的产品。他们可以访问丰富的市场数据，包括产品属性、类别和品牌，并获得产品目录的可见性。他们甚至可以确定热门类别和产品，及时进行促销以增加销量。此外，还可以了解采购商正在采购何种类型的产品，什么可以帮助企业调整他们的商品，防止缺货或库存过剩。该应用程序允许客户端比较相似和精确的产品匹配，查看详细的产品属性，并改进自己的产品分类和定价。

4.3.3 人工智能与商品定价面临的挑战

尽管人工智能有显著的优势，但它不应该被视为可以轻松解决公司面临的所有定价问题的黄金子弹。将人工智能嵌入公司会带来三大挑战，分别涉及战略和组织、数据与人员。

最具挑战性的问题是外贸企业的战略和组织规划。尽管人工智能技术将成为商业决策的重要支持，但其集成方式仍由人类构建并作出最终判断。从这个意义上说，要让人工智能在商品定价领域发挥其全部潜力，外贸公司必须具备以下条件。

(1)明确的定价策略：考虑到公司的需求和方向。有了对其业务问题的清晰愿景，公司将能够更准确地识别人工智能和自动化可以帮助其解决的痛点。

(2)设定优先次序：与其一头扎进可能不符合公司业务目标的人工智能投资，不如从小做起。例如，通过短短的 6 周冲刺测试人工智能技术，往往比在扩展的人工智能项目上投入大量资金更好。采用敏捷的方法并采用测试和学习的方式有助于从错误中获取见解。

(3)一个强大的治理过程：必须建立强大的数据维护和治理过程，既要关注在哪里收集数据，如何组织数据工作，又要关注人工智能模型的结果在哪里实现到工作流中。

(4)信任人工智能：信任和信息透明度是说服人们使用人工智能模型的关键。

人工智能，特别是机器学习将改变商品定价的游戏规则。通过分析不同的数据源，机器学习帮助外贸企业更有效地制定产品价格，制定有效的定价策略，计算促销投资回报率，并进行更精确的客户细分。它还帮助客户了解感兴趣的额外(交叉销售)或更有利可图(向上销售)的产品或服务，从而提供更智能和个性化的建议。但人工智能只是冰山一角，应将大部分精力投入提取、清理、标准化和组织数据上。同时请谨记，在企业和组织中嵌入人工智能需要时间和精力。企业首先需要确保其业务基础，如定价策略和实施计划、数据、员工队伍等都是牢固的，才可以在宣传之外，建设性地引入人工智能技术。

4.4 人工智能在货款收付方面的选择和应用

传统的国际贸易货款收付，痛点主要包括：① 昂贵，因为手工过程需要劳动力，这过程耗时耗力；② 容易支付过多，一个公司可能会因为各种错误，如重复发票、欺诈、错过提前付款折扣和没有注意到价格上涨而损失通过发票支付金额的 4%；③ 导致员工和供应商不满，因为没有人喜欢缓慢的手工流程。

人工智能解决方案在市场上已经开始应用于货物贸易和服务贸易等业务流程。但人们应该预料到，对业务的影响会蔓延到更多的公司部门，如人力资源和财务部门。国际货物账款的收付款业务将会从人工智能中获得显著的收益，尽管获得这些收益的途径目前还是一个有争议的议题。可以肯定的是，更高的效率、更快的处理时间和更强大的数据洞察力带来的好处是来自即将到来的人工智能革命的无可争辩的效果。

4.4.1 货款收付自动化

由于机器学习及其支持的文档数据提取、验证和处理技术，在公司电子数据交换(electronic data interchange，EDI)之外提交的发票可以实现80%的无接触货款收付自动化。此外，公司应该推动EDI的采用，以进一步提高无接触自动化率。

通过采用这些技术，公司可以大幅减少手工文档处理。因此，他们可以减少成本和错误，同时提高遵从度和员工满意度。有研究表明，一个500强企业平均每年手工处理几百万份文件，采用最新的自动化技术每年可节省上亿美元。

1. 货款收付自动化

1) 自动化

(1)重复性任务。国际贸易货款收付团队处理各种日常手工任务。这些任务是重复性的，并且由于其基于规则的结构几乎不需要人类的判断。货款收付中的一些重复性任务如：①数据输入；②发票与补充单据匹配；③发票路由；④发票填取。所有这些过程都可以通过人工智能实现自动化。在业务规则支持下的机器学习算法可以：①从文档中识别和提取所需数据；②将数据输入所需文档；③用于异常解决的链接数据；④将文档发送给相应的个人进行验证和异常处理。

(2)随发票发送的单据的分类。发票可以与合同捆绑发送，发票收件人也可以收到诸如贷方通知单或付款提醒单之类的文件。光学字符识别(optical character recognition，OCR)、自然语言处理(natural language processing，NLP)和机器学习的结合使企业能够提取相关数据、理解上下文并对这些文档进行分类。这一过程的自动化使企业能够将其文档转换为数字系统，并简化搜索功能。

2)分析学

人为错误是最常见的国际贸易货款收付问题之一。虽然这看起来很简单，但人为的错误可能会导致严重的损失，而这些损失本可以很容易预防。一些人为错误包括发票丢失或放错地方、数据重复和数据输入不良。复杂的人工智能算法可以处理发票，捕捉发票错误和重复付款。

此外，财务报表的预测是预测企业未来的收入和费用，是企业财务规划的关键。应付账款资产负债表分录与来自运营和现金周期的数据相连接。人工智能驱动的分析使企业能够基于对历史数据的分析来平衡其公司的现金流。

3)合规性评价

任何公司都会因欺诈行为受到质疑。应付账款欺诈大多是以提交欺诈发票的形式进行的。货款收付的场景痛点有：

(1)发票欺诈：欺诈者以公司现有供应商之一或冒充新供应商的身份发送发票。发票中包括欺诈者的银行账户明细。

(2)账单计划：涉及员工产生将支付给自己的虚假付款的欺诈类型。

(3)支票欺诈：支票欺诈是指一个人试图使用伪造的、被盗的、篡改的或无效的支票进行交易。

(4)费用报销：一种欺诈性的支付计划，雇员要求报销虚假或夸大的业务费用。可能会发生费用报销欺诈，原因有以下几点：①虚报费用；②多报的费用；③虚列费用；④双重索赔。

(5)自动清算中心(automatic clearing house，ACH)欺诈：ACH 欺诈涉及银行账户中发生的任何未经授权的资金转移。

(6)回扣计划：一种通过谈判达成的贿赂形式，向受贿者支付佣金，以换取所提供的服务。

人工智能可以分析发票中的模式，以识别任何可能表明一个欺诈性文件的非标准行为。人工智能一旦检测到欺诈行为，就会标记欺诈交易，并通知必要的决策者。此外，主数据管理(master data management，MDM)最佳实践帮助外贸公司检测付款详细信息的变化，并帮助识别常见的发票欺诈企图。

2. 货款收付自动化的步骤

几乎所有的货款收付流程都可以实现自动化。这里是对在贸易公司的电子数据交换(EDI)之外收到的发票的货款收付流程的逐步总结。之所以关注这一点，是因为当通过 EDI 接收结构化数据时，这个过程要简单得多。

1)管理供应商数据

在发票到达之前，大多数公司期望采购团队为供应商创建主数据记录，以确保应付账款团队知道他们应该向谁付款。

2)收到发票

进行采购时，供应商需要准备发票。发票内容包括：

① 寄件人和寄件人的详细信息，如增值税号(VAT ID)和地址；

② 收件人及其地址；

③ 采购项目及价格和增值税税率。

此外，它还可以包括详细信息，如付款条件、采购订单、原始报价等。收件人存储发票，以跟踪费用和增值税回报。收到的发票需要进行扫描，并按顺序排序。它们也归档在公司的数据库中，以备日后提供相关交易明细的证明。

3)捕获存储在发票中的数据

企业发票大多通过电子数据交换系统发送。然而，大公司最终仍会收到数百万张发票，这些发票大多是通过电子邮件以 PDF 或图像附件的形式发送的。这些通常来自较小的供应商或很少与该公司合作的供应商。这些发票中的数据过去需要人工抓取。自 20 世纪 90 年代以来，OCR 解决方案能够为图像提供文本输出，从而方便手动捕获。然而，办事员仍然需要将文本与他们在文档中查找的字段相匹配。现在发票捕获解决方案可以实现约 80% 的无接触自动化率，提供结构化数据作为输出。

由于手工获取数据的成本很高，现在一些公司倾向于从每个文档中只获取几个字段来实现支付。这导致下游流程的自动化程度有限。例如，通过从一个文档中捕获更多的数据，可以更高的精度估计发票的账户。

4)验证发票

公司有各种规范流程，以最大限度地减少欺诈和其他不合规问题。例如：

(1)发票需要包括关键的数据字段，如上面提到的供应商详细信息等。

(2)购买实物的，发票需要三路匹配。这意味着发票将与原始采购订单(purchasing order，PO)和已收货良好(goods receipt，GR)文档进行匹配。如果匹配失败，公司不能确定发票是否属于公司已收到的公司采购。如果匹配不发生(这是经常发生的)，则在货物接收发票接收结算(GRIRC)中进行固定。匹配失败的原因包括单个发票对应多个货物交付或单个货物交付对应多个发票。

(3)非实体采购，如咨询等服务，需要与收到的发票(invoice receipt，IR)进行双向匹配，并与原始采购订单(PO)进行匹配。

(4)超出规定数额的付款需经部门核实。

(5)付款应在内部保持一致，并符合适用的法律法规，如制裁或增值税。例如，如果企业不遵守欧盟的增值税规定，可以被处以最高相当于其收入几个百分点的罚款。验证是至关重要的，因为问题更容易被早期修复。例如，许多欧盟公司不执行发票的实时检查，以符合增值税。当付款后出现合规性问题时，供应商很可能积极性较低，反应较慢。重新开具发票需要人工努力，公司在收到发票付款之前要快得多。

(6)创建会计分录。验证完成后，会计人员需要根据发票创建新的分类账分录。总账(general ledger，GL)分录包括发票中的详细信息，如金额、成本中心和成本代码。

对于带有采购订单的订单，这可以很容易实现自动化，因为采购订单包括进行采购的账户。但是，当发票缺少采购订单时，会计人员需要手工分配一个给它。但如果抓取发票中的所有数据，就可以构建机器学习模型，从发票中预测账户。

(7)清除购销与代销(goods receipt / invoice receipt，GR/IR)。由于上面解释的各种问题，验证阶段中的路径匹配并不总是能够完成。然后，货款收付工作人员尝试通过手动分析来定期清除不匹配的记录。有了改进的提取提高了匹配率，并减少了需要手动解决的GR/IR清除问题。

(8)按时付款。业务需要在发票上的到期日之前处理所有付款。延迟付款会导致费用增加和降低供应商的信任度，从而影响未来的采购。一些IR/GR清算活动和其他会计相关活动需要延迟到期末。随着前面步骤中自动化程度的提高，这些问题可以更早地得到解决。

3. 货款收付自动化的相关技术

货款收付自动化是一种正在发展的技术，旨在通过减少重复任务的手工处理来增强应付账款流程。在实现货款收付流程自动化的同时，企业还可以从下面列出的广泛技术群组中获益：①数据管理。②数据提取技术，包括文件扫描；光学字符识别(OCR)；机器/深度学习将数据分配给特定标签(例如供应商地址)；机器学习使任务自动化，如将发票与账户匹配；付款处理；机器人流程自动化(robotic process automation，RPA)之类的通用自动化工具可以帮助自动化流程中基于规则部分的识别。

4.4.2 票据自动化

票据自动化(也称为自动票据处理)是一个成熟的自动化领域，该技术的实现风险有限，但效益显著。票据自动化将使后台财务/采购小组能够集中精力从事具有更高附加值的工作。要理解票据自动化，从自动化的角度理解什么是票据以及票据的不同类型是有意义的。票据自动化是公司采购支付流程(personal to personal，P2P)(也称为来源支付 source to pay，S2P)的关键部分，也是公司货款收付管理的一部分。票据自动化允许在整个发票流程的大部分时间内直接进行处理(无须人工交互)。

1. 票据自动化

(1)监控发票：发票以电子数据交换(EDI)的结构化 XML 文档、PDF 文件和通过电子邮件的图像文件的形式到达公司，越来越少以硬拷贝文档的形式到达。EDI 软件可以自动处理结构化 XML 文档，完成必要的支付，创建必要的会计分录。对于数字票据，一个机器人流程自动化搭建或者是一个简单的电子邮件自动化工具可以用票据标记电子邮件，并转发它们以进行数据提取。一些公司为票据使用专用电子邮件地址，以进一步简化发票监控。对于纸质版票据，公司正在转变为使用单一地址来集中票据扫描。

(2)票据获取：从票据中提取相关详细信息(如银行账户、订单项)。如果软件对结果不信任，就会发送给员工进行人工检查。根据订单记录和标准评估票据，以确保付款确实有效。评价包括以下方面。

① 对照采购订单核对票据。

② 交叉核对票据是否存在重复。

③ 利用营运资本优化策略确定付款时间。

④ 使用限制来决定是否手动处理票据。与供应商通常的票据相比，金额异常大的票据可能需要人工验证，以确保不发生错误付款。

⑤ 根据增值税规则检查发票和票据。在系统中记录票据相关信息。为此，需要将没有采购订单的票据添加到总账账户中，并且可以使用机器学习解决方案将票据与账户匹配。支付必要的款项结清发票。

除票据信息获取外的所有步骤都是基于规则的流程。而票据信息抓取则是依靠机器学习来提取票据中的数据。

在自动化之前，后台团队将：

① 看票据，了解票据中的相关数据；

② 将其输入相关系统，以便完成付款和系统记录；

③ 在极少数情况下，团队会注意到票据中的不规范之处，并与供应商或订购团队联系以解决问题。

2. 票据自动化的益处和现状

(1)票据自动化的益处：减少票据处理费用，数据显示企业可以节约高达 90% 的成本。更加注重增值较高的活动。减少票据处理错误，因为工作人员只关注难以解释的票据。

(2)票据自动化的现状。几乎所有通过公司的电子数据交换(EDI)提交的票据都是自动处理的。然而，对于大公司而言，很大一部分票据(高达50%)是由不属于公司EDI的小公司发送的。虽然关于这些文档的自动化率的公开信息很少，但是数据显示，目前大多数财富500强公司还在使用过去几年开发的技术，其自动化率仅为10%～15%，而领先的基于深度学习的票据信息提取解决方案可以将自动化率提高到80%以上。

由于整个票据管理过程已经是数字化的，有一部分外贸公司考虑到成本问题，把票据处理自动化业务剔除出预算当中，学者认为这将是一个错误，因为即使整个过程几乎完全数字化，如若没有自动化，它仍然依赖于大量的手工劳动。在自动化前的过程中票据数据的提取和付款都是数字的，但这一过程的耗时不亚于完全模拟的过程。

数字流程中的手工劳动问题是一个广泛的问题，因为公司专注于流程的数字化而不是自动化。但随着公司专注于自动化重复的流程，这一问题正在得到解决。他们主要通过机器人的过程自动化来实现这一点。一项关于RPA使用比例的调研数据显示，票据自动化是RPA自动化中最常见的领域。

人工智能在商业技术词典中还是一个相对较新的术语。因此，它经常被用作各种不同解决方案的新方案。人工智能意味着机器能够以“智能”的方式执行任务，能够像人类一样适应各种情况。在最近的一项调查中，80%的高管报告称，他们认为人工智能将导致竞争优势提升，79%的人表示他们认为人工智能会提高公司的生产力。人工智能是一个将对全球商业产生持久影响的因素。

然而，对于贸易企业的财务人员而言，人工智能的影响可能更大。对于一个处理大量数据的金融分支(通常以不同格式的贸易单据、PDF、电子表格和电子邮件)而言，人工智能可能是一个引擎，它能够消化、分析和行动，超出任何一个团队能够及时管理的范围。自然，人的因素需要监督这个过程。但从纯粹的数据处理角度来看，人工智能对国际贸易账款的收付款业务的影响是深远的。

人工智能工具的提供是多种多样的，每一种都由供应商自行设计，而且大量的数据为解决方案的智能化奠定了基础。有些人工智能技术提供自然语言处理能力，自动从海量录音和语音中提取包含文本、音素在内的各种信息，利用搜索及索引技术进行关键词检索、筛选、分类、聚类等，大幅提升工作效率，挖掘分析价值信息。这一功能为出口商、进口商和拥有一定基础的全球供应商的公司提供了一个机会，让人工智能分析数以千计的合同，提取关键条款并进行汇编和分析，以执行风险评估等。

在付款领域，除了传统的欺诈者之外，还面临着越来越复杂的网络犯罪分子的攻击，人工智能也起到了防范欺诈的作用。在翻阅来自全球范围内欺诈和违规行为的大量数据时，人工智能能够发现那些几乎为人眼所忽视的类似欺诈案件的痕迹，并为进一步分析竖起红旗。出口商因此可以更好地防范损失，并且整体上更有效率。

如果所有这些听起来都很熟悉，那很可能是因为人工智能是从当前的自动化解决方案演变而来的，这些解决方案最大限度地提高了人工智能的效率，并致力于打击现代工作场所的欺诈行为。今天上市的更先进的应付账款自动化在其能力上仍然是革命性的，人工智能不太可能取而代之。大多数自动化解决方案都是基于云技术。这一事实意味着，随着人工智能变得更加复杂和广泛可用，领先的自动化工具将保持在技术的前沿，并将人工智能集成到他们当前的技术中，从而变得更加强大。

大多数外贸企业都负担不起大量 IT 人员的费用，因为他们现有的 IT 团队已经到了资源紧张的边缘。人工智能加速了这一进程，将内部技术升级和对 IT 支持进行维护的需求转移到智能机器操作上。贸易财务工作人员可以通过一个用户友好的界面对其系统进行业务需求和物流方面的一次性培训。从那时起，货款收付的业务场景是自力更生的，因为他们充当智能返回工具的促进者，这消除了对 IT 资源的需要。

随着自动化和机器学习的涌入，计算机如何取代人类的工作显然受到了阻碍。但人工智能也有同样多的方法可以改善现有人员的生活，特别是在货款收付这方面。随着人工智能的能力增强并提供更多的价值，贸易财务专业人员将有机会处理更多的责任，利用他们在办公室的日子或在办公室外(对于远程工作者)，利用人工智能解决方案提供的数据，专注于更具战略性的任务。

贸易财务员工从文书工作到战略业务员工的这种推动作用超越了日常工作。在自动化前沿领域工作的贸易财务团队，以及在人工智能变得更加广泛时，都是创新的领导者，为他们职业生涯中更有意义的职位打开了更多大门。了解使用技术的价值，使外贸企业的货款收付流程更加有效和富有成效，这是关键技能，可以超越应付账款，进入几乎任何业务领域。

人工智能在货款收付的业务场景的可能性是无穷无尽的。不过人类目前不需要担心，它们几乎没有可能在短期内取代实际的人类工作。更有可能的是，人工智能将进一步加强贸易财务部门和整个财务组织的责任。很可能，我们会发现人工智能可以覆盖并改进诸如审计、信用证、单据填写支出报告之类的任务，甚至可以应用公司的支出政策，这样只有最关键的索赔才会上报给人审批。另一个适合人工智能的工作是清理发票付款。机器学习可以分析可能的发票、清除短款或自动生成发票，以非接触的方式处理过程，而不是让 AP 的工作人员对多张发票或丢失的发票进行分类。此外，还有很多可能性，例如银行对账、风险评估、数据分析和计算、月末结账、自助聊天机器人等，人工智能将在几十个领域对贸易财务场景的效率产生强大的影响。

随着货物支付的自动化成为全球财务部门的新规范，外贸企业应开始评估如何实现一个可扩展的解决方案，该解决方案可以过渡到人工智能，作为效率和生产力的一种进化。同时，毫无疑问，自动化和机器将帮助财务部门作出聪明、快速的决策，并对大数据进行更具影响力的分析。人工智能在货款收付处理中的好处包括以下方面。

(1)更短的解决周期和更专注于增值活动：自动化比员工手工操作更快地处理发票。更快的发票解析解放了应付账款团队的时间，使他们能够专注于更多的增值任务。

(2)改进的财务规划：AI 的预测比人类更快更准确。从历史数据，如定期发票等，帮助企业决定何时发放现金或采取提前付款折扣。

(3)减少错误和提高合规性：手工处理发票涉及各种合规性和安全风险。指定机器来处理这些过程可以减少访问文档的人数，并减少可能导致遵从性问题的人为错误的可能性。

(4)降低成本：由于上面列出的所有原因，加上消除了货款收付流程中的高纸张存储和检索成本，使进出口贸易收付流程完全自动化的组织可以节省大量费用。与手工处理发票的组织相比，完全自动化平均可以节省4%的费用。

4.5 人工智能在合同履行方面的选择和应用

许多贸易公司都在努力以一种高效的方式来发展和履行合同。这些新技术有可能大大减少管理合同本身和整个订约过程所需的人力，为整个组织增加重大价值。

4.5.1 人工智能和合同履行的应用现状

合同订约是一种常见的活动，但很少有公司能有效率地或高效地从事这一活动。事实上，根据具体情况，低效率的合同估计会导致公司在一笔交易中损失5%～40%的价值。但随着近年来技术的发展，如人工智能正在帮助企业克服承包方面的许多挑战。

公司在签订合同方面面临的主要挑战来自于它们必须跟踪的合同数量之多；这些系统通常缺乏统一性，并且很难组织、管理和更新。大多数公司都没有一个包含合同中所有信息的数据库，更别提提取所有这些数据的有效方法。因此没有一种有序快速的方法来查看复杂的外包协议，或者查看出口商、进口商、供应商等不同部门的某个条款是如何措辞的。它不仅需要大量的人力来起草、执行和改进合同本身，还需要大量的人力来修改、修订和执行合同过程和这些合同所管理的交易。例如，如果一家大型科技公司发现自己有大量的外贸采购合同，而这些合同都有不同的续签日期和重新谈判条件，那么就需要数百个小时和一个合同经理团队来审查和跟踪所有这些信息，以确保没有续签或错过机会。而人工智能软件则可以轻松提取数据、明确合同内容(它可以从任何数量的合同中快速提取并组织续签日期和重新谈判条款)。它可以让公司更快地审查合同，更容易地组织和定位大量的合同数据，减少合同纠纷(和对抗性的合同谈判)的可能性，并增加它能够谈判和执行的合同的数量。现有数据显示，目前一些欧美公司已经开始使用合同管理软件，少数公司(大多数是那些有大量常规合同的公司)使用更先进的具有人工智能能力的软件。这些公司在其承包合同中普遍看到生产力和效率的提高。

人工智能合同软件的使用有可能改善所有公司的合同方式，它将以3种方式做到这一点：通过改变公司用于合同的工具，影响合同的内容，以及影响公司合同的过程。

1. 改进合同管理工具

虽然法律文件审查软件已经存在多年，但它通常只帮助公司存储和组织合同。使用人工智能的合同软件提高了这些工具所能完成的任务。例如，人工智能合同软件可以根据文件如何起草的模式来识别合同类型(甚至是多种语言)。由于人工智能合同软件根据一组数据(合同)训练其算法，以识别模式并提取关键变量(条款、日期、当事人等)，它允许公司更有效地管理其合同，因为它可以很容易地访问每个合同中的内容。人工智能软件还提供简单的预测，这对尽职调查有影响：人工智能合同软件可以快速地对大量合同进行排序，并根据公司指定的标准标记单个合同。

目前的人工智能软件还可以准确读取任何格式的合同，提供关于从合同中提取的数据的分析，并且比律师团队提取合同数据的速度要快得多。这听起来对律师而言可能是个坏消息，但事实并非如此：拥有更多的合同数据可以让公司更定期地更新合同，律师可以更专注于自己作为律师而不是合同审查人的角色。

2. 保持合同的一致性

人工智能合同软件帮助公司在所有合同中保持条款和用法的一致性。例如，如果一家公司希望在其保密协议中以特定的方式定义“机密信息”一词，它必须确保所有部门都遵守这一定义，并且对该定义的更改能够迅速准确地纳入，因为更改可能会对公司造成损害。人工智能合同软件可以很容易地在公司的模板中保持这个术语的一致性，并且它可以从商业伙伴的网络直连存储技术(network direct attached storage，NDAS)中发现其他表示“机密信息”的术语。

能够识别和提取关键数据点也有助于公司组织和执行合同。例如，一个拥有大量供应商合同的公司必须确保他们跟踪终止条款以及罚款和损害条款的变化，在他们自己的合同和供应商合同中都是如此。管理变化是一项巨大的任务，需要积极主动的组织。但人工智能合同软件可以将这些条款记录在公司的合同和供应商发送的合同中，并使之标准化，从而更容易识别不遵守的情况，并确保不利的条款得到及时处理。

此外，人工智能合同软件可以通过识别次优的条款，快速评估合同中的风险(执行风险分析的速度比律师团队快得多)，减少合同起草和审查中人为错误的风险。

3. 新流程需要新技能

新的人工智能合同工具改变了合同的实际内容，这反过来又影响了公司使用的合同流程。以前，成功的订约要求具备起草和谈判合同以及管理和审查合同的技能。专门的高价值交易取决于一批律师花几个小时进行全面的尽职调查。合同专业人员被期望找到巧妙的方法来起草合同，包括有利于他们的客户的条款。甚至更多的日常事务也需要员工密切关注细节。

但当大多数尽职调查和合同组织，甚至合同起草工作都是使用人工智能合同软件完成时，产生大量合同所需的资源，无论是简单的还是复杂的，都将发生变化。这并不一定意味着公司需要更少的律师，但他们的角色可能会发生变化。例如，律师将花更多的时间评估风险和提供咨询，而不是审查文件。公司将有一个更小、更敏捷的团队来审查软件标记的文档，然后提供建议。南加州大学专门研究合同法的法学教授吉莉安·K. 哈德菲尔德(Gillian K. Hadfield)教授认为，缔约中的人工智能将导致更好地利用法律人才，“律师将把他们的重点从常规活动转移到涉及塑造战略和导航复杂法律问题的价值高得多的工作上”。

同样，合同管理专业人员的角色也会发生转移。以前合同的遵守要由整个团队来完成，人工智能工具只需一个设计良好的软件平台，再加上几个员工即可。这些对工具、内容和过程的改进将意味着，一旦这种技术更加广泛，承包就会变得更快、更好和更容易。但重要的是要认识到，虽然人工智能能做很多事情，但它不会做所有事情。

合同技术目前处于中点：一个发展趋势将出现在具有高度常规化、基于模板的合同的行业。在这里，人工智能缔约技术将被用在区块链模型中，允许合同根据当事人的需求进行进化和本质上的自我改写。另一个主要用途将是帮助制定订约标准，例如如何辩论和制定某些条款。当谈判合同的公司可以很容易地查阅过去20年中按行业划分的每一份类似合同，并了解最常用的措辞时，可以预见谈判条款的烦琐程度会降低，从而使合同过程变得更容易。

理解人工智能承包工具能做什么和不能做什么是关键。目前，它们可能为拥有大量合同的公司提供最高的增值，减少合同审查和起草的时间，以及为进行更常规交易的公司所用。但随着这项技术的发展，有一天它将对所有公司都有用，这一点几乎是肯定的。

4.5.2 人工智能在合同履行中的角色

人工智能正日益向合同行业进军，许多合同纠纷律师对其潜在影响感到紧张。然而，外贸行业不应排斥人工智能在合同界的进化；反之，应该欢迎。人工智能永远不会取代创造性的、具有判断力的人类判断和人类律师的价值。业界不应该把人工智能想象成计算机对人类的胜利，而应该把它当作一种价值构建工具来接受，它可以促进外贸行业关于合同履行的工作，给我们更多空间和时间专注于更有意义和复杂的任务。

1. 合同中的人工智能

人工智能有时被称为认知计算，它描述了机器操作，通过学习和基于一组数据作出决策来模仿人脑过程。人工智能程序有两种工作方式：要么通过试错来训练自己，称为无监督学习；要么向人类学习，称为有监督学习。

在第一种方式中，计算机算法通过分析数据学会独立执行任务。然后根据测试的结果生成新的算法。谷歌的AutoML项目就是一个例子。据谷歌称，AutoML项目可以构建算法，比人类专家构建的服务更准确地识别照片中的物体。

第二种方式是，人类向一个人工智能的程序提供数据和指令，然后该程序扫描数据以检测模式并创建分类规则。例如，我们可以训练一个人工智能的程序来分类图像是描绘曲奇饼干还是羊角面包。首先，工程师为计算机提供大量的曲奇饼干和羊角面包的样本图像，称为训练集。然后工程师将每个图像明确定义为羊角面包或曲奇饼干。人工智能根据这些信息创建一个模型，其中包含一系列关于图像是曲奇饼干还是羊角面包的算法。例如，它可能会注意到物体的大小以及中心是否有一个孔。一旦人工智能完成训练，工程师们就会给它提供曲奇饼干和羊角面包的新图像，以确定人工智能的模型对物体进行分类的准确性。如果人工智能的准确率较低，工程师们可以向训练集添加数据，并调整算法(它遵循的规则集)来改进它。

2. 人工智能在合同管理中的作用

就像工程师们可以训练人工智能程序区分曲奇饼干和羊角面包一样，合同起草律师和外贸合同专员也可以训练人工智能合同管理软件对合同进行分类。为了做到这一点，律师和合同专员向人工智能提供一个训练集，例如大量的采购商和供应商合同。

律师为人工智能确定合同。然后人工智能从训练集中收集信息，帮助它对未来的合同进行分类。例如，它可以分析公司在对常用进口商的合同时通常使用的语言，以及公司在对常用供应商的合同时使用的语言。律师还可以训练人工智能要求、拒绝或请求在各种类型的合同中对特定语言进行修改。

人工智能不同于公司过去用来存储和组织文件集的合同管理系统。认知计算，或人工智能软件，学习如何完成传统上分配给律师的某些任务。例如，它可以发现数据集中的模式(如一组契约)，检查和测试数据，并提供这些测试的结果。

3. 提高合同管理效率

传统的合同管理留下了很大的改进空间。这是费力的、时间密集的，而且常常效率低下。起草合同是一个漫长的过程。即使企业有一个模板，律师和外贸企业合同专员也必须阅读每一个合同，并根据需要对其进行编辑，以使其适应某种情况。如果有多人参与起草或批准草案，则常会发生拖延。

使用传统的合同管理，律师和外贸企业合同专员很难对所有合同及其包含的信息有一个总体的了解。法律部门和律师事务所处理大量的合同，合格的劳动力昂贵。因此，他们很难将必要的数据提取到有组织的数据库中。

此外，在许多法律部门，合同分散在各种电子邮件收件箱、云账户和硬盘驱动器中，而不是组织在一个数据库中。由于组织混乱，缔约各方往往错过最后期限、费用增加和自动续约的机会，有时会导致代价高昂的错误。

由于合同是出口商和进口商、出口商和供应商、出口商和银行等之间关系的基础，而且合同支配着公司很大一部分财务交易，因此合同管理的低效会导致资本的显著损失。一项对全球 2000 家公司的研究发现，糟糕的合同管理使公司每年平均损失 9% 的收入。

律师和外贸企业合同专员可以为客户节省大量的时间和金钱，方法是将合同数字化并汇编成一个人工智能程序，并设定标准来分类和提取信息。机器学习是人工智能的一个子领域，计算机在获取相关数据的同时，学会利用算法来作出决策和组织信息。

机器学习在合同管理中提供价值的一种方式是通过搜索和查找任务。例如，企业可以为一个人工智能程序提供广泛的非公开协议(NDAs)训练集，并教它在 NDAs 中寻找特定的语言。人工智能可以学习在更大的契约集内识别 NDAs(以及 NDAs 中的特定语言)。因此，外贸企业可以为数据创建规则，例如“如果本合同是 NDA，则将其发送给总法律顾问审查”，或者“如果 NDA 包括 x、y 和 z 条款，则批准其执行”。

律师和外贸合同专员也可以教机器学习认识被审查的协议类型，并为相关条款提供建议。例如，如果出口商经常与特定供应商签订合同，人工智能合同软件可以推荐出口商在过去与同一个供应商签订的合同中使用的条款。或者，如果出口商与另一个国家的进口商一方达成交易，合同管理人工智能可能会建议出口商增加与跨境交易有关的条款，例如法律选择、管理语言和货币差异的条款。

4. 更多的风险情报

要通过合同管理来管理风险，律师和外贸合同专员必须在合同有效期内跟踪所有条款、里程碑和其他重要日期。律师可以在法律服务中使用人工智能提取相关信息并通知律师截止日期，从而为其他工作腾出更多时间。例如，在一个人工智能程序中，企业可以创建期限提醒规则，如“找到所有带有里程碑日期的合同，并在每个日期前一个月通知我”。

允许计算机跟踪并通知企业相关日期可以节省大量的时间。人工智能解放了律师分析和减轻每一个合同特有的风险，而不是在冗长的合同中费力地翻阅样板条款。

此外，律师和外贸合同专员经常需要预测未来。他们可能需要回答类似“如果我们对这家进口商提起诉讼，我们胜诉的可能性有多大的问题”，经验丰富的律师通常比新律师能够提供更准确的答案，因为他们从多年的工作中汲取了更多的数据集。然而，人工智能能够访问和分析比人类更多的数据集，因此它的预测往往更准确。当人类根据最高法院200年的记录训练一个人工智能程序时，人工智能将比人类专家更准确地预测未来的决定。因此，律师可以通过使用人工智能更准确地预测潜在的合同诉讼结果，为公司节省大量资金。

5. 提高合同审查的准确性和一致性

完全依靠人类来起草和审查合同，不可避免地会产生一些错误。当人类从模板中复制和粘贴以创建合同草案时，他们可能会省略重要部分或忽略有问题的语言。从事合同工作的律师花费大量的时间校对文件，确保所有必要的条款都存在，并标记任何可能构成风险的东西。

人工智能可以在审核中减少人为造成的错误和成本。一些人工智能程序允许用户选择他们将接受、拒绝或要求的特定条款。这样，当律师上传一份新合同时，人工智能程序就会对其进行审核，确定哪些条款缺失，并对标记有问题的条款进行审核。

合同管理人工智能还为律师提供了维护合同条款一致性所需的工具。例如，如果一家公司希望跨所有合同使用一个用于不可抗力的特定定义，人工智能软件可以确保在每个模板中使用相同的定义，并且可以标记定义被更改或省略的实例。

人工智能合同软件允许律师和外贸合同专员从合同中提取关键数据，以提供重要条款的概述。例如，对于一个有过多货运代理合同的公司，法律部门将希望跟踪每一个合同关于终止、滞期、责任和赔偿的规定。指派法律工作人员跟踪和整理这些规定既费钱又费时。然而人工智能合同软件却可以很容易地注意到这些规定并使其标准化，使律师更容易理解不遵守的情况并适当地处理它们。

4.5.3 从传统合同到智能合同

合同排序在企业日常工作中至关重要，它们无处不在，分布在许多存储库中的多个位置。合同的不可获取性使得管理合同的任务变得烦琐，从而导致丧失埋藏在这些资源中的重要商业机会的风险。当涉及合同的修改、终止和(最重要的)续签时，手工处理这些合同变得更加困难。因此，随着各种合同生命周期管理(contract lifecycle management，CLM)解决方案的出现，数字化合同管理的需求就出现了。

下一步是从合同中解开秘密。将人工智能与合同管理系统相结合，通过重新定义这些埋藏在数百万个文件和文件夹内的合同的真正潜力，使商业机会发生革命性的变化。人工智能可以将非结构化的合同文件转化为结构化的企业数据。将人工智能应用于合同管理，可以帮助企业识别经营风险和机会；人工智能理解了合同语言和条款的含义，它将合同管理从一个简单的文档管理库变成一个动态的、制定战略的机器。

1. 技术的选择

机器学习和人工智能帮助进行条款等数据的识别和分析。它可以让公司更快地审查合同，更容易组织大规模的合同数据，并帮助合同谈判，并增加谈判和执行的合同的数量。以下是人工智能在合同管理场景的一些技术应用。

(1)合同分类：根据条款内容对每一份合同按类型进行排序，如测量系统分析(measurement systems analysis，MSA)、工作说明书(statement of work，SOW)、租赁、独立承包商协议。

(2)条款分类：通过扫描文件，了解每一段的意义。基于内容，人工智能可以对条款进行分类。

(3)标出条款的一个重要部分：突出条款所涉及的重要信息。

(4)了解新的子句：如果程序使用了足够多的带有任何新子句的文档，人工智能将了解它的所有信息，并将其安全地保存在它的子句库中，以便随时间的推移增强子句分类。

(5)监督学习和再培训：审阅者可以改变错误分类的条款，并在将来根据审阅者的编程来学习识别它。

(6)相似文档分类：对相似类型的文档进行识别和分类。

2. 为了理解合同中人工智能的复杂性，接下来将深入讨论几个场景：

(1)自动组织、分类和提取重要信息。自动契约抽象和迁移是另一种支持技术的服务，它使从所有契约中提取信息的整个过程自动化。人工智能算法以基于自然语言处理(NLP)的机器学习为动力，以前所未有的速度和准确性进行抽象和迁移，创建所有关键术语、规定和义务的索引。因此，企业可以从合同中自动提取重要信息，如名称、组织和供应商信息、合同签署日期、续签日期。可以用正确的公司、正确的数据和正确的截止日期自动标记多达数千份合同，还可以设置自动续签警报。这将帮助企业彻底改造企业的业务。

(2)通过模式识别算法，人工智能可以识别出需要改进的地方。随着成百上千的贸易文档被上传到合同管理系统，手工标记文件中的每一个条款以供进一步处理是非常烦琐的。然而，机器学习算法可以帮助在条款内容的基础上识别条款的名称。现在，有了这个经过训练的模型，企业就可以在合同管理软件中上传一个文档，标签就会自动应用到文档上。如果该算法预测一个子句的命名不正确，外贸合同专员可以为给定的文本提供正确的标签，并且它应该在子句的几次迭代后调整自己，不再重复同样的错误。

随着时间的推移，律师事务所、法律部门和外贸从业人员将越来越熟悉人工智能的能力并能熟练使用这项技术，就像使用自动更正一样。最终，律师事务所和法律部门将会明白，人工智能降低了律师和外贸合同专员评估风险，并为客户咨询提供更多的时间安排，从而提高他们的服务质量，也相应节省成本。人工智能将改变律师和外贸合同专员的角色，而不是取代他们。相关从业人员会放弃单调、重复的工作，转而从事更有成就感的工作，这些工作需要人类独有的能力，如战略思维、同理心、价值判断和创造力。

目前，我们处在的阶段是在弱人工智能向强人工智能发展的阶段，人工智能辅助监管为主，独立决策为辅的阶段。人工智能还不能完全独立，所以不会出现人格权风险时，即侵犯人工智能人格的风险。而在人工智能参与政府合同监管时，人工智能并不需要其创作作品，亦不会出现人工智能知识产权的风险。将人工智能运用于政府合同监管时，最有可能出现数据财产风险和侵权责任风险。在应对数据财产风险时，政府需要对代理人和相对人进行评价，而且要对一些资金的信息予以公开，这可能会侵害到代理人和相对人的数据隐私。而在侵权责任风险中，应对政府合同的逆向选择风险时、道德风险、寻租风险、责任风险和政治风险都会存在。因为在应对政府合同上述五种风险时，人工智能的介入，可能会造成代理人或相对人权益受到侵害。原因可能是输入的数据不真实，或人工智能本身的评价程序有缺陷。因此需要注意以下问题：

(1)要做好合同监管系统数据库的保护与备份工作。目前全国司法系统都在推进无纸化办公工程，无纸化能够提高工作效率，实现节约环保，但必须警惕电子化办公可能带来的一些问题，例如数据泄露或断电等原因导致的数据丢失。对合同监管系统这类以政府合同为监管目标的系统，更要做好保密性与安全性工作。

(2)由于人工智能系统目前在中国尚处于初级阶段，相关开发者的经验稍显稚嫩，对面向政府合同监管的系统开发工作经验更是少之又少，因此相关系统出现问题是有较大可能的。在人工智能系统作出错误分析或结论，导致侵害政府合同相对人甚至公民的利益时如何进行侵权的追责工作是难题之一。在目前的弱人工智能阶段，人工智能仅仅作为分析工具存在，自身是不可能承担任何责任的。而开发者作为人工智能的制造者其承担责任与否则取决于人工智能的侵权行为是基于自身完全的独立意志还是受到开发者的影响，开发者承担责任必须以人工智能受其影响为前提。

4.6 人工智能在贸易物流方面的选择和应用

4.6.1 人工智能在运输配送环节的应用

1. 配送机器人

配送机器人是智慧物流体系生态链中的终端，面对的配送场景非常复杂，需要应对各类订单配送的现场环境、路面、行人、其他交通工具与用户的各类场景，进行及时有效的决策并迅速执行，这需要配送机器人具备高度的智能化和自主学习能力。配送机器人的感知系统十分发达，除装有激光雷达、GPS定位外，还配备了全景视觉监控系统，前后的防撞系统以及超声波感应系统，以便配送机器人能准确感触周边的环境变化，预防交通安全事故的发生。

目前，配送机器人拥有基于认知的智能决策规划技术。遇到障碍物时，在判断障碍物的同时判断出行人位置，并判断出障碍物与行人的运动方向与速度，通过不断深度学习与运算，作出智能行为的决策，能安全通过绿灯路口，包括有红绿灯路口和没有红绿灯的路口；能自主规划安全借道行驶；能向来车和行人避让；能礼让横穿行人车辆，安全避道行驶；精准停车等。京东自主研发的快递机器人通过雷达和传感器实现360°环境监测，能够自动规避道路障碍与车辆行人，准确识别红绿灯信号，自主停靠配送点，做到了自动化配送的全场景适应。在即将到达目的地时，系统将取货信息发送给用户，用户可选择人脸识别、输入验证码、点击手机 App 链接 3 种方式取货，最多一次能送 30 多单。

2. 货运无人机

在新冠病毒全球大流行的背景下，无人机配送业务公司的业务量增加不少，让“无接触”配送行业迅速发展了起来。无人机配送，即通过利用无线电遥控设备和自备的程序控制装置操纵的无人驾驶的低空飞行器运载包裹，自动送达目的地。无人机需要有一套完善的飞行系统，比如感知周围环境的摄像头、雷达和一系列传感器，用于外环境的信息获取；其次是自动判断功能，通过感知外部环境来决定动作导向；最后还必须要有 AI 智能学习功能，通过“感知—判断—反馈”这个闭环来进行不断学习，利用大数据不断改进自身算法，建立更完善的飞行机制。其优点主要在于解决偏远地区的配送问题，提高配送效率，同时减少人力成本。缺点主要在于恶劣天气下无人机会送货无力，在飞行过程中，无法避免人为破坏等，因此未大范围使用。

目前，货运无人机主要面临以下几点问题：①安全问题，分为“对空安全”和“对地安全”。空中飞行的无人机肯定不止一架，对地安全主要涉及人和物的问题，由于无人机螺旋桨的隐藏风险和噪声问题，这就决定了无人机飞行区域要避开人群聚集区、公共区域与关键城市设施。②续航问题。因为无人机电池目前采用的是锂电池，能量密度低，容量易衰减，如果增大电池容量，无人机的自身重量也会增加，可载重货物的重量就减少了，因此目前无人机的续航和载重量处于“鱼和熊掌”的尴尬境地。③管控问题。目前受限于各项技术，无人机的应用场景太过专业和单一，并无太多的案例参考，因此无人机飞行制度有待完善，在风险和需求共存的时期，飞行管控应该会持续很长一段时间。

美团与上海市金山区合作签约，共同推动全国首个城市低空物流运营示范中心的建设。随着近年来人工智能等技术的不断进步，城市低空飞行也有大用处，城市的低空物流网络将成为未来十年、二十年科技创新的重要机遇。智能无人机 + 生活场景的结合是建设低空物流网络的最佳路径之一，目前美团已初步完成自主飞行智能无人机、自动化机场及智能无人机调度系统的研发工作，其中核心系统 90% 以上的部件均由美团自主研发。

美团城市低空物流运营示范中心通过飞行器、导航控制、AI 算法、航线管理、通信系统五大自研技术能力，适应社区、商场、写字楼等多种场景，为消费者打造真正“万物到家”。截至 2021 年 6 月，美团智能无人机已完成超 20 万架次飞行测试，配送真实订单超 2500 单。

4.6.2 人工智能在装卸搬运环节的应用

1. AGV

AGV 智能引导车（automated guided vehicle，AGV），是通过特殊地标导航自动将物品运输至指定地点，最常见的引导方式为磁条引导、激光引导、RFID 引导等。根据其性能可以分为搬运型 AGV、牵引型 AGV、装配型 AGV 等。

搬运型 AGV 能够沿规定的导引路径行驶，具有安全保护与各种移载功能的运输车，无须驾驶员的搬运车，可以跟原有滚筒线、皮带线体进行对接接收货物或是发送货物，通过识别地标选择目的地或中途停靠点。搬运型AV具有自动化程度高、安全可靠、灵活多变等特点，可在AGV放置托盘、料箱、料架。也可独立地用于简单的接收货物和发送货物，能够自动上下料。广泛应用物流过程中发生频率高、耗时长、费用大的作业活动；对于改善工作环境条件，提高工作效率，解放劳动生产力，提高企业管理水平起到积极作用。

牵引型AGV仅作为运载动力装置，货物载体由其他承载设备负载，依靠升降柱或侧挂钩自动挂脱料车到指定目的地，实现无人化作业。该车型外形小巧，结构紧凑，搬运灵活。可潜伏在料车底部自动和料车进行挂扣和脱扣，也可以直接牵引料车。该车型多用于仓库物料配送。

装配型AGV可根据不同客户的实际需求设计各种功能模块，如提升装置单元、翻转装置单元及升降定位装置单元等，广泛应用在柔性加工、柔性装配系统，以实现物流的自动化。

2. 装卸机械手

机械手是模仿人的手部动作，按给定程序、轨迹和要求实现自动抓取、搬运和操作的自动装置，在高温、高压、多粉尘、易燃、易爆、放射性等恶劣环境中，以及笨重、单调、频繁的操作中代替人工作业，因此获得日益广泛的应用。机械手一般由执行机构、驱动系统、控制系统及检测装置三大部分组成，智能机械手还具有感觉系统和智能系统。装卸机械手对自动化机械手的位置、行程、速度、压力、流量等进行检测并反馈给控制系统，有桁架机械手、关节机械手等类型。适用于电子、食品、饮料、烟酒等行业的纸箱包装产品和热收缩膜产品码垛、堆垛作业。

桁架机械手是一种建立在直角坐标系统基础上，对工件进行工位调整，或实现工件的轨迹运动等功能的全自动工业设备。桁架机械手一般由结构框架、x 轴组件、y 轴组件、z 轴组件、工装夹具以及控制柜6部分组成，常用在各种机床的上下料，生产线中产品的搬运、翻转等场合。

关节式机械手是一种适用于靠近机体操作的传动形式。它像人手一样有肘关节，可实现多个自由度活动，动作比较灵活，适于物流装卸环节。

4.6.3 人工智能在仓储环节的应用

1. 自动化立体仓库

仓库的产生和发展是第二次世界大战之后生产和技术发展的结果。20世纪50年代初，美国出现了采用桥式堆垛起重机的立体仓库；50年代末60年代初出现了司机操作的巷道式堆垛起重机立体仓库；1963年，美国率先在高架仓库中采用计算机控制技术，建立了第一座计算机控制的立体仓库。此后，自动化立体仓库在美国和欧洲得到迅速发展，并形成专门的学科。60年代中期，日本开始兴建立体仓库，并且发展速度越来越快，成为当今世界上拥有自动化立体仓库最多的国家之一。

我国对立体仓库及其物料搬运设备的研制开始并不晚，1963年研制成第一台桥式堆垛起重机，1973年开始研制第一座由计算机控制的自动化立体仓库(高15米，机械部起重所负责)，该库于1980年投入运行。截至2003年，我国自动化立体仓库数量已超过200座。立体仓库由于具有很高的空间利用率、很强的入出库能力、采用计算机进行控制管理而利于企业实施现代化管理等特点，已成为企业物流和生产管理不可缺少的仓储技术，越来越受到企业的重视。

自动化立体仓库(AS/RS)是由立体货架、有轨巷道堆垛机、出入库托盘输送机系统、尺寸检测条码阅读系统、通信系统、自动控制系统、计算机监控系统、计算机管理系统以及其他如电线电缆桥架配电柜、托盘、调节平台、钢结构平台等辅助设备组成的复杂的自动化系统。运用一流的集成化物流理念，采用先进的控制、总线、通信和信息技术，通过以上设备的协调动作进行出入库作业。

2. 穿梭车

穿梭车，又称作有轨制导车辆(rail guided vehicle，RGV)，RGV小车可用于各类高密度储存方式的仓库，小车通道可设计成任意长，可提高整个仓库储存量，并且在操作时无须叉车驶入巷道，使其安全性进一步提高。在此优势下，配合小车在巷道中的快速运行，实现取货、运送、放置等任务，并可以与上位机或MS系统进行通信，结合RFID、条码等识别技术，实现自动化识别、存取等功能，有效提高仓库的运行效率。

控制方式分为手动和自动两种模式。①手动模式是通过电动来控制小车向前还是往后，或者是顶升和下降。②自动模式是通过按一下入库或出库按钮，小车自动完成一个完整的动作，其工作方式分为先进先出和后进先出两种方式。市场主流的RGV小车，其承载能力一般在1.5吨左右，应用于众多横梁式货架、驶入式货架、自动化立体库。

穿梭式立体库系统是由货架、穿梭子车、穿梭母车与升降机组成的高密度储存系统，仓库利用率高。在京东展示的无人仓中，采用的是多层穿梭车自动化立体库，其穿梭车速度达到6m/s，吞吐量高达1600箱/小时。多层穿梭车又分为单通道作业的单向穿梭车系统和可以多通道同时作业的四向穿梭车系统。由于可以跨通道作业，解决了作业节奏不均衡等问题，四向穿梭车系统的应用越来越多。

4.7 人工智能在国际货物贸易应用中的发展挑战与趋势

4.7.1 人工智能在国际货物贸易中的发展挑战和对策

1. 发展挑战

(1)文化挑战。人们对AI黑盒的可信度持有怀疑态度，这直接限制了人工智能技术的发展，成为人工智能商业化的障碍，从而减少人工智能进一步获得资源。

(2)技术挑战，目前人工智能的发展处于初级阶段，尚存在未能解决的技术难题比如模型预测的精度、复杂数据的清洗、算法模型的实时更新。作为一门新型学科，操作难度大、回报率低、知识不够普及、技能人才较少等，都将约束智能化国际货物贸易的进一步发展。

（3）安全问题。人工智能的产生是为了服务人类，但随着人工智能的发展，其不确定性也不断增加。人工智能的自主学习功能始终是人们争议的焦点。亚马逊的人工智能助理Alexa在使用中出现不当言论也给人们敲响了警钟，人工智能是否会超越人们的掌控？是否会像科幻电影中一样出现自我意识？这也是我们在探索智能化国际货物贸易进程中应该思考的问题。

（4）就业影响。人工智能的发展速度已远超预期，未来的国际货物贸易行业中必定有很多岗位被人工智能替代，这会不会对社会产生巨大的影响？基础的劳动力会受到挑战，人与人之间的差距被进一步拉大。智能化国际货物贸易的革命涉及范围广大，较多数人会受到人工智能技术发展与应用的影响。

2. 发展对策

全球各国均不遗余力地投入人工智能新一轮科技竞赛。据统计，截至2020年底，已经有50多个国家出台了人工智能国家战略。随着技术进步和成本下降，越来越多的企业利用人工智能基于数据作出快速决策，优化制造流程，降低运营成本，并增强客服效率。根据埃森哲公司2018年的预测，到2035年人工智能将推动12个国家16个产业的GDP增长14万亿美元，生产力将提高40%。由此可见，人工智能将影响一个国家或地区甚至行业的竞争力。

（1）加强人工智能理念，提升应用积极性。人工智能整体发展对国际货物贸易的影响有着长远意义，各货物贸易公司要想提升自身的竞争力，就应该从思想上转变意识，积极主动地投入人工智能的发展中。这需要政府及社会加大宣传，并通过提高货物贸易公司对人工智能的认知，使其能够考虑到人工智能潮流的深远影响，从而打消对人工智能的误解，积极地投身到人工智能的建设中，抓住发展机遇，拓展发展渠道，将国际货物贸易与人工智能有机地结合在一起。

（2）加强人工智能技术手段，培养复合型人才。随着国际货物贸易的不断发展，对复合型人才的要求也越来越高，既需要掌握传统的国际货物贸易理论，又需要结合现代化智能技术，将前沿科技运用到传统外贸中。因此，在未来的发展计划中应该明确人才培养计划，增加相关专业的教学范围，通过不断完善课程结构，逐步建立专业人才的国际贸易理论及人工智能技能，并通过对教师队伍的建设，不断提高各高校及教育机构的教学水平。除此之外，要以从业为目的对培养对象进行实践操作教学，以更好地指导其走向就业，从而匹配日渐增长的智能化国际货物贸易发展要求。

（3）建立健全人工智能法律制度。人工智能技术的发展与成熟，决定了智能化国际货物贸易的性质。我国制定与人工智能与货物外贸相关的法规时，应该根据国际货物贸易平台趋于智能化的发展局面来进行。它是决定我国与世界各国贸易发展的重要依据及准则，因此要考虑到协调发展，根据国内外的实际情况来制定法律法规，为智能化国际货物贸易提供更加规范及适用的渠道。

智能化国际货物贸易已经证明了人工智能可以影响人类社会，未来在各个方面的支持下，人工智能一定会取得长足的发展，对世界产生巨大的影响。人工智能发展的广泛前景与巨大的应用价值正迫使社会各界参与其中。可以说未来的人工智能将渗透到人类世界的各个领域。人工智能将给人类生活带来极大的便利，其发展提高了资源的利用率与生产率，将原始手工的生产方式转化为机器生产，省去人工劳力；同时人工智能也给人类带来未知的挑战，可能会给人类的发展造成灾难式的结果。我们应该正视人工智能这项技术，人工智能技术的发展既是未来高新技术的前沿，也应是人们努力的方向。

4.7.2 人工智能在国际货物贸易中的发展趋势

4.7.2.1 新型国际货物贸易的业态变革

在信息技术革命的推动下，三次产业的信息化快速改变着传统产业业态，呈现新的发展趋势和特点。全球产业的信息化变革，进一步为新型国际货物贸易发展提供了肥沃的业态变革土壤。

1. 农业产业已经并继续加速信息化业态变革

由于信息技术改变了农业生产资料的操作方式和农业生产资料的组合方式，在信息化条件下传统农业业态快速改变而呈现出全新的发展趋势及特点。

(1)信息技术的应用和农业互联网、物联网的形成使农业装备呈现信息化、智能化、自动化的趋势及特点。一是农业机械呈现智能化和自动化的趋势及特点。在农业机械大型化的基础上，基于 GPS、GIS 等的现代信息技术装备武装到这些农业机械上，为农业机械的自动化和远程操作管理奠定基础，使农业机械驾驶、施肥、喷药和播种等传统操作可以实现智能化和自动化，使劳动者从繁重的劳动中解脱出来。二是基于现代信息技术的遥感、传感等先进技术装备在农业上的应用，为农业生态系统的自动化和远程操作管理奠定基础，为农业田间动态监控和人工远程管理奠定基础。例如，在农业灌溉方面，基于互联网、物联网提供的技术便利，利用农田土壤水分数据自动采集系统可以远程监控土壤墒情、酸碱度、养分、气象等农作物生长环境状况。根据这些数据，智能节水灌溉系统能够自动控制农田的灌溉水量、肥料量。换言之，农业已经能够实现灌溉的智能化、可控化。另外，借助现代信息技术装备，农业病虫害防治、作物管理等传统农业生产操作也可以实现远程化、自动化管理。总之，以计算机为中心，依靠互联网、物联网的联通，集感知、传输、控制、作业为一体，基于现代信息技术综合集成的智慧农业生产装备体系已经成型，并在农业生产系统中快速应用起来。农业信息化、智能化、自动化趋势势不可挡，并推动高效设施农业生产模式成为潮流。

(2)随着现代信息技术的渗透，农业营销模式呈现电商化趋势及特点。随着智能移动终端的发展，农业电商发展所需的外在条件日趋成熟。农业电商平台的兴起削弱了长期困扰市场的信息不对称问题，削减了产品到达用户的中间渠道环节，降低了购销双方大量的时间和经济成本，通过互联网能够有效整合农业生产者、经营者和消费者之间的关系，搭建起农业交易电子商务平台，为众多农业企业提供优质的交易网络平台。由于农业电商可以有效保障农产品供销渠道的畅通，降低交易成本、增加农民收入，又可通过信息对称有效控制农产品市场风险，农业营销模式呈现快速电商化趋势。

(3)在现代信息技术创新和应用的大力推动下，农业产业整体呈现集约化、标准化和农产品质量可追溯化的趋势及特点。一是农业生产工具的信息化、智能化和自动化发展，意味着农业生产装备的现代化与农业的设施化，要求农业生产规模化和集中化，也就意味着随着农业信息化的深入发展，农业产业将呈现集约化的发展态势，将来农业生产的兼并集中不可避免，农业龙头企业引领、农业服务企业辅助将成为普遍现象。二是随着农业的信息化和集约化，农业生产将呈现标准化趋势及特点。互联网、云计算等先进的信息技术在农业中的广泛应用，使得建立覆盖面广、针对性强的农业标准信息库成为可能。统一、标准、规范、精准的数据库系统，进一步推动有效的农业发展行业研究标准和相关数据产生，为农业进一步发展提供流程指导和农业标准动态数据库资源支持。这种正反馈机制，在标准化带来的经济红利的刺激下，不断推进农业标准化进程，先是在农业技术标准化的基础上刺激农业生产流程的标准化，再进一步推进农业管理的标准化，打造标准化的农业生产方式。而且，由信息化推动的农产品供给和消费的可预测性和可计划性也为农业标准化提供了助力。三是随着农业的信息化和集约化，农产品质量可追溯化趋势及特点成为现实。随着信息技术在现代农业中的应用，农产品安全保障体系——农产品质量可追溯体系借助信息识别技术得以实现。农产品安全问题是我国农产品生产经营的最大难题，也是世界各国关注的焦点问题。借助于互联网技术，农业企业将二维码、移动终端、物联网等先进信息技术和装备在农产品的生产加工、流通、销售等诸多环节推广应用，形成包含农副产品的产地、采摘时间、采摘人、包装日期、化肥使用情况、农药使用情况等可追溯信息的标签；在此基础上构建质量安全追溯服务平台，建立责任体系，保证质量合格、绿色环保、无公害的农产品提供给消费者。监管部门据此建立农产品上下游追溯体系，实现农产品生产全程可追溯，借助农产品质量标准建设，并辅之以市场准入机制，最终形成标准化的农产品，推动知名农业品牌的打造，有效保障农产品的质量与安全。

总之，在信息技术革命的推动下，农业生产呈现信息化、智能化、自动化趋势及特点；农业营销模式呈现电商化趋势及特点；农业产业呈现集约化、标准化和农产品质量的可追溯化趋势及特点，农业产业越来越呈现工业化的特征。

2. 制造业已经并继续加速信息化业态变革

信息技术的创新与应用，将对制造业的基础装备、营销模式和生产方式产生革命性影响，使制造业装备呈现数字化、网络化、智能化的趋势及特点，使个性化定制取代标准化生产，使营销模式快速电商化，使制造业行业资源配置社会化。

(1)信息技术的应用使制造业生产装备呈现数字化、网络化、智能化和自动化发展趋势及特点。信息技术是制造业高度发达的结果，也首先推动了制造业的整体信息化。

一是制造业的基础细胞——企业已经快速信息物理系统化(cyber physical systems，CPS)已经成为高水平企业装备的基本配置。在基础装备信息化的基础上，借助于物联网和服务网，制造企业可将生产过程中涉及的机器、存储系统、生产设施等都融入信息物理系统之中，构建起数字化物理网络系统，有效实现制造业与服务业的融合。制造过程中，企业通过智能机器、存储系统等方面的处理，对制造企业的生产、销售、物流和服务等各个环节，都形成有效的端到端集成，进而实现信息交换、动作触发和动作控制等职能，使得制造企业的制造、工程、材料、供应链等诸多环节的控制与管理得到有效优化。

二是企业信息化的集体行动，推进制造业行业整体的装备信息化。借助于制造业大数据、制造业互联网平台，制造企业不仅可以实现与单个制造企业内部的点对点链接，而且能够通过建立整个制造行业的资源共享平台，实现与平台内部所有制造企业间的有效对接，从而整合所有参与制造企业的技术、资金等要素资源，增加合作的广度和深度。

在互联网平台上，制造企业为了能够长期从平台中获得利益，会维护自身良好信誉，主动维护整个信息平台，从而形成较为稳定的全面合作模式，逐步形成制造企业价值网络，实现行业系统流程的优化和合作，推进制造企业的共同发展。在点对点链接基础上构建的制造行业合作信息平台内，诸多互联网资源在制造企业之间的流动，并不存在先后顺序，而且不存在消耗减少的问题，能够持续地供给所有的参与企业连续使用。

与此同时，互联网平台具有“规模经济”的特点，参与的制造企业越多，合作信息平台越完善，越能准确反映整个行业的实际需求动态及其变化，从而参与合作的制造企业将得到更大的效用，体现出一种合作规模经济的特征。这样，制造业行业整体的装备也就呈现信息化的趋势及特点。

三是制造业生产高度智能化和自动化。在信息化条件下，制造诸环节以一种高度柔性与集成的方式进行生产，既借助计算机模拟的人类专家的智能活动，进行分析、判断、推理、构思和决策，取代或延伸制造环境中人的部分脑力劳动，又通过收集、存储、完善、共享、继承和发展人类专家的制造智能。依托智能机器，智能制造成为制造业生产方式的基本形态。

总之，在信息化的推动下，无论是单个企业内部还是包含所有企业的制造业整体，生产装备都呈现数字化、网络化、智能化和自动化的发展趋势及特点。

(2)随着现代信息技术的不断渗透，制造业生产呈现从“硬性制造”向“软性制造”转化的柔性化趋势及特点。在信息技术装备对生产链条覆盖率越来越高的条件下，企业制造的流程发生了改变。首先将制造企业信息系统与客户信息系统相接，获得客户的个性化需求信息，综合客户的具体精细需求信息，然后结合自身装备状况和自身信息库中产品设计图样信息，修改调整为满足用户个性化需求的产品设计，最后利用生产装备完成产品生产。

相比硬性制造，软性制造更强调产品通过软性的、无形的内置软件，附带服务等解决方案谋求利润，是依靠“看不见”的、更加重要的软实力。相对于传统制造业，如今的制造业更需要互联网等信息技术支撑的软件，以及与这些软件相适应的信息技术硬件的大力支持。目前，发达国家还提出“硬件复兴”，实际上硬件复兴也是通过软件功能的扩展来实现的，依靠云端计算能力等软件技术，让硬件变得更加智能。

总之，软性制造不再仅将“硬件”视为影响制造的重要环节，而是更加重视“软件”在制造业中发挥更加重要作用，通过制造服务化或提供系统服务，可为制造业创造更大的价值。面对信息革命的冲击，制造业在未来发展过程中，将逐步放弃硬性制造模式，更多地从软件、服务、附加值等角度，关注销售服务、提供系统解决方案等软性业务，据此推动制造企业获取更多附加价值。

(3)在信息技术应用不断强化的条件下，制造业营销模式呈现线上线下互动的市场营销电商化新趋势及特点。在信息化时代，制造企业纷纷通过打造线上线下相结合的营销模式，利用电商大大提升营销效率。

一是制造企业都在积极尝试电商营销模式，利用互联网技术，通过互联网、大数据等先进技术，快速、有效地把握用户实际需求，进而针对客户偏好的用户体验流程改善营销手段和方式，重新打造企业营销环节，以更好地满足用户体验，确保制造产品和服务的内在价值被充分发掘，以低成本高效率完成原材料采购和产品销售，利用互联网技术开展无所不在的营销，提高企业市场营销效率。

二是针对网上电商营销模式还不能完全满足消费者实际需求的情况，制造企业正在形成线上线下协同营销、相互支持的新营销模式。通过实体店提供网下产品展示服务，企业让消费者通过网络了解产品及服务，然后通过线上方式预约设计师根据客户描述直接设计个性化解决方案，再通过线下门店开展与客户面对面的讨论，进一步修正之前的方案，之后签订相关合同。公司将设计方案传递至工厂或其他生产者进行生产。最后，由就近实体门店配送安装，完成这个销售过程。

在大数据时代，制造业营销模式不仅改变了传统的实体店模式，还在继承实体店和电商营销模式优点的基础上，立足客户个性化需求，逐步形成了线上线下互动的市场营销电商化新趋势及特点。

(4)借助信息技术，互联网成为全球最重要的信息沟通基础设施。在互联网的世界里，世界各个角落的企业都是透明的。在互联网制造交易平台的支撑下，制造信息源由单一交易中心发布变为互联网制造信息服务提供商，一是改变过去交易信息发布的单一性。这个全球制造业价值链大融合与重构带来了巨大影响，使其呈现新的趋势及特点。二是由于互联网平台带来的透明性，研发导致的核心技术传播呈现新的特点。由于互联网具有开放性和全球性，制造业能够更加迅速便捷地获得国外的相关技术，使基础材料、核心零部件和设计等方面技术迅速扩散，模糊了国际产业链上游依次传递的界限。三是由于互联网平台带来的信息透明性，世界各经济体制造业设计能力扩散呈现新的趋势及特点。借助互联网，制造业设计技术和成果，快速在全球扩散，各经济体制造业的功能设计、结构设计、包装设计等能力差距具备了快速缩小的条件。这是由于互联网平台带来的信息透明性，使国际货物贸易呈现新的趋势及特点。互联网导致的透明性，使产品信息突破各经济体设置的贸易障碍直接抵达遍布全球的消费者，使原来由于贸易渠道限制而不得不“贴牌”销售企业的新产品获得快速直接进入国际市场的机会，改变国际货物贸易的基础。总之，信息技术的应用，模糊了国际产业链上下游的划分，使全球各经济体制造企业在大致相同的起跑线上竞争，全球制造业价值链融合与重构呈现近乎同一起跑线竞争的趋势及特点。

(5)在信息技术应用不断强化的条件下，制造业企业生产管理模式改变，使企业管理呈现扁平化和社会化的趋势及特点。一是企业内部互联网信息管理平台的出现，降低了企业内部人员沟通交流的成本，使企业内部人员更便于参与企业管理，侵蚀原来金字塔形企业组织管理结构赖以存在的高度层级化的基础，使更加扁平化的组织结构更有利于企业发展，企业管理呈现民主化趋势及特点。二是企业面向外部公众信息平台的出现，方便了企业与社会的及时便捷沟通，便于企业组织社会资源参与企业生产过程，比如业务外包、聘用兼职人员、用户需求采集等，使企业生产更加社会化。在传统的制造企业经营管理理念中，制造企业管理者往往是以厂商作为中心，追求标准化、大规模生产，以此降低生产成本，获得竞争优势。在信息化时代，制造企业生存和发展的权利已经由制造企业转向用户，用户的需求成为制造企业生产、制造的导向，传统以厂商为中心的金字塔形管理方式，正在转变为以企业员工集体智慧为基础，管理组织扁平化，以消费者为中心，以个性化销售、柔性化生产和精准化服务为重点，以产业链上下游、合作者及竞争者共同形成利益为目标的民主化管理方式。

总之，在信息技术应用日益普遍化的今天，制造业呈现生产装备信息化、生产方式柔性化、销售模式电商化、管理方式民主化的特点，并使全球制造业价值链融合与重构呈现近乎同一起跑线竞争的趋势及特点。

3. 服务业已经并继续加速信息化业态变革

与对农业和制造业的影响相比，信息技术应用对服务业的影响更加显著，几乎深入服务业发展的各个环节，使其呈现新的发展趋势及特点。

(1)信息技术应用使服务业装备呈现信息化的趋势及特点。在信息技术应用的冲击下，服务业信息的获取、发布、传导都越来越高度依赖现代信息技术装备。随着移动互联网的发展，平板电脑、手机、可穿戴设备(如智能眼镜、手表、皮带、衣服、鞋子等)、汽车导航屏幕、家电操作界面、门禁显示等都成为信息获取和传播的载体。随着物联网技术的发展，未来泛在终端的愿景是所有的物品都嵌入芯片，可以进行信息感知和发布。市场信息进一步呈现泛在化，获取信息载体的多样化，使得服务业装备更加依赖现代信息技术装备。

(2)信息技术应用使服务业呈现去中介化、信息平台化和服务企业去中心化的趋势及特点。在信息技术应用的冲击下，货物运输市场提供直接车货匹配对接服务的移动平台如雨后春笋般大量涌现，服务于干线运输的车货匹配平台的“卡行天下”、专注于高质量运力服务的“易流 GPS”、定位于城市配送服务的“速派得”等平台都开始高速成长，传统的信息部、中介服务等都面临货运 App 的挑战，传统的货运场站中介服务都感受到互联网平台的巨大压力，纷纷转型组建自己的信息平台进行经营。随着信息平台服务企业的不断成长，信息平台服务企业取代传统的大垄断服务企业成为各行业的主导者、组织者，传统服务行业的垄断力量都在削弱，传统服务行业呈现去中心化特点。传统服务行业中以信息代理为盈利核心的经纪人、代理业、中介服务业、中间零售商等业态将面临转型甚至消亡，原来大垄断服务企业的中心地位将被信息平台服务企业所取代。

(3)信息技术应用使服务业企业提供的服务和产品呈现极致化和长尾化的趋势及特点。信息化时代是“消费者主权”的买方市场时代，服务业是体验经济，即使对生活必需品、必要服务的消费，消费者都在追求极致化的体验。简洁、友好的服务界面，参与感强、趣味性高的销售和服务过程设计，创新的商业、营销模式等都可以帮助商家转变传统呆板的服务模式，建立极效化的客户体验，提升顾客满意度。信息技术应用让依托信息平台的服务业企业的客户反馈信息实时传递和呈现在经营者面前，服务的“好评”和“差评”成为影响消费者行为的重要因素，进而成为影响企业经营的生命线。这就在一定程度上改变了传统服务市场“逆向选择”和“道德风险”的信息不对称难题，形成市场正向反馈和良性循环的淘汰机制。这种信息对称的结果是服务质量提升和服务产品质量的极致化，消费者个性化需求和服务体验获得服务提供者真正意义上的重视，围绕顾客极致化体验的服务产品优化、创新成为商家关注的焦点。与此同时，在信息化时代，当商品储存流通展示的场地和渠道足够宽广(如互联网平台)，几乎任何以前看似需求极低的产品，只要有人卖，都会有人买。这种长尾化的流通展示特征使服务业产品的个性化程度进一步提升、服务体验的定制化空间进一步加大，需求极低的产品在全时全城市场面前也变得具有规模化需求特征。

(4)信息技术应用使得服务业产业整合呈现越来越平台化整合的趋势及特点。在平台主导的服务业市场环境下，服务业企业多是轻资产企业，其整合更多表现为平台型市场整合。信息平台是由互联网和应用终端驱动的“半开放的中间组织”形态，是提供了交易规则和互动环境的虚拟交易市场，是企业间竞争和合作的经济生态基础。与传统的联盟、并购、持股等市场整合模式不同，平台整合是一种开放的(加入和退出平台)、不以产权交易为基础的市场整合模式。在信息化时代，平台整合模式越来越成为服务业企业市场整合的表现形式。

(5)信息技术应用使服务业企业盈利模式呈现间接化、多维度化的趋势及特点。信息技术的应用使传统相对直接、简单的盈利模式变得更加复杂和间接化，服务企业盈利可以利用平台经济的准中立性收取间接费用。信息平台与入驻企业及其客户可以是双边或多边市场企业，平台的盈利模式可以采用交易分成(如 ebay)、支付分成(如 PayPal)、流量收费(如淘宝直通车)、广告营销(如淘宝钻石展位)等方式，不直接向用户收取费用，或利用大规模用户基础对少量用户收费。“免费”经常是互联网企业借以吸引大规模用户和流量的引爆点，但免费服务的平台常常在庞大免费用户中提供收费的附加或特殊服务，以改变维度进行收费的方式(业内常称“降维”)获取盈利。例如微信和“360 杀毒”平台，以社交游戏、软件推广等形式盈利，拥有大规模免费用户的 QQ 依靠对少量 VIP 用户的收费盈利等。整体来看，服务业企业盈利模式日益呈现间接化、多维度化的趋势及特点。

(6)信息技术应用使服务业企业营销模式日益呈现社会媒体化和搜索引擎优化的趋势及特点。信息技术的应用使数字媒体逐步成为信息传播的主流渠道，利用互联网和各类社交媒体、社交网络平台进行营销也逐步取代了传统平面媒体，BBS 社区、知名论坛、博客、百科、贴吧、微博、微信等自媒体和社交网络成为现代服务企业营销的主渠道。与此同时，电商平台和搜索引擎的发展使得搜索引擎优化(SEO)成为企业营销领域的新宠。一些用户量巨大的搜索引擎、平台都会向企业出售关键词，企业愿意付费以便使自己的企业或产品呈现在顾客关键词搜索结果的前端，与关键词相关的搜索引擎广告也快速发展。

总体而言，在信息化时代，服务业呈现装备信息化、服务去中介化、信息平台化和服务企业去中心化、服务和产品极致化和长尾化、产业整合盈利模式间接化和多维度化、营销模式日益社会媒体化和搜索引擎优化的趋势及特点。经济各部门都已互联网化，使各行业产品通过互联网进行跨境交易。随着互联网技术的进步及其装备在各行各业中的应用，国民坚实的经济基础更加便捷。三次产业营销模式的互联网化为新型国际货物贸易的发展奠定了坚实的基础。

4.7.2.2 新型国际货物贸易的社会变革

以互联网为核心的信息技术本质上是通信技术的集大成者，其基本社会功能是实现人们之间更顺畅、更保真的信息沟通。在把世界各地的人们联通在一起后，以信息加工和传递功能为基础，以互联网为核心的信息技术成为改变人类社会的最大变量。

(1)通过增加信息传播渠道改变大众信息源格局。随着互联网的发展和信息技术的进步，互联网已成为集图像、声音和数据为一体“三网合一”的多业务媒体综合平台，成为大众获取信息的重要源头，并通过便利性和积极性逐步改变信息源头重要性的位次，使人们对网络信息的依赖越来越大。互联网已经超越传统报刊、广播和电视等媒体的影响力，成为“第四媒体”，是社会舆论整合的重要媒介。

(2)通过改变人们的信息沟通方式来改变人们的行为方式。全球互联网提供了一种全新的全球性信息基础设施，使人们拥有更加便捷的沟通方式。由于信息利用方式的改变，人类更加依赖这种新的沟通方式，人的行为呈现新的特点。一是由于信息技术进步，人类远程感觉得以实现，超越了时空限制，传统信息交流环节正在被网络沟通取代，人的衣食住行等日常行为正日益呈现互联网化的特点。二是由于互联网对人的经济活动的渗透，使得人的经济活动日益互联网化。制造业正在由工业革命带来的批量大规模标准化生产向个性化柔性制造转变；基于信息技术的精细控制技术，农业正在由粗放式化学农业向精细化现代农业转变。

(3)通过改变人们的信息获取渠道来改变人类社会生态。随着移动互联网的发展，人们可随时上网获取当天的天气信息、新闻动态和旅游信息，为人们优化日常生活和出行安排提供支持；互联网的发展，使人们可以足不出户在家里炒股、网上购物，通过收发电子邮件、短信与外界进行信息沟通；互联网的发展使远程会诊和教育成为可能，使远程医疗和教育成为可能，人们在家里就可以享受大城市的优质医疗资源服务，不出国就可以享受发达国家的优质教育资源，等等。总之，通过自身便利性和经济性的优势，全球互联网已经逐步取代传统的平面媒体等渠道，成为社会大众低成本、高效率获取信息的主渠道，并从各个方面逐渐改变人们的工作和生活方式，使社会生态呈现全新的模样。

(4)通过改变人们信息获取渠道来改变人类政治活动。互联网创造的信息分布格局奇迹，正在改变人类政治活动的基本格局，给现有政治活动提出了极大挑战。由于信息技术的获取时间有先后之分，人类社会正出现信息贫富差距的扩大，青年人成为即时信息的富裕群体，而中老年人则成为信息及时更新的落后群体。由信息化带来的传统业态的变化则快速改变人们获取财富的速度，由信息化带来的财富分配不平等快速出现，带动人们社会价值观格局快速改变；网络带来的信息全球性流通加剧了文化渗透和冲突，改变着国际安全格局，使国际政治呈现新的态势。

(5)通过改变传统活动方式改变国际格局。基于互联网技术的电子政务、电子商务、电子公务等新的活动方式，提高了国家经济和政治活动效率，积累形成的大数据也在改变着国家综合国力的累计方式，快速改变着综合国力提升的方式，改变着全球各国综合国力的对比；基于互联网技术的电子医务、电子教学等交叉融合网络的开放性和全球化，促进人类知识的共享，正在改变着创新成果在全球的分布格局，改变着传统基于技术革命的国际政治经济周期表现形式，使全球各经济体由于技术差距带来的综合国力差距呈现缩小趋势；基于互联网的国家关系整合正在加速，“网上一带一路”正在加速改变国际格局；由于互联网成为各国经济社会发展最基本的基础设施之一，网络竞争已成为国家间和企业间高技术竞争和人才竞争的新高地；网络安全和信息安全成为国际博弈的新领域，增加了国际政治博弈的新维度。当前，互联网已经发展为国际格局演化的最重要因素之一。

总之，以互联网为核心的信息基础设施已经成为人们生活工作不可或缺的基本要素。信息技术成为改变人类社会的最大变量，超越人类信息传递的时空限制，改变人类社会的国际竞争模式，使人类社会发展呈现全新的模样。人类社会活动的互联网化使得人类生产生活的方方面面都越来越依赖互联网，从而夯实了新型国际货物贸易发展的坚实基础。新型国际货物贸易发展已经具备坚实的人类社会变革基础。

(6)随着信息技术基础设施的普及，电子政务已经越来越成为主流。作为市场监管者，政府也利用信息技术推进政府政务工作。截至目前，适应新型国际货物贸易发展的政府变革已经具备基础。

经过近20年的发展，我国在政务信息化方面取得了非常卓越的成效，2014年我国电子政务在国际上排名仅为第70名，电子政务的在线服务、基础设施和人力资本三方面指数值均与其他发达国家相差大。在“互联网+政务”的推动下，我国电子政务加速发展。就全球来讲，电子政务已经越来越成为主流，主要表现在以下几个方面。

首先，政府越来越多地依靠门户网站为主渠道提供政务信息服务。以相对落后的我国为例，截至2016年6月20日，各省级政府通过其门户网站和网上政务服务平台(大厅)发布的各类行政权力和政府服务事项数量共计44 797项，涵盖行政许可、行政处罚、公共服务等多个类别，涉及教育、社保、医疗等多个领域。美国、英国等发达国家更是通过门户网站提供相关信息服务。可见，政府门户网站和网上政务服务平台(大厅)已经成为各国政府部门发布权威信息、提供公共信息服务的主要渠道。

其次，基于互联网的政务服务呈现集中化趋势。以中国为例，以实体政务服务大厅为载体的集中服务模式全面普及。截至2011年底，我国31个省(区、市)共设立政务(行政)服务中心2912个(含各级各类开发区设立的服务中心)，其中，省级中心10个，市(地)级368个，县(市)级2534个。30 377个乡镇(街道)建立了便民服务中心。截至2017年6月20日，全国已有16个省建立了省级实体政务服务大厅，5个准备建立省级政务服务大厅，11个暂不考虑设立或未准备建立省级政务服务大厅。随着信息技术应用的深化，政府部门越来越集中，越来越多地把传统事项搬到互联网上进行，进行网上审批核准，办公终端趋向集中，这为实体政务服务大厅的出现创造了条件，各国政府出现了利用互联网集中办公的趋势。

再次，政府监管和服务出现了线上线下相结合的一体化模式。在监管方面，政府部门出现了利用大数据开展事后监管的模式，利用线上化对线下市场主体实际作为实行监管升级。在服务方面，政府各部门通过跨部门整合政务服务资源，优化服务流程，逐步消除“信息孤岛”、构建多级联动、规范透明、资源共享、业务协同的网上政务服务体系。同时，又立足实际，政府一定程度上提供针对特殊群体的线下服务。

总之，信息技术已经渗透到政府办公的方方面面，电子政务大行其道，政务办公已经电子化。在国际货物贸易领域也出现了这种变革迹象，海关、商检、外汇管理出现信息共享，传统业务流程借助信息技术不断优化组合，新型国际贸易的政府变革已经深入开展。

(7)推动政府改革压力越来越大。第一，理念变革面临的压力越来越大。随着市场主体的信息化、产业的信息化，政府监管部门只有利用信息技术监管才能与监管对象的信息化变革接轨，才能跟上监管对象变革的步伐。

第二，信息技术压力越来越大。当前，政府信息技术压力不是来自基本的信息化设备的操作，而是来自数据分析处理技术的压力。随着信息量的积累，许多基于大数据的管理模式都需要处理海量数据，通过建模构建新的管理方式。由于技术门槛的存在，这些信息处理技术难以迅速在政府部门普及，给政府改革带来巨大压力。

第三，跨部门整合给政府改革带来巨大压力。传统条件下，政府各监管部门由于监测对象不同而呈现出各自领域不同的现象。这导致各部门自成系统，相互关联度较小。而信息化带来的是共享经济，是信息的集成利用。这导致传统政府部门必须信息资源共享，跨部门整合监管资源才能有效监管已发生变化的监管对象。所以，在信息化大潮的冲击下，跨部门整合给政府改革带来巨大压力。

第四，与信息平台企业的关系界定给政府改革带来较大压力。信息化条件下，各产业都表现为平台经济。由于信息对公共安全的特殊意义，信息平台企业实际一定程度上在替政府向社会提供公共产品或半公共产品。在这种情况下，一方面要保证公共安全，另一方面又要保证市场效率，如何界定政府与信息平台企业等非政府组织的职责权限成为信息化条件下公共管理的重大问题。所有这些压力也就是推动政府改革的动力，推动政府适应信息化大潮的要求，通过改革解决面临的问题，实现政府的全方位转型升级。

本章小结

本章主要介绍了人工智能在国际货物贸易中的应用，具体包括在货物包装、商品价格、货款收付、合同履行以及贸易物流方面。智能仓库侧重于通过一个仓库对来自不同输入的数据进行协作，以便通过对操作进行智能和知情的改进来进化自身，并且可以根据新的场景进行动态和独立的调整。利用人工智能技术，通过最少的特征构建最简单、误差最小的模型，以此将学习到的规则，逻辑应用到商品定价的具体场景中，可以快速准确地处理繁琐重复的工作。人工智能将如何改变国际贸易的收付款功能的具体细节仍存在争议，但在提高效率、节省处理时间和增强数据洞察力方面的效果是肯定的。人工智能合同软件的使用通过改变公司用于合同的工具，影响合同的内容，以及影响公司合同的过程来改善所有公司的合同方式。人工智能在运输配送、装卸搬运以及仓储等方面的应用能够有效提高贸易物流的工作效率，降低工作成本。

本章习题

1. 请简述 RFID 射频识别技术。
2. 请简述人工智能在货款收付方面的选择和应用。
3. 请简述人工智能在合同履行方面的选择和应用。
4. 请简述人工智能在贸易物流方面的选择和应用。

第 5 章

人工智能在国际服务贸易中的应用

学习目标

(1) 了解人工智能与数字化、服务贸易的关系。

(2) 掌握人工智能技术在国际服务贸易中的选择和应用。

(3) 掌握人工智能在工业、零售业、旅游业、交通业、电信业、银行业和建筑业、金融业中的应用。

(4) 了解人工智能在国际服务贸易的发展现状，掌握人工智能在国际服务贸易的发展中面临的挑战及相应的应对策略。

5.1 人工智能在国际服务贸易应用中的发展现状

随着社会经济的高速发展，科技不断进行创新，人工智能化逐步成为国际服务贸易未来发展的趋势，对服务外贸领域产生了巨大的影响。科技的不断增强，使人工智能在国际服务贸易的应用领域越来越广泛，如工业机器人、智能制造、数字化工作场所等。人工智能已经广泛应用于零售业、旅游业、交通业与其他多项商业活动，成为人们生活和工作中不可或缺的应用技术。随着人工智能技术在国际服务贸易中的频繁使用，智能化服务外贸已经成为衡量一个国家科技发展水平的重要因素之一。

人工智能技术可提高国际服务贸易流程各环节的效率，如实现更积极主动的供应链、更加省时合规地应用软件、制定较智慧化的契约、增加贸易融资的管道，亦可减少语言隔阂等国际贸易障碍，让国际服务贸易更便捷流畅，以此促进贸易进一步增长。国际服务贸易规则的制定也会影响人工智能的发展，主要是训练人工智能所需的数据如何取得，涉及资料在地化措施、数据保护规则、知识产权等议题。

由于人工智能技术可应用于各行各业，全球主要国家均将人工智能视为提升国家竞争力与维护国家安全的重要策略，近几年都积极投入人工智能的发展。自 2017 年以来，加拿大、美国、中国、英国、新加坡、韩国、加拿大、欧盟、经合组织等国家或地区已陆续发布人工智能发展原则和有关国际服务贸易平台的治理准则。2021 年，全球范围内关于人工智能治理的准则和战略进一步深化和具体化，各国和地区不再仅局限于制定宏观层面的指导战略，而是日益细化至各个具体层面。美国在 2021 年推出的《美国创新与竞争法》明确指出要通过投资来提高美国在技术领域应对中国所带来的竞争的能力，并且将人工智能、机器学习等列为重点关注的关键技术。把控国际服务贸易平台中可能会出现的数据安全问题、隐私风险、变革创新、提升服务质量等成了大众关注的热门话题。

与此同时，全球参与制定人工智能治理准则的国家和地区也进一步扩大。土耳其于2021年8月24日发布该国首个《国家人工智能战略》，并表示会通过设计人工智能系统，使新的技术经济突破与其根深蒂固的文明经验相融合，助力国际服务贸易行业更好更快地转型。该战略主要围绕培训人工智能专家和增加该领域的就业，支持研究、创业和创新，获得高质量的数据和技术基础设施，作出安排加快适应社会经济，加强国际合作，以及加快电力体制和企业转型这6个方面展开。相关国际组织在推动国际外贸服务行业建立全球人工智能伦理规范方面也发挥了关键作用，尤其是联合国教科文组织，此前在193个会员国中遴选出24名专注于研究人工智能治理相关问题的专家，并成立了一个专家组，该专家组旨在撰写能够被全球普遍接受的人工智能伦理规范，并于2021年11月正式发布了全球首个针对人工智能伦理制定的规范框架——《人工智能伦理建议书》。

毫无疑问，全球各国和地区的监管机构已将发展和规制人工智能技术作为首要战略。由于各监管机构也纷纷寻求将其自己的治理方法发展为全球共识，从而引发了一场关于人工智能在国际服务贸易治理的全球竞争。这种竞争在处理一些国际服务贸易问题时存在衡量基准不一致，以致导致网络空间碎片化的风险，但是它也有助于推动国际服务外贸形成一个完善的、基于普遍共识的人工智能治理框架。

5.2 人工智能与国际服务贸易

2016年AlphaGo成为第一个击败人类职业围棋世界冠军的人工智能程序。由此突破性的成就，人工智能被认定为信息领域中推动社会发展的新技术，被广泛热议，并得到了各国政府和产业界的高度关注以及巨额投资。国际社会对人工智能技术的未来发展给予极大的期待，期望通过人工智能技术来显著改善人们的生产和生活方式。

5.2.1 人工智能、数字化与服务贸易

人工智能是一组技术的统称。从结构化的角度来表达，人工智能从下往上依次是基础设施层、算法层、技术层、应用层。

基础设施层包含了硬件/计算能力/大数据；算法层包括机器学习、深度学习算法等；技术层包含了多个技术方向，如赋予计算机感知、分析能力的计算机视觉技术和语音技术、提供理解/思考能力的自然语言处理技术、提供决策/交互能力的规划决策系统和大数据/统计分析技术，每个技术方向又分为多个子技术，包括图像识别/图像理解/视频识别/语音识别/语义理解/语音合成/机器翻译/语义理解/情感分析等；最顶层则是应用层，即行业解决方案，目前较成熟的包括金融、安防、交通、医疗、游戏等。

众所周知大数据的积累和运算力的提升，为人工智能的基础设施发展提供了源源不断的基础养分。经过近三十年互联网、社交媒体、移动设备和传感器的普及，全球数据存储

从数量和维度上均得到了几何量级的高速提升，这就为机器学习、深度学习的算法层储备了一定规模的可挖掘的信息基础。

数字化包括了广义和狭义的概念。广义的数字化，是指通过利用互联网、大数据、人工智能、区块链、人工智能等新一代信息技术，对企业、政府等各类主体的战略、架构、运营、管理、生产、营销等各个层面，进行系统性的、全面的变革，强调数字技术对商业的重塑。数字技术能力不再只是单纯的解决降本增效问题，而成为赋能模式创新和业务突破的核心力量。狭义的数字化，是指利用信息系统、各类传感器、机器视觉等信息通信技术，将物理世界中复杂多变的数据、信息、知识，转变为一系列二进制代码，引入计算机内部，形成可识别、可存储、可计算的数字、数据，再以这些数字、数据建立起相关的数据模型，进行统一处理、分析、应用，这就是数字化的基本过程。数字化在一定程度上集中体现了人工智能在技术层的表达，同时又在人工智能的顶层成为应用核心。

5.2.2 人工智能技术的选择和应用

1. 跨境支付

跨境支付是在一国境内对其他任何国家境内消费者提供服务，是典型的跨越国界的服务贸易，服务的提供者和消费者分别处于不一样的国家，这个特点充分展现了服务贸易的一般特征。按照世界银行公布的服务贸易限制系数(services trade restrictions index)，跨境支付模式包含金融服务、交通运输和专业服务。

1)现状及痛点

在过去的50年间，跨境支付体系以SWIFT为核心平台，以央行、地方清算组织、商业银行等金融机构为参与者形成金融电信网络，其目的是为金融行业提供安全、快捷、稳定且标准化、自动化的结清算通道，助力金融全球化。其他如国际汇款公司、信用卡公司的跨境支付业务，渠道和网点分布往往也是依靠银行和SWIFT组织。

随着近年来人工智能、大数据、云计算、移动客户端的兴起，数字化支付的驱动，用户日趋习惯使用方便快捷的线上交易模式，跨境支付业务正面临深刻的用户消费习惯的改变。曾经被视为长尾的80%互联网企业、跨境电商、中小微企业和个体户爆发出绝对增长量，客户规模出现爆发式增长。然而，在微观层面，现有的跨境支付体系由于成本高、效率低困扰着主力用户群体；跨境支付体系下的市场链条较长，与用户对资金流和物流的快速流转的需求不匹配。宏观方面，由于各国间的贸易摩擦及监管升级，跨境支付体系的参与者需要投入更多的成本达到合规要求，这与低成本运营的经营目标相悖。

2)机遇与应用

尽管技术革新导致新变化，部分金融机构、企业紧跟技术迭代的步伐，运用人工智能技术突破业务瓶颈，实现降本增效的同时有效控制了风险。

在打破延时性及地域性限制方面，香港金融管理局于2018年9月17日推出快速支付系统Faster Payment system(FPS，简称转数快)；英国上线本地清算服务系统FPS提供接近实时的支付服务，英国几乎所有互联网和电话银行都由FPS处理支付，从而实现小金额跨境实时到账。用户只需要输入收款人手机号码、电子邮件或FPS识别码即可轻松完成转账，且可7×24小时不间断实现转账。这项业务实现了区域内实时转账、到账，简化用户操作流程，提高用户体验度。

又如空中云汇(Airwallex)借助自身全球性的业务网络及在各地的清算牌照，连接各地清算系统，覆盖130个国家，同时实现了T+0的到账时效以及99.5%的支付成功率，降低了洗钱的可能性。在助力打造实时、透明、快捷、安全收付款的全球性跨境支付平台的过程中，Airwallex利用人工智能技术识别形成两方面的举措：通过加入全球当地的清算组织，了解当地的清算规则，把这些规则提供到API上供客户做跨境汇款的提前校验。用机器学习了解支付规则，通过技术及数据的结合，在支付过程中校对错误。利用人工智能来分配资金，通过全程获取支付的开始点和结束点的信息流，来计算出一个资金调拨的方案，可以避免很多不必要的调拨，从而提高外汇交割以及支付的成功率。

在外汇价格方面，Airwallex推出了LockFX，该产品利用算法，通过研究市场上数百万个数据点以找到交易模式并预测趋势，从而使其成功地进行外汇交易决策，并且在最优的区间帮助商户和机构进行锁定；当有多笔业务需要多次询价时可以实现发多个询价多次锁定汇率，还可以同一汇率完成撤销交易。特别是对于缺乏透明度的传统跨境支付交易者而言，人工智能带来的改变是显而易见的：算法可以提供无价的见解和建议，帮助商户和机构作出更好的决策。

在风险管理方面，知识图谱、自然语言处理、机器学习等人工智能技术还可以配合传统银行的尽职调查程序，提供银行及支付公司、企业、行业等不同主体间的有效信息维度关联，并深入挖掘商户及机构的子母公司、上下游合作商、竞争对手的关键信息等，以实现对风险的量化，保证支付的风险可控操作，充分防范违法违规洗钱的行为。智能合约化管理货币兑换风险在提升用户体验的同时降低汇率波动风险、减少汇兑损失。

比如以色列和德国合资的FRAUGSTER公司，基于人工智能技术的一套核心算法，它们推出的零欺诈产品可以自动识别，商户不需要再配备审单人员。此产品只对支付成功的交易进行收费，并且作出零欺诈承诺，若发生欺诈则包赔。另一方面，针对每个商户不同的风控程度自动设定灵活的差异价格。如果商户现在的风控已经做得很好，那么当商户再用到这个产品时价格就会非常低，而且每年是固定费用的；而如果风控做得不理想，那么第二年价格就会上调。这套机制的流程，是从用户在网站上点击支付时开始的。持卡人所有的信息在用户点击了支付后就已经被采集，经过一系列预设的数据分析、算法，得出是否接受这个订单的结论。假设一个场景，一个用户看起来是中东人，他持有的是一张德国发行的VISA卡，目前IP地址在以色列，而此时他本人正在英国的网站上购物，像这种情况，人工一般会将它识别为高危订单而拒绝成交。但是在FRAUGSTER的算法下，系统会根据这个人的名字进行种族查询，得到他是以色列的，这个和他的IP地址是匹配的；同时根据Metaphone Check，发现这个也匹配；然后再看这个IP为什么在以色列，实际上这是一个酒店的IP，系统便会得出结论这个人在旅行或出差。由此可见，人工智能技术除了可以显著提高风险识别度，还能在一定条件下促成更多潜在的订单，为商户增加销售额。

在全球化收款方式方面，区块链和数字货币是近年来被热议的话题。从应用层面来看，区块链是一个分布式的共享账本和数据库，具有去中心化、不可篡改、全程留痕、可以追溯、集体维护、公开透明等特点。这些特点保证了区块链的“诚实”与“透明”，为区块链创造信任奠定基础。而区块链丰富的应用场景，基本上都基于区块链能够解决信息不对称问题，实现多个主体之间的协作信任与一致行动。但作为核心技术自主创新的重要突破口，区块链的安全风险问题被视为当前制约行业健康发展的一大短板，安全事件频发为业界敲响警钟。深入应用区块链，需要加快探索建立适应区块链技术机制的安全保障体系。数字货币依托区块链技术实现去中心化，不需要类似清算中心的中心化机构来处理数据，与传统的银行转账、汇款等方式相比，交易处理速度更快捷，交易成本也更低，用于跨境支付场景更有优势。

目前，许多国家央行、企业、国际组织都纷纷开始搭建分布式跨境支付网络，Facebook 的天秤币网络被公认为最能展现出这种新型跨境支付网络的潜力。一些国家和地区已经就分布式跨境支付安排展开跨国(境)合作，如加拿大央行和新加坡金管局、日本央行和欧央行、泰国央行和香港金管局等。美国摩根大通公司的稳定币项目 JPM Coin 将跨境支付作为重要场景，而其打造的区块链银行间信息网络(interbank information network, IIN)已有 400 多家银行签约。IBM 也宣布推出区块链支付网络(blockchain world wire, BWW)，以近实时方式完成对跨境支付资金的清算与结算。SWIFT 一直将分布式账本技术作为优先战略，已经与 34 家参与银行共同完成了分布式账本系统的概念证明(proofs of concept)。2019 年，Visa 推出基于区块链技术的 Visa B2B Connect，该业务支持银行间直接交易，这为国际金融机构进行跨境支付提供了方便，为用户提供了一种费用更低、更快速和安全的跨境支付方式来处理全球范围的企业对企业的交易，很好地解决了收费不透明且不能全额到账的问题，采用分布式账本技术让银行可以直接接入，付款方可以在付款前得知所要支付的费用，跨境交易可以在 1～2 天内结束，效率更高。

中国在央行数字货币的研发与试点方面位列世界前茅。目前，中国已在北京、深圳、苏州、成都和雄安等地开展央行数字货币的试点应用，未来将普及应用至更多城市。

《中国数字贸易发展报告 2020》显示，2016 年以来，数字化服务出口占全球服务出口比重稳步提升至 50% 以上，中国的数字贸易发展势头良好，相关跨境支付服务贸易业态增长迅速。据商务部服贸司负责人介绍，2020 年 1—11 月，我国知识密集型服务贸易占比提高，出口增长较快的领域是知识产权使用费，保险服务，电信计算机和信息服务，分别增长 25.1%、15%、13.1%；进口增长较快的领域是金融服务，电信计算机和信息服务，分别增长 36.4%、23.2%。展望未来，大数据、信息技术、5G 等新兴技术的快速发展会对我国服务贸易生态造成较大改变，云办公、云娱乐、云教育等将进一步普及，跨境交付服务贸易会在促进我国外贸发展方面持续发挥重要作用。

2. 境外消费

境外消费是在一国境内向任何其他另一方国家的消费者提供服务，特点是提供服务者不移动而消费者跨国移动。在旅游服务贸易中，境外消费方式为旅游服务贸易中最重要和最基本的形式之一。

2018年，中国出境旅游规模位居世界首位。据统计，2018年中国出境游旅客达到1.4亿人次，比2017年全年1.29亿人次增长1100万，同比增幅达13.5%；大陆居民出游力指数创下17.8%新高；中国游客境外消费规模超过1200亿美元，同比增长200亿美元，足迹覆盖到157个国家和地区，最近的是港澳台，最远到了南北极。

在“互联网+”的时代背景下，科技进步和产业升级的速度不断加快，人工智能、云通信、大数据等技术在出境游领域不断被应用，改变了游客体验、消费和共享信息的方式；智能地图、智能翻译机、随身Wi-Fi境外服务产品解决了游客境外出行的痛点，让中国游客境外出行更容易也更便利。随着产业数字化和产品、场景的数字化迭代，智能境外出行服务已逐渐拓展到餐饮、住宿、交通、景点游览等各个环节中，并覆盖了游客出境游过程中的行前、行中、行后全场景，目的地资讯可轻松触达。愈发便捷、智能的出境旅游服务，为游客带来更优质的旅游体验，从而催生更多的出境旅游需求。

新型冠状病毒感染暴发期间，中国游客的一部分境外消费转化为在线消费。通过旅游目的地的在线可视化和交易平台，消费者无须亲临现场，便可通过在线渠道以免费或付费的形式体验或消费境外提供的服务，比如景区AR可视化旅游导览。人工智能的技术层及应用层为实现在线出游提供了良好的条件。

同样，人工智能在医疗和教育领域的技术发展，促进了跨境医疗服务、跨境教育等线下线上消费的双增长。在可预见的未来，在线境外消费将逐渐成为增长主线。

3. 商业存在

商业存在(commercial presence)，是一成员国的服务提供者在任何其他成员国境内建立商业机构(附属企业或分支机构)，为所在国和其他成员的服务消费者提供服务，以获取报酬。包括通过设立分支机构或代理提供服务等。这种模式与所有产业相关，它的特点是服务提供者(个人、企业或经济实体)到国外开业，如投资设立合资、合作或独资的服务性企业(银行分行、饭店、零售商店、会计事务所、律师事务所等)。商业存在也是在国际服务贸易中最主要和最活跃的贸易形式。

纵观人工智能产业在全世界范围内的发展情况，美国、中国处于领先地位，但据历史统计数据看，美国的人工智能企业发展比中国早5年，且在2005年已进入高速成长期，2013年后趋稳；中国企业在2015年达到峰值后才进入平稳期。美国的AI企业数量在2017年时拥有1078家，几乎是同期中国拥有的AI企业数量的2倍。同时，美国在AI的产业布局覆盖了所有层次，尤其在算法、芯片和数据等产业核心领域的优势远超中国。由于AI人才稀缺，AI的产业竞争实则是人才与知识储备的竞争。巨头公司通过投资并购储备人才与技术，持续布局并发展全产业的各层次。在现阶段，头部公司一般布局在基础设施上，向境内外用户提供API与周边服务器、虚拟机、数据库等一条龙的机器学习服务以获得服务收入。预计在未来随着技术进一步成熟，AI咨询和定制服务也将诞生。

4. 自然人流动

自然人流动(movement of natural persons)，是一国的自然人在其他任何国家境内向消费者提供服务。服务的消费者和服务的提供者都有可能跨国移动是其特点，这种模式主要与专业服务相关。

人工智能技术在近年被快速开发并被广泛推广应用，其为人类提供了更高效、更多元化的服务，同时代替人类进行各种技术工作和脑力劳动，造成社会结构的变化，服务贸易领域受到同等波动。

对于服务的消费者而言，消费环境的改善与升级加速了信息交换和流动的效率，降低消费难度，非现场消费的可能性和规模性都得到显著提高，消费成本得到降低。

对于服务的提供者而言，第一方面，无论是在系统效率、可实现性还是安全性等方面，对参与其中的劳动力的要求都因为人工智能技术的加持而不断被提高。与日俱增的系统变革需求导致人才需求偏向具备更高脑力劳动能力和高技术型的岗位，人工手动操作的低技术要求岗位或劳动力密集型岗位需求锐减。

第二方面，由于信息技术交流和人才交流的集中趋势，行业技术集中的地区更成为人工智能方面人才的流入地。人工智能相关领域的人才博弈战争始于 2016 年。据 2017 年领英平台发布的首份《全球 AI 领域人才报告》，通过领英发布的 AI 职位数量从 2014 年的 5 万个，在 3 年内飙升至 44 万个。各大国际科技巨头企业在 2016 年用于从世界各地收购及吸引行业人才的花费比 2010 年高出 4 倍。2020 年第四届世界智能大会上，我国工业和信息化部人才交流中心发布的《人工智能产业人才发展报告(2019—2020 年)》提到了当前人工智能产业人才供需比严重不平衡的 3 个主要表现：①不同类型的岗位供需不平衡，当前企业对算法研究岗、应用开发岗和实用技能岗等技术型岗位的人才需求最为旺盛，分别占整体需求岗位的 12.2%、19.8% 和 34.8%，但其人才供需比分别仅为 0.13、0.17 和 0.98；②不同的技术方向供需不平衡，机器学习和计算机视觉在现阶段的人才需求最为突出，在整体需求岗位中的占比分别为 39.1% 和 33.4%，但相关技术方向的人才极度稀缺，人才供需比仅为 0.23 和 0.09，有效供给严重不足；③不同区域人才供需不平衡，京津冀地区、长三角地区、粤港澳大湾区和川渝地区是当前人工智能产业的主要发展高地及产业人才资源的主要聚集地，人才需求规模占全国总需求的 90.9%，而上述区域的人才供给仅为 82.9%。在国内人工智能产业人才供给不足的大背景下，高校、企业和社会培训机构纷纷积极推动人工智能产业人才的培养。高校除了现设人工智能技术专业进行人才培养，纷纷增设“人工智能 +”的跨学科专业，旨在培养具备多专业、跨学科认知的复合型人工智能产业人才。国内诸多高等教育机构也正通过联合人工智能产业链各环节的领先企业，例如百度、腾讯、科大讯飞等，加强在人才培养、实训课程、项目共享、实践机会等方面的合作，着重培养具备人工智能实践经验的应用开发型人才，筹划和建设人工智能学院和研究院。在政府实施全民智能教育的明确支持下，各类培训机构向社会提供了人工基础培训和细分技术专业培训，并通过接入华为、百度、阿里巴巴等科技巨头为学员提供实践机会。

第三方面，对于提供服务的集体和个人，得益于人工智能带来的商业环境的变革，行业的准入门槛将极大弱化对营业地域的限制。

5.3 人工智能在国际服务贸易几个领域的应用

5.3.1 人工智能在工业中的应用

工业发展历经手工业(手工生产)、机器大工业(机械制造)、现代工业(半自动化、自动化生产),正向新工业(信息化、智能化)发展。科技进步的物质形式基本体现在了工业发展的过程中,从蒸汽机到电力和自动化应用,再到数字化和互联网的应用,工业也从工匠化,向规模化、标准化,再向个性化和服务化演变。

另外,工业生产还通过流程设计和管理实现效率提升,缩减流程中不必要的环节,在相应的环节予以控制并同时管理成品、半成品的质量。在同等的生产条件下,改善利用物的信息关系和信息流转效率可以缩减生产过程的环节损耗,避免人为疏漏造成的损失。在规模和标准化阶段,信息化提升了工业效率,并让企业减少损耗、降低成本,或通过信息化辅助商业决策而带来收益。Nucleus 研究分析指出,包括商业智能、绩效管理及预测分析在内的业务分析软件,每 1 美元的平均收益回报是 10.66 美元。

在接下来的发展阶段中,信息流转过程通过硬件载体识别、计算、决策、执行来替代人工或由机器直接代替人类完成相应的生产环节,从而提升效率降低成本。相对于制造信息化和智能制造的发展,直接替代人工的工业机器人发展更为快速。在 20 世纪 90 年代进入发展期,2010 年进入智能化时期,2012 年全球工业机器人(本体加集成)的市场容量为 1600 亿元。按照科技发展的逻辑和资源基础推断,工业必然向信息化、智能化阶段发展。工业 + 人能的模式正尝试与物联网、新材料、3D 打印技术等新技术结合,推动工业向全面信息化、智能化发展。

1. 工业机器人

工业机器人的出现和发展是工业效率提升的另一路径,随着信息化和物联网技术的发展,两条路径开始结合,而工业机器人向智能化发展比工业信息化向智能化发展提早了至少 10 年。

早在信息化技术出现之前,1961 年第一台工业机器人"通用机械手"在美国新泽西的通用汽车厂组装完成。2015 年,根据国际机器人联合会(IFR)发布的数据,世界上已有 1 664 000个工业机器人。工业机器人的产生是为了完成人力所不能及的工作,如高危险工况和极端生产环境的工作。随着工业机器人的普及应用,核心目的变成了替代劳动力,一方面减少劳动力成本上涨带来的压力,另一方面解决劳动力短缺的问题。换言之,在资本逐利的推动下,用机器替代劳动力是必然趋势。第二次世界大战之后工业的全球转移也充分印证了这一点,劳动密集型和低技术的纺织、钢铁等产业转移到"亚洲四小龙",再转移到中国大陆,中国大陆逐渐成为第三次世界产业转移的最大承接者。随着人口红利的消失,机器人在工业中的价值会愈发凸显,红利要么转移至劳动力更廉价的地区,要么被机器替代。《2015 年全球工业机器人统计报告》显示,2014 年工业机器人 70% 的销售总量分布在5个主要市场：中国、日本、美国、韩国、德国。其中，中国的购买量比2013年增长了56%，约为其他4国平均购买量的2倍。中国目前是工业机器人的消费大国，但近90%非自产。

如果说用机器人替代人去冒险是一种人道主义行为，用机器去完成人做不了的高精度复杂工艺是一种择优选择的行为，那么用机器替代人去完成简单重复的工作则会带动整个社会生产力的发展。普通人则面临着生存技能可能被机器超越的威胁。目前，机械工业中的冲压、压力铸造、热处理、焊接、涂装、塑料制品成形、零部件加工和简单装配、检测等工序，以及流水线的码垛、装卸、搬运、分拣等均可以由机器替代人类完成，其中应用最广泛的是焊接。

尽管工业机器人越来越重要，但是工业目前的生产中心仍是流水线(机床、机械设备)，机器人还只是其中的一些环节，未来即使整条流水线上所有需要人类配合完成的环节都由机器人替代，基础的机床和机械设备仍将继续发挥作用，并会基于自动化水平进行优化。2012年全球机床产值5590亿元，机器人的产值约占机床的29%，中国的占比则为11%左右。工业机器人总体产值不会超过机床整体产值，并会低于劳动力成本的总和。

2. 智能制造

德国西门子数字化工厂作为优秀的先驱者，用25年的时间已实现75%的生产作业自动化，生产线上的在线监测节点超过1000个，每天采集数据超过5000万。每年生产元器件30亿个，可24小时为客户供货，产能较数字化前提高了8倍。从智能制造的优秀范例不难看出智能制造的关键词是自动化、连接和智能控制，核心是要实现整合资源、降低成本和提高效率，并将制造从规模生产向个性化制造推进。

天津工信部工业互联网安全态势感知平台项目通过部署安全监测平台，可实时监测企业安全态势，有效减少因为网络安全问题导致企业停工停产带来的经济损失，提升工业互联网安全产业的应用和推广价值，最终实现产业及企业的数字化在有效的安全保障下尝试更多的创新，可以更快速地发展。天津工信部工业互联网安全态势感知平台的打造将助推工业互联网安全产业服务化进程，有利于工业互联网及安全产业生态的应用推广，形成行业带动效应并在其他省份应用推广，实现5G+工业互联网安全，为数字经济、新基建、新业态保驾护航。

目前，世界前两大经济体均在智能制造及其相关领域采取行动。美国政府于2016年6月20日公布了通过刺激“智能制造业”来推动美国制造业复兴的法案。2015年5月，中国国务院出台制造强国中长期发展战略规划《中国制造2025》，预计2025年制造业重点领域全面实现智能化，试点示范项目运营成本降低50%，产品生产周期缩短50%，不良品率降低50%。

智能制造不是一个容易实现的目标，目前能够从研发/设计到生产、营销、物流，由自有资源支撑实现全流程覆盖的企业基本都是巨头，更不用说以上所有环节全部实现信息化和智能化。可以推断智能制造需要实现以下“三个全面”。

(1)全面连接。所有的制造环节，包括所有的零部件、生产线的所有环节、所有劳动者和工业机器人的全面连接和信息化。缺少任何一个节点的连接，都有可能影响全面自动化的实现。例如摩托车，仅发动机就有250多个零件，汽车则约有30000个。对于制造过程而言，一个螺丝都不能少，智能制造的连接也是一样。除了这些，其他相关信息包括资金流、管理信息流、物流信息流、服务信息流等，都需要全面连接。在信息化阶段，ERP系统最大的问题是逆向流程实现困难。到了智能化阶段，除了连接点，还需要在全面连接点中设置双向监控点和生产管理连接点。基于时时海量信息传递和多节点控制的需求，需要单独的连接和数据流转通道以保证整个过程不断点、不丢包，能够顺利完成。另外，智能产品是与用户建立直接连接的前提，如果没有智能产品，仅实现了智能制造，仍不能与用户连接实现个性化制造。

(2)全面控制。智能制造将数据流转作为核心，连接全部制造和相关环节，中间的全部过程都似"暗箱"一般，非常需要随时知道发生了什么并予以人为纠偏和预警干涉。每个节点的交互设计和计算能力是实现全控制的基础。除了对环节的控制，还需要对智能设备(包括工业机器人)进行监测和控制。智能制造的生产线上将由多个智能设备来替代人类完成执行工作。人与机器的配合及人对机器的控制和管理也是智能制造比较容易出现挑战的地方。

(3)全面资源整合。社会环境和用户都是智能制造的影响因素。智能制造阶段，主要存在的工厂形式为大型制造平台和小型个性化工作室。大平台可以满足小批量的定制化需求，小工作室更多体现在与用户更直接、更短平快的连接上。而智能供应链也将出现大的供应链整合平台，针对不同个性化需求提供快速、"零库存"的供应。智能制造系统化工程只有整合供应链、生产、物流、服务平台、营销资源等，才能实现智能制造的自动化及产能最大化。

汽车企业是智能制造的重要推动者，也是工业机器人的主要使用者之一。国内已在推进智能制造的车企主要有两条实现路径：①龙头企业自行尝试，然后把成功经验复制到行业内其他企业，推动行业整体进步，从而实现更大范围的智能制造；②行业内主要企业把相关资源整合在一起，共同尝试将所有相关环节集中在一个平台上操作，作为独立的OEM中心运行。不难推断，产业联盟和第三方提供相关解决方案及数据服务或将成为必不可少的存在。

智能制造实现全面连接、全面控制和全面资源整合后，数据就成了智能制造的生命线。数据收集、存储、快速调拨、模型搭建、规则创建及整合、计算和应用，每个环节都与连接、控制和自动化息息相关。

数据作为智能制造的基础，与应用于其他领域一样，需有采集、整理、应用的过程。在智能制造领域，数据还需要实现实时交互并打通多场景应用。现阶段，数据成了实现智能制造的前提。未来，智能制造领域数据服务能力将成为第三方服务的重要发展方向，数据专家和工程师都会成为炙手可热的人才。

(1)数据采集与整合应用。企业内外大小数据的采集及整合应用是保障智能制造效率的基础，智能产品相关数据的获取也将是产品升级的基础数据。数据采集及整合能力，尤其是外部环境数据、行业数据和用户数据的获取整合能力最耗费成本，也最能体现企业的资源整合实力。智能制造对于企业数据能力的要求包括数据入口掌控数量、数据采集方式

(众包之后新的模式)、数据中心规划和实现能力、数据计算资源以及智能算法的驾驭能力等。

(2)数据传递通道与实时交互。这里涉及网络通道及网络上多节点协议标准建设。多节点交互监测和控制，以及跨行业、跨领域、跨产品等多场景，要求建立新的、系统性的、统一的协议标准，除了整体架构和基础物联网外，至少先从同一行业(领域)开始细化和建立统一标准。另外，无论是带宽(实时数据承载量)还是网速，目前的网络资源显然不足以支持智能制造的发展。业界普遍把希望寄予5G和物联网新的协议标准。

(3)数据模型的多场景创建与打通。大数据和智能算法不能无限增长，真正考验智能制造的是基于不同场景和条件的数据架构搭建和模型应用，以及多模式和场景下的数据与数据模型打通。任何事情都会有偏差，即使没有偏差，也需要根据外部的变化进行及时调整，完全依赖机器对数据的解读和归纳也不太可能。因此，还需要能够洞察行业发展和业务路线的专业分析师对规则进行调整、优化、升级和废除。

3. 人工智能工业场景探究

工业是人工智能应用范围最大也是最明确的领域，可以说涉及已有工业向全面信息化、智能化转型和发展的所有硬件、软件、系统、解决方案，甚至具有重要能力属性的人都蕴藏着未来的商业机会。

(1)产业现状。智能制造和工业4.0是工业发展的下一个方向，所有工业大国都在自上而下和自下而上地推动。智能制造是一个完整的系统，面临众多挑战。目前处于政府倡导、企业尝试阶段。智能制造的一个环节——工业机器人先行发展，已经从发展阶段进入智能阶段，行业非常成熟，集中度很高，全球四大家族(日本发那科、安川电机、瑞士ABB和德国库卡)占领了全球50%的市场份额，且拥有最先进的技术和掌握研发方向。

(2)未来趋势。政策驱动、人才储备、企业投入、科研支持这些都是智能制造发展的必要条件。未来，政府、企业、高校及科研机构等将大力投入共同推进智能制造和工业4.0的发展，这一探索将持续20～30年。工业将领先农业、第三产业最先完成智能化过程，工业+人工智能也是近30年商业机会最多，所需资本、人力投入最多的领域之一。

(3)商业未来。智能制造和工业4.0是工业+人工智能的发展方向，更是人工智能商业应用最大的市场。上述讨论的都是工业+人工智能的商业机会。无论是从新技术、集成系统、核心算法、数字标签、智能控制体系，还是新材料、硬件提供，以及软件、解决方案提供，甚至包括人的培养、外包都可以成为切入这个领域的机会点。虽然巨头更容易成为智能制造的实现者，但是智能制造的巨头也还未出现，领域内所有的参与者都有机会。

5.3.2 人工智能在零售业中的应用

本节我们讨论人工智能对零售业的影响。近年来，随着国内的无人超市、无人货架等新零售业态的出现，对传统零售批发企业冲击十分巨大，再加上移动支付、人工智能、数字化供应等科技的融入，中国的零售业正进入一个崭新的时代——智慧零售。据相关数据预测，到2035年人工智能可以给批发零售业带来超2万亿美元的额外增长，即额外增长36%。人工智能的崛起加速零售业智能化转型，未来基于人工智能背景下，智慧零售行业市场前景十分广阔。

1. 智慧零售业

零售是人类社会最古老的商业形态，伴随人类文明而产生。从最早的挑担货郎走村串户贩卖商品，到形成固定的前店后厂模式，分散的小型零售商崛起。工业革命之后，零售完成百货革命、店铺迅速大型化，紧接着又出现连锁即总部加分店的模式，超级市场和购物中心相继崛起。这些传统零售业态信奉抢占优势区位、快速开店扩张的经营原则，创造了每年门店翻数倍的黄金十年。进入21世纪后，传统零售业遭遇了前所未有的经营困境，全行业商品零售额增速连年下滑、关店潮频现。电子商务的兴起，人力、租金等经营成本的攀升等因素一定程度上冲击了传统零售业，但更本质的原因在于传统零售企业一直以来增长模式粗放、无法匹配新的消费需求。

随着人工智能、AR/VR、物联网、大数据等新技术日益成熟，应用门槛大幅降低。部分领先的零售企业已着手应用这些数字科技，提升消费者全旅程体验的同时提高运营效率降低成本。例如在实体店内部署人工智能技术，结合摄像头、智能货架、移动支付等技术，使得店铺对消费者外貌特征、产品偏好、情绪变化、消费记录等进行汇总，实现线下流量的数据化。2017年全国两会上，苏宁控股集团董事长张近东首次提出“智慧零售”概念，智慧零售从此诞生，同时指出“未来零售就是智慧零售”。智慧零售指运用互联网、物联网技术，感知消费习惯，预测消费趋势，引导生产制造，为消费者提供多样化、个性化的产品和服务。

近年来，智慧零售行业政策持续加码，助力行业加速发展。例如：国务院颁发《关于推动实体零售创新转型的意见》，提出5大类16项具体措施推动零售商转型升级，释放发展活力。海关总署发布《关于跨境电子商务零售进出口商品有关监管事宜的公告》，进一步全面规定了跨境电子商务企业管理、零售进出口商品通关管理等事项，为跨境电子商务零售进出口监管工作提供了详细的法律依据，促进跨境电子商务零售的健康有序发展。

全球电商零售总额呈现不断增长趋势发展。数据显示：2015年全球电商零售总额(包括在线和移动商业)达到16 710亿美元，占2015年全球零售总额的7.4%。伴随着人工智能、大数据、云计算、物联网等新兴技术的爆发式发展以及消费模式的提档升级，零售业正上演着一场以智慧零售为主要内容的变革。目前，全球智能零售市场规模已突破100亿美元，预计到2023年，智能零售规模将增长至385亿美元，近五年(2018～2023年)复合年增长率达到24.12%。由此可见，跨境零售贸易的总额在不断地提高，而人工智能在零售业的应用也在逐步深入，促进着智慧零售业的变革。

2. 智慧零售的发展阶段

智慧零售的核心是以消费者为中心的零售活动的生态化，生产设计、物流仓储、集中采购、场景售卖、服务活动、经营管理、资金流转等环节都逐渐融入数据化和智能化的平台，最终达到零售商效益优化，消费者体验优化，实现万物互联智能决策的自主商业。要达到自主商业需要经历几个阶段，根据科技手段不断增强，数据来源不断拓宽，经营者的人力投入逐渐减少，可分为雏形期、成长期和成熟期3个阶段。

(1)雏形期，以传统企业的数字化转型为主。零售企业利用ERP等信息系统搜集和整合企业内部数据。企业以计分板的形式看到自己所需要的数据，并且展现出决策者最为关注的运营要素——关键绩效指标如渠道销售额、用户信息、生产成本、原料采购、管理费等。这一阶段，管理以经营者为中心。

(2)成长期。人机协同开始，部分业务开始智能化和网络化。零售决策者从“发生了什么”向“为什么发生”转变。通过各种商业智能系统和大数据分析软件，企业整合价值链各环节的数据，如上下游供应商、企业内部数据、下游经销商和零售网点数据，分析数据背后的含义，指导商业决策、提升运营效率。在过去以自建会员体系和搜索为主的获客模式融入串联移动支付、公众号、小程序、社交效果广告、礼品卡、会员卡、金融服务等高频交互场景，社交流量的力量将逐渐显现。

(3)成熟期。在人工智能、大数据、AR、物联网等新技术和新模式的双重驱动下对“人、货、场”三要素重塑，科技的复杂度提升，各式各样的传感器、计算机视觉等技术的广泛应用提供了更多维度的数据采集手段，使数据来源扩充到直接相关与非直接相关的多维数据。全面数据将带来精准化，无论是市场细分颗粒度，还是商品和服务的颗粒度都将越来越精细。通过数据+算法围绕业务场景，通过全渠道、数字化、场景化的改造，使实体零售实现降本提能，实现从生产端到最终销售端的全面提升改善。

3. 人工智能在零售业的应用

1)智慧零售的雏形——传统企业转型

大部分传统企业的数字化转型以引入 ERP 系统、办公自动化系统等为主，将传统纸质或散乱的电子化信息整合形成完整、可追踪的企业数据流，并借助系统的计算能力完成人力难以实现的工作。例如通过系统计分板的形式查看销售额、坪效、客单价等关键绩效指标支持运营决策，利用 ERP 系统实现物料需求计划/生产计划排程、成本管理等复杂任务。处于该阶段的企业虽然在运营效率上已大为提升，但由于应用的科技手段较为单一、数据主要来源于企业内部，仍处于智慧零售的初始阶段。

2)智慧零售的成长期——大数据、数字化及多场景渠道的整合应用

在智慧零售的成长期，零售商不再单纯追求利润和销售的增长，而是将重点转为以消费者为中心，围绕消费者核心诉求进行智慧化升级改良：从消费者获取到满足消费者需求，提升消费者体验；再到升级消费者管理，增加消费者黏性及忠诚度等方面，均做了不同的尝试。与此同时，品牌商专注于沿价值链进行端到端的智慧化转型：从研发、生产及供应，再到渠道、营销和终端的管理，实现了整体价值的提升。

山姆会员商店在全球拥有超过 800 家门店，由于市场进入时间较短且主要定位于中产阶级客户，其在中国的门店数量目前有 19 家，在 2020 年前门店总数增加至 40 家，山姆深圳福田店更是连续 10 年稳坐沃尔玛全球年销售额的第一把交椅。山姆会员商店的核心价值主张在于会员的服务与经营。仓储式会员制就意味着其不会做过多华而不实的“门面”投资，但必须确保会员拥有非常高品质的会员体验。对于山姆的会员来说，商品的品质、差异化、食品安全是他们选择山姆会员店的主要动因。

随着线上零售商的快速渗透，传统线下零售企业面临着新的竞争压力。应对线上冲击，山姆会员商店从经营理念到运营方式自上而下地推行“全渠道零售战略”。近年来随着

电商的发展，山姆依托自身的电商平台以及合作伙伴的线上渠道拓展了会员群体，提升会员黏性，增加复购率，在线上线下融合的零售市场发展趋势下实现良好的增长。

面对电商迅速发展的挑战，山姆会员店选择顺势而为，除了自有电商平台以外，2016年起与京东平台合作，进一步拓展线上业务，借助京东供应链和物流的优势，将服务延伸到还没有山姆实体店的地区。通过1年多的电商发展，山姆会员店已经获取了大量的新会员。以2017年双十一为例，山姆和京东联合推广山姆和京东Plus双会籍，该期间线上招募的新会员中约20%来自于非山姆门店的城市。

在消费者运营上，山姆重视培养每一位员工(尤其是一线员工)的“全渠道零售”意识，例如设立各门店间的微信注册新会员及微信捆绑会籍的竞赛，现在大部分新会员都是通过电子渠道加入山姆会籍；山姆还将线上的销售成绩纳入线下门店的销售业绩中，极大地鼓励了线下门店支持电商业务；公司也更加看重“活跃会员”这一指标，而非仅看“会员数量”，这些举措都是为了让电商业务能够更加持久、健康地发展。

针对门店覆盖地区，山姆会员店在其自有线上平台试验了“一小时极速达”的电商业务。山姆会员店利用“急需求”生鲜品类作为引流突破点，通过前置仓模式，实现1小时配送到家，创造了良好的用户体验。山姆始终把品质放在第一位，不允许以牺牲质量为代价来实现配送的速度。为了让会员可以享受电商带来的便捷性的同时也能依旧享受山姆一直推崇的品质，山姆投入大量精力和资源以确保品质控制、包装、配送质量的诸多细节。例如，山姆针对生鲜鸡蛋在京东旗舰店上的销售，对包装进行了多次设计优化和测试，最终选择用厚泡沫底座和保护盖将每个鸡蛋包裹，将整个内包装再放入外包装箱中，让鸡蛋在运输过程中“纹丝不动”。

生鲜品类作为高频品类，通过高频消费培养用户消费习惯；同时，山姆会员店的生鲜产品依托其供应链优势及精细化的运营，树立了高标准、高规范的品质形象。两相结合，帮助山姆培养消费习惯及用户基础、建立更好的消费黏性。在“极速达”服务试点的深圳，自从服务推出以来，月复购率超过50%。山姆在深圳上线京东到家后，成为首个入驻京东到家的付费会员制商家。双方将充分发挥山姆的高品质商品和品牌效益、以及京东到家的高效线上运营和物流能力，满足市场对高端商品，尤其是高品质生鲜1小时送达的需求，该合作未来还将延伸至更多全国重点城市，让山姆会员得以享受更多元化的配送服务。

3)智慧零售的成熟期——前沿科技应用

前沿科技的应用为智慧零售开启了服务模式升级的空间。大批新技术进入应用爆发期，零售产业的各个环节与科技不断进行融合与应用，加速零售在采购、生产、供应链、销售、服务等方面改善运营效率及用户体验。2017年，各大科技巨头相继展开了对线下商业业态的布局。亚马逊发布无人零售概念店Amazon Go，无人店、无人仓等新科技纷纷亮相。零售行业迎来新的挑战者，以大数据和人工智能来驱动行业变革，走向智慧零售的成熟期。在此阶段，技术从3方面赋能零售行业。①计算机视觉与各种传感器的广泛应用提供了更多维度的数据采集手段，使数据来源扩充到直接相关与非直接相关的多维数据，对客户进行识别和消费行为的捕捉，实现更精准的消费者洞察。②零售企业运用大数据和先进算法强化企业数据运用能力。在零售数据化的基础上，进行用户画像的数据挖掘，通过算法帮助企业在选址、定价、库存等方面实现优化及提升。③无人客服、增强现实、语音识别、RFID、电子价签、人脸识别互动等零售科技登场，大批新技术进入应用爆发期，零售产业的各个环节与科技不断进行融合与应用，提升零售销售、服务等方面的运营效率及用户体验。最终实现智能化的零售分享，数字化的供应网络以及全渠道的体验提升。

(1)智能定价、选品。基于腾讯大数据包含的商圈流量、商圈客流属性、人群兴趣变迁等数据以及品牌、商户拥有的商品、销售、会员等数据建立机器学习模型，重新建立线下零售商的消费场景。帮助线下零售商提供门店品类建议、单品建议，提供动态定价支持。

(2)智慧选址。通过一段时期内(一周、半个月，一个月)不同时间段人口热力分布，进行热力图打分，了解各店面人流综合值；选定人群(按年龄、性别、收入、职业、支付偏好划分)的某段时间不同时间段客流热力图区域评分，划定目标区域；比对现有门店数量及潜在客户区域，提供可以增开门店的热区建议。主要价值：

①科学选址：根据区域内核心人群分析进行基于数据的选址决策，脱离单纯的主关经验判断。

②实时方案：对该区域的人口属性、客户画像进行动态捕捉，实时更新。

(3)构建智慧门店。2017 年 12 月，腾讯优 Mall 智慧零售系统发布。搭载腾讯优图 AI 技术及腾讯云大数据。该系统包括 VIP 到店提醒、门店罗盘、动线分析、客群管理、店员管理、刷脸支付、人数预警和非法人员警告，覆盖门店的各个环节。优图的人脸识别技术被运用于老客户识别、区域陈列货架调整、导购、巡店 4 个功能。通过对商场内移动轨迹的分析，可以分析购物路径，洞察品类和商品的相关性，从而优化店铺排列，合理规划商场动线。通过特定区域的停留时间，分析消费者的品牌喜好、优化场内布局，对广告位进行评分。基于单个门店，提供聚合人群画像的可视化报告。主要价值：

①用户信息数字化：获取用户到店、逛店和购买转化等数据。

②提升导购服务的针对性：及时同步导购会员用户的历史消费习惯，提供客制化服务。

③全方位识别用户画像：如用户年龄分布、性别、消费水平、兴趣爱好等。

④招商和运营：为招商和运营提供数据分析。

⑤降低盗损率：及时提醒可疑行为。

5.3.3 人工智能在旅游业中的应用

近年来，随着旅游产业综合带动功能全面凸显，旅游产业逐渐全方位融入国家战略体系，走向国民经济建设的前沿，成为国民经济战略性支柱产业，在 GDP 中占据的比例也越来越高，同时旅游行业作为老百姓美好生活方式的重要载体，也承担着更高的使命和责任。

1. 智慧旅游业

中国旅游资源丰富，领土幅员辽阔地貌多样，南北跨在亚热带、北温带气候，孕育了不同的景观。同时，中国五千多年历史源远流长，多民族相互融合，文化多样，百家争鸣，一直吸引大量的外国人来华旅游，旅游外汇收入持续增长。2018 年全国入境游客 14120 万人次，增长 1.2%。国际旅游收入 1271 亿美元，增长 3.0%。2019 上半年入境旅游人数 7269 万人次，国际旅游收入 649 亿美元，分别比上年增长 5% 和 5%。

中国旅游业已经进入快速发展的黄金期，国内旅游人次和旅游收入持续增长，在线旅游市场规模不断扩大。随着物联网、大数据、云计算等技术的兴起，智慧旅游已经从概念进入实际应用层面。智慧旅游是指运用新一代信息网络技术和装备，充分准确及时感知和使用各类旅游信息，从而实现旅游服务、旅游管理、旅游营销、旅游体验的智能化，促进旅游业态向综合性和融合型转型提升。

近年来，以物联网、云计算、大数据、VR、5G 等为代表的新一代信息技术取得了重大突破，这些技术的普及和应用，为旅游信息化的发展提供了有力支撑。具体表现为：

(1)大数据：通过大数据技术，将景区、游客、政务等多种数据打通，实现对旅游相关数据的全域化管理，为旅游上层应用奠定数据基础。

(2)VR/AR：VR/AR 在智慧旅游中应用，例如基于景区 VR 的实景导航、基于 AR 的交互式景观等，可以增强游客的体验度；而酒店、景区等与 VR 的结合，可以让游客在出行前就进行情景预体验，影响游客的旅游决策。

(3)云计算：通过云计算将大量旅游信息进行整合并存储在智慧旅游大数据平台，构建可供旅游组织、游客和政府使用的旅游应用。

(4)物联网：通过传感器、RFID、电子终端等设备将景区基础设施连接起来，实现对景区环境的实时监控和精细化管理。

(5)5G：利用 5G 网络高速率、大带宽、低时延的特性，可解决高峰时段游客网上购票、入园扫码信号拥堵等问题。

(6)存储技术：通过分布式存储、云存储等技术，对旅游相关的数据进行存储。

2. 人工智能在旅游业中的应用

从近年社会的发展，我们可以看出新一轮科技革命和产业变革来势迅猛，远远超出预期，以互联网为代表的新技术，正深刻地改变着人们的生产方式、生活方式。当下数字经济已成为全球经济增长的主要来源，同时中国的数字经济在全球属于领先地位。在网络强国、数字中国的战略之下，如何更好地推动科技 + 旅游融合创新发展，同时新技术如何服务应用到行业本身，是业内广泛关注的焦点问题。

人工智能技术在智慧旅游中的应用，是以通信和信息等技术的深度融合为基础，围绕游客自主参与和互动体验开发旅游产品和服务。实践中，人工智能技术在智慧旅游中的具体应用形式丰富多样，较为常见和有代表性的有以下 3 类。

1)旅游信息服务和支持

近年来，随着社会经济水平的快速发展，人们的旅游需求日益旺盛，旅游业已经成为国民经济发展新的增长点，旅游产业发展空间广阔巨大。当前，信息技术的蓬勃发展带来的是海量的大数据交换和利用，游客对旅游行业的服务质量和水平提出了更高的要求，这就使得在旅游信息系统的规划、设计和实施过程中必须贯彻以游客为中心的基本原则。旅游信息系统必须具有市场细分、精准营销、行程规划和预测、实时反馈等功能，使游客能够便捷地通过网络获取所需要的各种有效信息，以帮助游客在旅行时做出合理的预测和决策。

以旅游市场细分为例，由于旅游行业的产品和服务往往“同质化”现象明显，多年来，旅游企业一直困于低价竞争的营销策略，旅游业的创新发展迫切需要新的市场理念、营销观念和应用技术的支撑。为了充分利用有限的资源，提供符合游客自身需求的产品和服务，大多数旅游企业都开始采取目标市场导向的营销策略，而有效目标市场的确定的基础就是市场细分。旅游市场细分是指旅游企业根据游客特征及其旅游需求的差异化，将目标旅游市场划分为两个或多个具有相似需求特征的游客群体。在这一过程中，通常使用分类、聚类、决策树等大数据挖掘等人工智能技术进行系统仿真和推理决策，从而使市场细分更符合旅游市场的实际需求：对于游客而言，获取的旅游信息服务和支持更精确实用；对旅游企业而言，则更有利于提高目标市场营销的准确性和有效性。

2）旅游景区安全管理

安全生产是旅游经营企业和行业主管部门重点关注的永恒主题，更是事关每一个游客和每一名旅游从业人员生命财产和切身利益的重要因素。人工智能技术在智慧旅游中的应用，特别是基于模式识别的图像数据信息识别的实现，如指纹识别、文本识别、虹膜识别、面部识别、车牌识别等，已经得到广泛应用。而视频分析技术则可以实现对具有连续状态特征的视频流进行识别，从而进行聚类行为特征的分析和判断，将旅游景点景区的安全管理提升到新的高度。

基于上述人工智能技术的融合应用，可以实现景区安全管理的精细化操作，例如，风景名胜区内游客人数的统计，可以通过从景区门禁系统获取的进入景区人数和对景区出口进行视频分析得出的出景区人数进行计算，从而对景区承载量的精确控制，防止拥堵和过载，影响游客体验。再如，可以利用导航定位系统和视频分析等技术，对景区内的烟雾等异常现象的速度、方向等运动特征进行智能分析和预测，达到防火防灾的预警效果。总之，人工智能技术在旅游景区安全管理中的应用，可以有效提高工作效率，降低人力物力和资金成本，从而取得更好的管理效果。

3）客源地预测

随着人们收入和生活水平的提高以及空闲时间的增加，人们的旅游需求和旅游形式也与日俱增，并且呈现出多样化的态势。游客的个人喜好、可支配收入的数量、文化和生活背景的特征等各种因素，使旅游客源地往往呈现出明显的地域特征，旅游客源地预测的研究和应用随之产生。旅游客源地预测是旅游市场研究、旅游产业规划和旅游行业管理的重要内容，旅游客源地预测的精确与否，直接影响旅游研究、规划和管理的科学性和有效性。

以往旅游客源地预测通常使用传统的定量分析方法，倾向于对统计数据的汇总、整理和分析。而近年来，人工智能技术已经广泛应用于旅游客源地市场预测中，主要包括粗糙集方法、遗传算法、模糊时间序列、人工神经网络、灰色系统理论等技术和方法。人工智能技术进行市场预测优势明显，它对数据的概率分布等附加信息具有很好的容忍性和适应性，与传统的旅游预测方法相比，人工智能技术应用于旅游客源地市场预测取得了更好的预测效果。例如，百度大数据预测平台可以对每天数十亿网民的搜索请求进行智能分析，从中提取旅行相关的大量数据，并对数据进行计算和分析。通过大数据预测游客行为，网络用户可以通过这项技术提供的相关旅游市场预测，了解未来一段时间内景区的游客热度，从而做出合理的旅游规划和决策。

5.3.4 人工智能在交通业中的应用

5.3.4.1 交通出行现状

工业革命以来的经济发展史清晰表明，交通基础设施条件的改善是实现经济增长的必要前提，既有研究针对这一现象从多个方面作出了解释。而对于中国这样具有复杂地理特征的大国，交通基础设施对于经济社会发展更是意义重大。以公路、铁路为代表的交通基础设施具有极强的外部性，对经济社会发展发挥了重要的支撑引领作用。交通基础设施作为国民经济和社会发展的基础性产业，对其进行投资建设历来是政府的重要职责，也是政府调控经济、促进经济增长的重要手段。与此同时，交通基础设施作为一项极具正外部性的公共物品，同时具备产业链长、带动力强的特点，近年来为中国经济社会的定向调控、精准发力提供了重要支撑。概括而言，交通基础设施作为国家重要的公共资源，一直被视为民生要义、经济命脉、社会基石，对社会发展具有不可估量的作用和地位。中国政府向来注重对交通基础设施建设的投资，已经形成纵横交错的交通网络布局，促进了全国的交通运输服务保障能力的大幅度提升，推动了资源要素跨区域流动。

在经济全球化、国际竞争日趋激烈的当下，对交通基础设施通达能力的要求已经跨越国界，形成跨国运输网络。方便快捷的交通运输网络为资源、劳动力与信息流动提供了极大的保障，使全球经济活动更加紧密。开放经济需要一个全球化、网络化的交通基础设施体系，有无完善的内外连接的交通运输系统，是一国经济开放程度和发达程度的一个标志。便捷的铁路和公路基础设施已形成一张联结各区域的、广泛的陆路运输网络，这一交通运输网络在服务中国经济转型发展的同时，正将经济社会所具有的潜力以更大限度地发挥出来。与此同时，交通基础设施既可以作为一种投资直接促进经济增长，又可以通过空间溢出效应发挥间接作用，良好的交通基础设施能够导致更为充分的市场竞争，利用市场配置效应使资源流向最有效率的地方。结合现实与理论的多方面因素可以发现，交通基础设施对经济社会发展有着不可忽略的影响，在多个方面具有积极效应。

改革开放特别是加入世界贸易组织以来，中国开放型经济的发展取得了瞩目的成就，出口贸易的高速扩张也使中国毫无疑问成为全球贸易大国。然而随着全球金融危机的爆发，世界经济进入所谓“新平庸时代”，受发达市场需求不振、贸易摩擦频繁、国际竞争加剧等多种因素的影响，中国出口贸易的增长空间受到挤压，开放型经济的长期可持续发展面临挑战。近年来，随着中国特色社会主义进入新时代，特别是在当前中美贸易摩擦加剧的现实背景下，中国经济所面临的一些重要矛盾和制约因素开始集中显现，无论是产品质量、贸易结构、还是核心竞争力等与贸易强国均存在着较大差距。面对这样的国际发展环境，中国提出了建设“新丝绸之路经济带”的发展倡议，作为中国经济转型与升级的跳板，对中国经济发展、内政外交具有重大意义。并提出了“政策沟通、道路联通、贸易畅通、货币流通、民心相通”的发展目标，将交通运输和国际贸易联系在一起。交通基础设施是一国扩大对外贸易、发展开放型经济和吸引外资的重要基础，良好的交通基础设施通过释放运输能力、拉近时空距离、便利人力资本流动以及加快信息交换等间接途径，发挥其相应的溢出效应。交通基础设施具有明显的网络性特征，只有当交通基础设施形成网络，才能拥有更高的可达性，进而发挥其网络效应，其价值才能凸显出来。出口贸易作为经济社会中重要的组成部分，交通基础设施对其产生了何种影响效应，是一个十分值得关注的话题。

自 1885 年卡尔·本茨(Karl Benz)造出第一辆汽车以来，人类的出行方式发生了翻天覆地的变化。如今，全球汽车工业年产值超过万亿美元，成为社会支柱产业，汽车已成为生活必需品。然而汽车数量的增多带来的除了便捷，还有巨大负担。2013 年，北京平均每天堵车时间为 1 小时 55 分钟。此外，近年来，全球每年因为汽车事故死亡人数超过百万，车辆使用过程中带来的安全问题也引发关注。因此，城市交通的规划和治理成为全球各大城市管理者的重要课题，提升汽车行驶的安全性与便利性也成为汽车工业发展的重要方向。

人工智能可以对道路的实时数据进行采集、处理和分析，进而对可能发生的拥堵或事故进行预测，因此被寄望解决出行不畅的难题，帮助汽车成为更安全和便捷的交通工具。政府希望将人工智能技术应用于交通管控、公交调度领域，对车辆和公共交通系统进行更高效的规划和引导，从而减少拥堵情况的发生。车企和互联网公司则重点开发车道保持系统，碰撞避免或预碰撞安全系统、行人保护系统，驾驶员疲劳探测等汽车高级辅助驾驶系统(ADAS)，甚至无人驾驶汽车。人工智能的应用使得汽车的驾驶更加便利和安全。

5.3.4.2 城市交通管理与规划

城市的交通管理智能化是系统应用人工智能技术的过程。人工智能介入城市的交通管理与规划，首先是从交通智能监控系统切入，对道路、车辆情况的数据进行实时监测和采集；其次是介入交通规划决策支持系统，利用人工智能技术抓取实时数据并且整合民航、铁路、气象等数据进行处理、分析和预测，为交通运输的规划工作提供支撑，最后是介入交通管理系统，基于人工智能对道路情况的预判，使用交通信号灯控制、可变车道控制、公交调度、车辆诱导等手段，实现对交通状况的实时干预和管制。

交通智能监控系统是城市交通管理系统的五官。应用人工智能技术后，使得机器的工作在单纯的数据采集之外，还能够对发生的情况做出识别和判断，直接向使用者预警或反馈结论，不再需要人力介入，从而提升监测效率。例如交通事故发生后，需要人员报警，交警到现场勘查，查看录像后才能确定事故责任情况。而采用人工智能摄像头后，机器能够直接记录并识别事故的发生，同时根据录像，自动确认事故责任，通过识别车牌确认肇事者身份，在汽车刮擦等小事故处理的过程中将不再需要人工干预。使用机器快速、准确地处理交通事故，能够有效减少因交通事故而造成的拥堵。交通智能监控系统的工作主要分成 3 步：①结合识别摄像头、地感线圈、FCD 等交通信息采集硬件，全面对路面车辆数量、车速拥堵、事故等数据进行实时、全面的监控和采集；②通过人工智能技术对道路拥堵、违规驾驶、突发事件等各类情况进行识别，并作出判断，认定事件性质；③快速向有关管理部门实时反馈和提醒，给出处理建议，使得交通管理部门的反应速度能够有效提升，简化处理流程，提升监管效率。

交通规划决策支持系统相当于交通系统的大脑。在这一环节，人工智能将基于交通智能监管系统采集的车辆路况信息，结合人流量、天气等更多维度的数据进行分析，为交通管理部门的规划提供决策支持。传统的公交路线规划需要使用大量人力进行调查和数据分析，人工智能技术应用后，能够将公交站点的人流情况、车辆拥堵时间、拥堵路各段等多方面数据进行综合分析，为相关部门的公交路线调整和站点设置提供支撑，提升公共交通系统的效率。人工智能还可以结合铁路、航空、旅游网站等数据，预测群体出行行为。目前百度地图已经可以提前两周预测某城市的出行人数规模，随着更多数据的收集和算法的完善，人工智能将更加准确地对出行人数、出行时间、出行路线等情况做出预测，帮助交通管理部门进行车辆的管理调度。此外人工智能还能根据司机的历史驾驶数据，对司机的驾驶习惯做出分析，为运输业企业提供用人参考。

交通规划决策支持系统的使用首先将车流、拥堵、人流等各方面交通数据，以及用户搜索、天气、航空、铁路等更多维度的数据整合分析，再使用自动推理等人工智能技术，对交通领域可能发生的拥堵、大规模出行、公交使用率等情况进行推演和预测，从而为相关部门决策提供支持，提前对有可能发生的问题做出预判，提前部署应对措施、防患于未然，减少拥堵等情况的发生。

交通管理系统相当于人的四肢，基于对交通情况的监测、分析和预测，直接做出反应，无须通过人工调节，直接对交通信号灯、可变车道等道路管理装置进行控制。交通管理系统的核心在于对交通情况数据进行分析之后，直接执行，不需要人工参与二次判断。例如，人工智能预测某路段可能发生拥堵之后，将直接对该路段的信号灯进行调节，并且向车辆发布信息，诱导其避开拥堵路段，自动完成交通指挥。在这一环节，人工智能能够快速反应，并且代替人工完成交通调度工作，减少人工的投入，直接降低政府部门交通治理的成本。

智慧聊城“城市大脑”借助科大讯飞人工智能、大数据等方面的成熟技术，以城市大数据为基础，构建感知设施统筹、数据统管、平台统一、系统集成和应用多样的“城市大脑”，同时建成落地智慧聊城创新中心，建立起“能感知、能思考、有决策、有温度”的智能化支撑体系，支撑全市新型智慧城市建设。2021 年 4 月 22 日，智慧聊城“城市大脑”平台正式上线，截至 2022 年 3 月，在城市管理、数据汇聚、生态环境监测、民生服务、重点安全、政务办公、基础设施建设等多个领域实现了城市运行状态的全面感知、日常协同管理的高效智能、应急指挥决策的实时精准、城市发展规划的科学合理。

5.3.4.3　高级辅助驾驶系统(ADAS)

城市交通管理与规划可以看作是政府利用人工智能技术提升城市交通效率的过程，而高级辅助驾驶系统则是汽车企业利用人工智能技术，提升用户驾驶便利性和驾驶安全性的过程。

目前的汽车高级辅助驾驶系统主要包括导航与实时交通系统、自适应巡航、车道偏移报警系统、车道保持系统、预碰撞安全系统等智能判别汽车与周边环境关系的功能，以及包括自适应灯光控制、自动泊车系统、交通标志识别、盲点探测、驾驶员疲劳探测、下坡控制系统等在内的车辆原有功能智能化升级，这中间有大量人工智能技术的应用。

其中，驾驶员疲劳探测技术是应用较为成熟的代表，奔驰是最早将这项技术搭载到量产车的厂家之一。其原理是将视觉识别技术应用在红外线摄像机上，记录驾驶员的眨眼次数或者闭眼情况，再基于人工智能技术，对驾驶员的驾驶疲劳程度做出判断，一旦发现闭眼时间过长或者眨眼过于频繁，将对驾驶员做出提醒。根据美国公路交通局数据显示，17% 的致命交通事故由疲劳驾驶造成，人在疲劳时，事故发生的可能性会上升 4 ～ 6 倍，因此对疲劳驾驶的监测和预警能够有效降低事故发生率，保证汽车行驶安全。此外，车道偏移报警系统、交通标志识别、预碰撞安全系统等与疲劳探测系统类似，均使用视觉识别摄像头或者雷达等其他传感器，将物理世界的图像数据结构化，再对数据进行分析，向驾驶员做出相应的提醒和危险预警。以色列公司 Mobile ye 提供的 EyeQ 芯片，能够让汽车的摄像头拥有“大脑”和预警器。汽车只要装载一个摄像头就可以实时、准确地进行道路分析，让驾驶者在遇到真正的危险前，得到及时且足够的警告。

而自适应巡航控制系统、自适应灯光控制系统、自动泊车系统、下坡控制系统等则在对路面和周围情况进行分析判断后，自动完成车辆控制，保证司机驾驶的安全。沃尔沃在 2014 年便推出带辅助转向功能的自适应巡航控制系统，该系统利用摄像头和雷达监测前车的行驶数据和情况，进而自动对车速甚至方向进行调节，确保车辆安全平稳驾驶。自适应巡航控制系统也是无人驾驶汽车的雏形，目前也已经在一些常用车型上进行应用。导航与实时交通系统则是汽车根据同步到的实时路况信息，为驾驶员规划最为省时省油的路线，并且根据实时的路况变化进行调整，使用的也是人工智能自动推理技术。

总而言之，汽车主要使用人工智能摄像头、雷达等传感器对汽车内外的数据进行采集，结合联网的路况数据进行分析，对可能出现的危险做出预判，进而提醒司机提前注意，甚至提前完成对汽车的操控。这样能够在事故发生之前提早做出反应，降低发生事故的可能性。目前国内的各类型 ADAS 的装载率均为个位数，装载 ADAS 的车型主要为 40 万元以上的豪华车。2015 年开始，一些 20 万元级别的中端车也开始装载 ADAS。受益于传感器、计算芯片等核心元器件价格的降低，ADAS 的成本也随之下降，中国英特尔研究院前院长吴甘沙估计，未来整套 ADAS 解决方案的成本将降低到 1 万元人民币左右，加上政策和市场需求推动，ADAS 有望快速推广普及。2020 年中国 ADAS 市场规模达到 175. 7 亿美元，同比增长 20. 1% 。

5. 3. 4. 4 无人驾驶

无人驾驶是 2016 年的热点领域，不仅宝马、长安等汽车企业在该领域进行持续研发和多项投入，谷歌、百度等科技巨头的无人驾驶汽车也纷纷上路测试。据美国电气和电子工程师协会(IEEE)乐观估计，到 2040 年全自动汽车数量将占汽车总数的 75% 。与 ADAS 不同，无人驾驶的使命不再是单纯的预警或辅助驾驶，而是彻底取代司机的工作，完全由机器完成汽车的驾驶。

无人驾驶需要综合应用自动控制、机器视觉、自动推理等多项人工智能技术。无人驾驶汽车首先需要根据目的地和城市实时交通情况数据，给定路线规划；其次使用摄像头、雷达等传感器感知道路、车辆位置、障碍物、周围车况等信息，对路况、车况、环境(能见度、风速等)等做出快速分析和判断，进而启动安全系统完成驾驶操作，全面控制车辆的方向和速度，最终安全驶达目的地。

目前无人驾驶汽车已经进入上路测试阶段。截至2016年3月，谷歌的无人驾驶汽车已经上路测试超过15个月，行驶里程超过3000万千米，这15个月发生的近300起事故中只有在2016年3月发生的一起与公交车相撞的事故，责任方被认定为谷歌无人驾驶汽车。这也反映出人类驾驶汽车时对突发状况的反应速度不及无人驾驶汽车。当人类驾驶的汽车与无人驾驶汽车在同一环境行驶，意味着将出现更为复杂的事故原因，风险相应增加。这不仅对无人驾驶技术提出了更高的要求，还需要改造和完善交通环境。谷歌与菲亚特合作生产的100辆无人驾驶汽车已经下线，但是暂时不会向用户出售。2015年底，百度也与宝马合作，在北京五环内完成城市、环路和高速路等混合路况下的无人驾驶测试，在国内尚属首次尝试。除了和科技巨头合作之外，汽车企业也在加速研发无人驾驶汽车：2015年、奔驰的无人驾驶卡车已经上路测试，并于2021年正式投入商用；在国内，长安无人驾驶汽车也已完成自重庆到北京近2000千米长距离、多路况路面的驾驶测试。

目前，科技企业和车企的无人驾驶产品仅仅停留在测试阶段，距离无人驾驶真正的商业化应用还有一定距离。除了成本因素外，首先面临的是法律上的制约。根据《日内瓦道路交通公约》中“汽车必须始终在驾驶者控制之下”的规定，在全世界绝大多数国家，无人驾驶仍被认定为违法行为，政策法规的研究和制定尚需时日。其次，无人驾驶汽车每辆车每秒大约产生1GB的数据，与车辆数据相匹配的海量数据的网络传输、存储及计算本地化问题仍有待解决。由于目前能够本地化处理人工智能运算的芯片尚未投入广泛的商业化应用中，数据的处理还需引用云计算能力，对网络环境要求较高。

5.3.4.5 车内服务

除了高级辅助驾驶系统和无人驾驶，目前汽车企业还将人工智能应用在车内服务和自主性服务等环节，用语音代替手动操作，增加操作的便利性，并且通过数据分析掌握用户习惯和偏好，主动推送歌曲或其他娱乐内容，以提升司机的驾驶体验。如科大讯飞将语音识别技术应用于车内的交互控制环节，识别司机的语音命令完成控制，令司机不再需要手动控制车内操作板，可专注于驾驶动作。在内容端则集成音乐、新闻、电台等资源，根据用户习惯、需求，结合使用场景，使用决策算法，自动为驾驶员播放音乐或广播节目。语音识别的应用，让车内操控更便利，汽车的自主性服务将给司机和乘客提供更加舒适的体验。

从长远角度看，车内服务或许还有更大的想象空间。设想无人驾驶技术成熟后，一方面，司机的双手能够从驾驶中解放出来，汽车设计不再以司机驾驶操作体验为中心，车内空间的布局、车内功能都可能随之改变。加入娱乐设施之后，汽车将成为“移动娱乐空间”，加入办公设备，也可以成为“移动办公空间”，对应的车内服务将有更多的内容。另一方面，汽车还将与本地生活服务相连接，汽车可以自动帮助车主选择附近的餐厅、预约保养、寻找加油站等，成为周边生活服务的重要入口。目前，谷歌无人驾驶规划中将盈利的重点放在车内服务环节上，给人带来无限遐想。

5.3.4.6 商业机会展望

（1）产业现状。目前，政府已经初步尝试利用人工智能参与交通管理和规划，高端车已经较多地装载 ADAS，语音操控等车内服务已经普遍触及用户，无人驾驶汽车的实验性驾驶已在全世界开展。然而，受制于传感器、芯片成本，智能算法技术等因素，这些应用目前大多属于试点阶段，尚未开始商用，未来还有较大的发展空间。

（2）未来趋势。人工智能被寄望于解决交通拥堵和交通安全两大难题，并提升用户驾驶和乘车体验，因此受到政府和车企的极大关注。随着传感器、芯片成本的降低，以及算法性能的提升，人工智能在交通领域将有广泛的应用，例如帮助管理部门提前预判、疏导交通，指挥调度车辆；帮助驾驶者规划路线，控制车速，保证安全；直接完成驾驶，代替司机。

（3）未来商业机会。

①传感器、芯片。人工智能与交通应用的结合点首先在数据采集和计算环节。一方面是以雷达和摄像头为主的用于数据采集的传感器，无论是在交通智能监控系统还是在高级辅助驾驶系统、无人驾驶中均有大量需求。另一方面是高性能芯片，支撑 ADAS 和无人驾驶的本地化数据处理和部分数据存储的需求。

②综合运算平台。基于机器学习、自动推理等算法开发综合运算平台，可以对多方汇集的数据进行处理分析，进而对未来可能发生的事情进行分析和预判，相当于智能交通系统中的大脑。

③各类型交通管理系统。交通管理系统品类较为丰富，包括交通信号灯、可变车道等道路管理装置，以及各类交通智能监控、决策支持系统，针对具体交通指挥、管理需求开发的各品类产品，具有广阔的市场空间。

④各类高级辅助驾驶系统。与交通管理系统类似，高级辅助驾驶系统包括自适应巡航、车道偏移报警系统、车道保持系统和预碰撞安全系统等众多品类。未来，汽车中可以装载多个 ADAS，可观的市场机会蕴藏在细分功能的 ADAS、零部件市场中。

⑤无人驾驶。无人驾驶领域的机会分为两部分，一个机会是无人驾驶系统的开发，类似智能交通中的综合运算平台，是无人驾驶汽车的核心部分，也是参与企业正在重点突破的环节。另一个机会则是基于驾驶需求进行的整车开发，相对而言该领域是传统车企发展的重点。

⑥车内服务。无人驾驶汽车需要提供车内服务，因此汽车内部空间的利用，休闲娱乐等产品和服务的开发是一个机会点。此外，为车主选择目的地，打通车内外生活服务的“汽车助理”产品开发是另一个重要的机会点。

5.3.5 人工智能在电信业、银行业和建筑业中的应用

本节重点转向 3 个在人工智能方面取得重大进展的行业，即电信、银行和建筑环境（包括房地产、建筑和设施管理）。

5.3.5.1 电信行业

英国电信公司科技部门负责管理电信工程和本地接入基础设施业务部门 Openreach 等

面向客户业务的系统、网络和技术，BT Labs 是英国电信公司科技部门的一部分，旨在建立和运营英国电信的技术基础设施，并通过预测新的和正在出现的趋势来确保公司的未来，使英国电信及其客户的利益最大化。

人工智能模式识别能力出现了显著的阶梯性变化，这一变化正在推动图像、视频和语音识别等领域的改进，但其与有知觉的机器仍相差甚远。一个更明智的观点是，增强人工智能系统将会有更广泛的机会，我们将人类和机器的力量结合在一起，以更好完成任务。

企业不应该被大肆宣传所吸引，而应该寻求理解可能性的领域，以及最新一代的人工智能对他们的公司意味着什么，这样他们就可以拥抱它，专注于那些机会。英国电信在其运营中部署了大量人工智能，例如，让 3 万多名现场工程人员坐在他们的面包车里改善客户服务。人工智能算法被用来优化劳动力结构，预测可能进入的需求水平，诊断故障，安排工作分配，以及在工作时支持现场工程师。

一个人工智能算法决定了它们是如何结构化的，例如恶劣的天气条件，何时减少需求（如修理量）。如果能准确地预测维修量，我们就能更准确地规划产能，更好地满足客户的需求。这是可能的，因为算法模拟了大量的运行数据，包括 30 年的天气数据。这些工具使用了一系列人工智能技术，从智能优化技术到聊天机器人和最新一代的深度学习神经网络。这些支持人们做出正确的决定。这只是如何部署人工智能的一个部分，它也在对我们的业务产生巨大的影响。

聊天机器人在国际贸易中是人工智能的一个非常公开的应用，它通过语音分析接口成为可能。但这并不意味着后端系统将理解所说的内容。要求亚马逊 Alexa 打开电视或提供天气预报是一个狭义的请求，人工智能可以做出回应。但是，如果要试图进行更复杂的交互，例如找出客户的电视形象为何不佳，则需要一个复杂的后端知识库来支持此类交互。在许多情况下，公司并不具备在其后端系统中可访问的知识，因为这些知识要么嵌入人们的大脑中，要么没有在其系统中得到足够的捕获。

人们正在销售基于语音分析的人工智能，但这种前端技术只解决了整体挑战的一小部分。

目前，主要的挑战是如何让商业人工智能做好准备。人工智能技术日新月异；企业需要有一个平台，使他们能够迅速利用这些技术。

亚马逊和 Facebook 在利用人工智能的营销分析机会方面非常有效，因为它们的整个基础设施都围绕着数据分析展开。他们的架构，他们的系统，他们的心态，一切都围绕着数据的价值以及可以从中提取的价值展开。对于许多传统企业而言，情况并不总是如此，他们可能缺乏基础设施，但却拥有宝贵的数据资产。如果你是一家保险公司，你很可能拥有大量的数据。一个初创企业没有数据沉淀，例如，Gartner 公司可能在数字基础设施方面落后，但在知识深度方面不会落后。因此，50 年的汽车事故历史是非常宝贵的资源，从国际贸易、销售和客户服务的角度来看，需要将其曝光并加以利用，以达到最佳效果。这些传统公司现在需要通过数字化他们的数据和应用一些聪明的分析来增进洞察力以做好人工智能的准备。

英国电信公司运用人工智能技术最好的场景之一是在网络安全方面。它的作用是检测异常行为，如恶意软件攻击。聪明的人工智能算法学习正常的行为模式。如果有任何东西违反了这一点，我们的安全行动中心的安全专家就会把它列为异常现象。在旧的数据分析世界里，一个公司会整理所有的数据，并对它进行分析，一周左右就能发现奇怪的行为。使用具有最新计算机能力的人工智能工具，我们甚至可以瞬间实现这一点，并拥有随时间而适应的系统。

从技术上讲，我们已经在人工智能上有了一个阶梯式的变化。这是由大量数据的可用性和显著的计算机能力驱动的，因此我们现在可以在相对较短的时间内运行多层神经网络。与前几代一样，这项技术将逐渐渗透到业务的所有不同部分。然而，它最大的影响将是增强人类而不是替换他们。

5.3.5.2 银行业

苏格兰皇家银行（RBS）商业和私人银行人工智能算法负责人马克·圣约翰·考特认为，算法总监的战略角色是调动能力，把合适的人聚集在一起并进行交付。

关于人工智能在国际贸易中的应用，细分是重要的。传统上，它一直是国际贸易的一个组成部分。尤其是公司和银行在细分客户方面做得非常糟糕。他们通常将它们划分为各自的垂直组织结构。2008 年后，我们看到了一个以客户为中心的焦点，银行现在已经意识到他们必须改变经营方式。以往围绕商业、个人和企业客户的细分已经非常固定。如今人工智能允许数据和工具创建更加动态的细分版本，认识到客户需求在变化，客户的价值也在变化。人工智能可以帮助预知这些需求是什么，并创造定制的参与。银行和大机构通常会因为“不了解我们”而受到批评。现在，数据和这些工具将使银行更好地理解和分析客户需求，并预测未来的驱动因素。

要解决的一个大问题是人类想要做什么。当他们掌握新事物时，他们的品位会改变。英国金融科技公司 Revolute 已申请欧洲银行牌照，利用人工智能，他们想要打破大银行的统治地位。已有接近 100 万的用户认为 Revolute 是他们的银行和他们的消费卡。

有鉴于此，瑞士盛宝银行集团（SaxoGroup）首席执行官 Patrick Hunger 博士认为，从技术上讲，机器人可以交流、问问题、解释数据保护，甚至对银行账户适用和执行各种银行条款。但这都是硬编码的，并没有我们在交流中所希望的那种拥抱式的心理安全。人类的现实需求是非常不同的，我们需要挖掘这一点。这就是我们渴望用机器人做的事情。从概念上来看，2017 年 6 月开始，人工智能科学家们主要考虑环境感知和组织变革曲线。他们假设外部世界会感兴趣，而他们要做的是确保机器人尽可能聪明。从组织的角度来看，像盛宝银行这样的数字银行的员工会对与机器人一起工作感兴趣，并且相对于传统员工会积极地参与这一变革。

5.3.5.3 建筑业

建筑业不是一个同质化的部门，包括建筑、工程、测量和项目管理等专业，建筑公司、专业承包商和供应商形成的供应链，以及业界的客户。架构师的需求和兴趣与供应链公司大不相同。那些已经有软件支持的任务将最先受到人工智能的影响。设计、计划、采购和成本管理是人工智能可能在早期获得胜利的例子。人工智能将使建筑师和工程师的设计细节自动化，使项目经理和建筑公司的项目规划和调度自动化。建造业的日常工作需要 8～10 年的时间才会有改变。在行动方面，建筑行业需要更多地与软件开发商对话，宜早不宜迟。FSI(FM Solutions) Limited 是一家在 FM 行业有良好业绩记录的公司。技术总监 Peter Tyler 认为从商业角度来看，人工智能类型的技术将开始成为可信任的信息来源。这将以人力援助的形式进行，短期内不会造成工作岗位流失。几年后，人工智能将被更广泛地应用于商业领域，在这期间，一些决策可能会被机器学习算法完全自动化。

目前专家们设计和制造机器人来完成特定的建筑任务，比如隔热或测量建筑物，进入难以到达的地方。例如，如果操作员让机器人进入一个特定的未经探索的空间，而它仍然需要由操作员控制才能到达某个地方或实现任何事情，操作员反过来需要理解以下几点：我们在哪里；我们正在做的事情；我们为什么要这么做。然后如绝缘机器人等设备，可以自己隔离一个区域，但随后需要由操作员导航到那里。如果给机器人充分的自主权去探索和绘制新的区域，它们往往会朝门口走去，试图继续探索。因此，建筑领域的人工智能和自主性是有限的，因为人们所做的任务千差万别，需要大量的即兴创作。即使是一个普通的建筑工人，其大脑中的计算能力、决策能力和即兴创作能力实际上也是巨大的。今天的机器不可能比得上。相反，我们用它们来增加和补充。例如，在这种机器能够自我定位之前，可能还需要 5～10 年的时间。

5.3.6 人工智能在金融业中的应用

1694 年，英格兰银行的建立标志着现代银行制度的产生，资本主义现代金融体系开始形成。伴随着工业革命，西方资本主义国家的金融业迅速发展，金融业和工业相互渗透，金融成为商业发展的命脉。现阶段，金融业发展呈现以下特点：

① 信用管理和风险控制是基础；

② 资本集中化与金融市场全球化；

③ 互联网化与监管国际化；

④ 追求金融创新与银行业务全能化；

⑤ 国际货币结构多元化与银行经营国际化等。

资金的聚集往往伴随着高风险和高收益，金融业的精英们致力于利用各种手段提高收益、降低风险，其中大量数据与数学模型的广泛应用已成为重要且无可替代的方式。在全球化发展及不断创新的过程中，包括金融市场运作规则、金融产品及金融衍生品越来越纷繁复杂，基于个体情况的定制化金融服务成为必然的发展路径和趋势。

如何从多角度的用户行为和环境数据里获得相应的特征量，并与多元的金融市场规则、产品和服务形成有价值的对应关系成了金融服务提高效能的必然要求。深度学习算法突破后，人工智能在多维度数据收集、处理、分析方面突破了已有数据挖掘应用只能做单一维度和结构化数据分析的限制，并完成了金融服务流程优化、金融服务成本降低和投资风险降低等任务，因此受到了金融服务体系的关注和踊跃实践。

近两年，人工智能在金融领域的应用主要为：用户身份验证、量化投资、创新金融产品开发等。

1. 人脸识别与身份认证

信用管理是金融服务的基础，用户身份识别和验证则是信用管理的基础。

用户身份验证包括 2 个步骤：①网点对用户身份和证件的识别；②完成交易时进行密码验证。这 2 个步骤既是金融服务的基础，又是用户唯一可体验到的确保自身资产安全的重要手段。因此，完善的安全认证手段不仅可以给用户带来安全感，提高用户对金融机构的信任度，还能够快捷、准确地识别出用户身份，从而给用户提供更好的服务。

用户身份识别是金融服务的第一步，自此金融机构与用户建立了紧密的联系。目前金融服务在用户身份识别方面仍有以下痛点。

1）服务效率仍有提升空间

网点对用户身份验证的传统方法主要采用人工验证的方式，通过检查身份证等有效证件信息能否“人证”匹配，用户输入密码与储存密码是否一致，完成身份验证的过程。因为金融安全的需求和监管政策的限制，金融监管机构仍要求用户金融账户的开设必须到线下网点，通过人工服务验证用户身份，所以银行、证券公司需要铺设大量的线下营业网点，雇用大量柜员来与用户建立联系。线下网点覆盖范围有限，为了提升用户体验、满足用户需求，网点的设置和员工数量不断增加。另外，由于服务人员数量有限，导致在服务过程中发生用户等待时间相对较长、服务效率低下等问题。

“证照家”平台基于公安部第一研究所承担的国家发改委人工智能创新发展重大工程“高准确度人脸识别系统产业化及应用”项目展开研发而成。平台已成功在 2021 年下半年、2022 年上半年的教资笔试报考中上线应用，累计服务考生 300 多万。据统计，在报名期间，通过小程序拍摄的照片 500 多万张，高峰期每小时上传人数超 10 万人。

平台应用先进的“AI 自动褪底”技术，让考生只需有一部手机就可足不出户享受简捷、高效、经济的证照采集、检测服务。对考试主办方而言，教资小程序内含的“证照 AI 合规性检测”技术，大幅减轻了考试院工作人员的审核工作量，提升了工作效率。

2）已有密码验证手段仍存在风险

目前金融业在交易过程中，主要使用数字密码完成身份验证，数字密码验证存在的风险包括密码被非法途径获取、密码被破解等。因这些问题给用户带来的财务损失时有发生，尤其是随着技术的发展，通过高性能计算，数字密码被破解的可能性越来越大。随着量子计算的发展，通行的数字密码等加密手段将毫无招架之力，将在短时间内被轻而易举地破解。因此，金融业通过新技术来提升用户身份识别的安全性已迫在眉睫。

3）大额及复杂业务流程较难简化

为了减少交易风险，大额现金交易、贷款等复杂业务要求用户必须亲自前往金融机构的线下网点办理，需由人工完成用户身份验证及办理后续相关业务。在出现更安全、高效的身份识别手段之前，该类业务与账户开设业务相同，业务流程的简化难以推进。

在感知智能技术突破之后，人工智能带给金融行业一个新的解决方案，即基于视觉识别技术完成用户身份识别和验证。这项技术的开发将通过生物特征完成用户身份识别，具体则以人脸识别为主，并结合指纹识别、虹膜识别等其他生物特征识别技术完成用户的身份验证。

(1)在开户环节通过机器替代人工完成用户的身份验证，在2014年LFW人脸识别测试中，汤晓鸥教授团队开发的Deep ID深度学习模式识别率达到99.15%，超过人眼的97.52%，此外旷视科技等公司研发的活体识别技术，使机器能够完成识别活体生物或图片的任务，防止使用照片替代本人的情况发生，让远程开户成为可能，进而在保障信息安全的前提下免去烦琐的业务流程，推动金融业服务的互联网化。目前中国政府正在研讨人脸识别验证身份及远程开户的可行性，根据2015年12月25日中国人民银行出台的《关于改进个人银行账户服务，加强账户管理的通知》规定，生物特征识别尚不能作为身份验证的主要手段，但是已经允许有条件的银行作为辅助验证手段进行试点。如果技术标准和具体实现办法得到通过，用户即可在家自行办理账户开通。同样地，复杂业务的办理也不再需要人工验证用户身份的环节。随着机器识别用户身份技术的逐渐成熟和大范围推广应用，银行可以逐步减少线下网点和同期在岗柜员数量，节约人力的同时还能提升用户体验。

(2)在交易环节通过生物特征，例如人脸验证身份，避免了忘记密码、密码被盗等问题。同时，在身份验证这一环节，已有中信银行等金融机构借助人工智能技术作为辅助验证手段，使用机器替代人类的眼睛，完成“看”的工作，在机器已经比人类看脸更准确、高效的条件下，有效实现了效率提升，并降低错误发生率。

2. 个性化金融服务

金融产品的传统销售方式仍主要依靠理财师、客户经理等一线销售人员提供咨询、产品推介、后续跟踪服务等。理财师、客户经理需要经过专业的培训和通过资质认证，依据已掌握的专业知识和服务经验，根据客户的财务状况和需求制定专业的理财方案。然而有丰富经验的金牌理财师、客户经理人数有限，即使目标客户可无限拓展，也只有高资产的大客户，才有能力享受专属的个性化服务。面向众多普通用户，往往提供模式化服务，推介产品单一、有限，很难满足个性化需求。普通消费者金融专业知识欠缺，又无法享受到专业的顾问服务，导致普通消费者对金融产品的了解程度有限，无法购买到合适的金融产品，购买欲望也不够强烈。高资产客户开发存在天花板，国务院推行普惠金融政策，市场导向和政府推动意味着金融机构需要更多地开发普通消费者客户。受制于人才有限，人力成本高昂，传统的人工销售模式遇到瓶颈。

人工智能技术的边际成本很低，使得服务能够快速复制，基于人工智能技术开发的机器理财师，即机器投资顾问在金融业的应用，将能够快速复制一大批“专业的理财顾问”，从而打破人才数量有限、人力成本高昂等问题，高效地面向客户提供个性化服务，让普惠金融成为可能。在个性化理财服务环节，人工智能代替人类完成分析和推理工作，能够极大提升金融机构的服务效率和服务范围，能够优先降低成本、提高收益。目前，个性化的机器投资顾问服务还处于尝试阶段。个性化分析的基础是用户行为数据、消费数据、投资数据等的结构化积累，目前这些数据还难以获取并打通，因此，机器尚无法通过数据方式全面分析用户的偏好，关联相似偏好和资产基础的用户进行组合投资也无从谈起。已进行相关尝试的企业包括美国的 Betterment、Wealth front，国内的京东智投、投米 RA（宜信旗下产品）等，主流机器投顾产品仍以问卷测试了解客户的过往投资情况、年龄、性别、职业、风险承受能力，评估客户投资偏好等为主，尽管产品宣传的描述为通过用户的登录频率等使用行为数据来判断用户偏好，但仅作为辅助的参考手段。百度、蚂蚁金服等公司同样计划在个性化投资分析服务方面进行突破，但是目前成型的产品尚未面市，个性化投资顾问服务的推广还需底层数据源的整合。国内的用户历史投资数据分散在各家银行、保险公司手中，整合难度较大，成体系的时间难以估计，加上投资偏好评估模型的研发尚在进行，离个性化投资顾问产品成熟尚有一段不小的距离。

3. 创新金融产品和金融技术

1952 年，哈里·马科维茨(Harry Markowitz) 将数据引入金融学，创造了现代有价证券组合理论的基础，让金融学转型为分析型科学。现阶段，大量的数据分析模型、方法被应用于掉期、期货、期权、票据发行便利、远期利率协议等金融产品。另外，套利机会的发掘、金融交易与支付、清算系统等新型金融手段、金融产品和金融创新技术的开发过程中，越来越依赖于数学模型的开发和数据的处理分析。近几年来，模式识别、人工神经网络等人工智能算法在金融衍生产品复杂的求解过程中间逐渐被应用，成为金融产品和创新金融技术开发的重要手段。

机器的数据计算能力早就超过了人类，加上自动推理等人工智能技术的发展，基于人工智能对数据处理分析开发的金融产品也已经有了成功案例。蚂蚁金服与保险公司合作的“航空退票险”上线之后赔付率一度高达 190%，保险公司面临巨大的亏损压力，而蚂蚁金服通过引入机器学习等人工智能技术，基于民航局的信息，结合天气、航班历史与机场情况等数据，用智能算法预测飞机晚点概率，在此基础上设置每个航班的赔付费率，对费率的动态调整使得赔付率有效降低，扭亏为盈，满足了保险公司的核保要求。从世界范围来看，第一个以人工智能驱动的基金 Rebellion 成功预测了 2008 年的股市崩盘，并在 2009 年 9 月对希腊债券定下 F 评级，比惠誉提前了 1 个月。

机器在数据处理方面的优越性逐渐受到金融机构的重视，加上不断迭代的算法，人工智能越来越多地被用于基金、保险、债券等金融产品的开发过程中。相比人类，机器能够高效处理海量数据，有效地帮助金融机构降低风险，提升金融产品的收益率，从而为金融机构带来大量收益。

4. 人工智能参与量化投资

量化投资指以先进的数学模型分析替代人为的主观判断、利用机器对海量数据进行处理和分析，从而选定能大概率带来超额收益的投资组合。量化投资起源于麻省理工学院和加州大学欧文分校教授爱德华·索普(Edward Thorp)，其利用 21 点原理发明了科学股票市场系统，创立了普林斯顿—纽波特基金，被用于可转化债券的套利，最早采用纯数学方式进行投资实现盈利。詹姆斯·西蒙斯(James Simons)创立的大奖章对冲基金是量化投资基金的代表，大奖章基金采用纯数学分析方法，自 1988 年以来取得年均 34% 的回报，高于乔治·索罗斯(George Soros)的32.9%，比沃伦·巴菲特(Warren Buffett)的22%更是高出10个百分点，比标准普尔500指数高出20个百分点。

量化投资的过程中需要大量的历史数据处理分析，与金融产品开发的道理相同，当数学在金融资产的交易过程中被大量应用，机器强大的数据计算和基于人工智能技术的分析能力便有了用武之地。在量化投资方面实践多年的欧美市场，顶级的投行和基金也已尝试将人工智能技术用于量化投资模型的设计和优化中。桥水基金从IBM的Watson团队挖来大卫·费鲁奇(David Ferrucci)组建人工智能团队参与量化投资基金管理，高盛也已投资人工智能用于优化现有的量化投资程序，试图在算法层面实现突破。

与传统的量化投资不同，人工智能技术加入后使得量化投资的数据维度大大丰富。除了传统的金融资产交易数据外，新闻、突发事件、名人演讲等非结构数据也将通过图片识别、自然语言处理等技术实现数据结构化，参与到量化投资的分析过程中。另外，人工智能的量化投资模型将不再拘泥于事先严格设定好的投资模型，而是根据市场变化、影响因子相关性的改变，对量化投资模型进行迭代和修正，改进投资策略。量化投资引入人工智能技术之后能够丰富分析维度，提升分析精准度，实时优化和调整投资模型，最终帮助金融机构提升收益率。

5. 风险识别与防控

金融行业每天发生数以亿元计的交易，涉及金额巨大。在各类金融活动中，洗钱、基金"老鼠仓"等违规交易可能造成金融机构的巨额损失，同时也是政府政策监管的重点区域，因此对于违规交易的识别受到金融机构的极大重视。随着行业发展，违规交易行为的手段越发高明和隐蔽，识别难度越来越高。对金融机构而言，仅仅使用传统的人工风险控制手段的成本越来越高，难度也越来越大。深度学习神经网络等人工智能技术能够从海量的结构化和非结构化数据中找到规律，识别违规交易的特征行为，从而帮助金融机构建立风控模型，提升违规交易的风险防控效率，最终达到降低风险、减少损失的目的。

市场变化莫测，股票、债券等金融产品价格受市场因素影响巨大，价格变动频繁，因市场情况突变引起的金融产品价格波动，也是导致金融机构蒙受损失的主要原因之一。人工智能能够对市场上的全维度信息进行处理分析与推演，对未来可能发生的价格变动做出提前预测，向投资者通知可能出现的风险，并给出投资建议。目前IBM的Watson机器人已在用推理演绎的方法预测经济走势。利用人工智能技术预测市场变动，能够帮助金融机构和政府提前预判风险，降低损失。

通过存贷款利差赚钱，是商业银行最古老、也是最基本的业务形式。在传统贷款发放的过程中，因为用于评估的资料有限，往往只有贷款个人或者贷款企业在金融机构的历史信用行为记录，因此对于贷款个人或贷款企业的信用评估存在较大风险。目前中国征信体系的覆盖率较低，根据波士顿咨询数据显示，截至2015年9月，央行征信系统覆盖比例约为63%，其中有信贷记录的约为27%，远低于美国的92%。人工智能技术的应用能够打破原有征信体系的限制，扩大覆盖范围。蚂蚁金服基于社交、购物、行为等数据，利用人工智能算法建立征信模型，开发出芝麻信用等产品，成为现有征信体系的补充产品，以此为基础的阿里小贷服务坏账率低于1%，低于国内小微企业贷款平均2%的水平。人工智能技术能够进行多维度数据处理分析，进而建立征信模型，成为完善现有征信体系的重要补充手段。

除了上述几个方面，金融机构也将人工智能技术引入客服、票据电子化等环节。例如招商银行与“小I”机器人展开合作，在微信公众号中加入人工智能客服，由机器向客户提供服务，目前招行信用卡中心90%的服务可以通过人工智能客服完成，准确率达到98%，减少了10%的话务量，每年大约能够为招商银行节约3000万元费用。中信银行使用视觉识别技术，将纸质票据实时转化为电子票据，用机器实现票据电子化，代替了传统人工录入的过程，也极大地提高了数据存储的便利性。

6. 智慧金融的商业机会展望

1)产业现状

人工智能已经开始在服务流程的改造和数据分析环节发挥效用。一方面是以阿里巴巴旗下蚂蚁金服为代表的互联网公司，这一类公司自身拥有较多的数据和技术积累，对人工智能技术的应用也较为广泛深入。另一方面传统金融公司对人工智能技术也采取开放态度，通过采购第三方公司的解决方案或收购团队的方式展开应用。受制于国家政策、数据基础、智能算法、技术商业化等因素，无论是在服务流程的改造，还是数据分析环节，人工智能的应用均处于试点阶段，离大规模应用还有一定距离。

2)未来趋势

随着金融服务多样化发展，客户获取数据的维度增加，数据量级增长，基于人工智能算法的金融应用开发不仅能提高数据使用效率，在提升收益和增加风险控制手段方面，对金融机构同样有着强大的吸引力。另外，金融机构资金实力雄厚，有能力为昂贵的高科技产品买单、进行投资。因此，金融领域有望成为人工智能应用普及较为迅速的行业。

3)未来商业机会

(1)基于服务流程的产品开发。使用视觉识别技术，替代人工和密码完成身份验证，代替理财师、投资理财顾问提供服务，以及人工智能客服、使用视觉识别技术实现票据电子化等应用，均为使用人工智能技术优化服务流程的应用实例或应用前景。使用人工智能技术优化金融服务环节基本有以下3类：

①用机器替代身份证件或密码完成身份验证环节。目前，在身份识别和判断方面，机器视觉正在替代人类完成这部分工作，包括已实现远程开户、身份快速提取和识别等，可以有效地提升身份验证的安全性和便利性。

②用机器替代其他重复性劳动环节。对于简单重复性劳动而言，机器能快速学习、复制，从而替代人类完成客服、票据电子化等模式化工作，帮助金融机构有效降低成本，并且提升同时服务的对象数量，提高服务响应速度。

③用机器提供个性化金融服务。机器根据用户的历史行为数据，分析用户的习惯、偏好，提供诸如针对个人的定制化理财产品，个人全生命周期理财顾问等个性化金融服务。

(2)数据整合平台。向金融机构提供在个性化服务环节使用的用户行为、社交关系等数据，以及金融机构在数据分析环节需要的历史交易、信用行为、市场实时动态等多维度数据服务的供应商，是人工智能在金融行业应用的基础，需求旺盛。

(3)决策算法。进行算法、分析模型的研究和开发。能够掌握深度学习及自动推理等算法的公司，将通过解决方案或者外包开发服务的形式向金融机构提供服务，帮助金融机构解决数据分析环节的技术障碍。这也将成为人工智能+金融应用领域的重要环节。

(4)数据分析产品开发。使用人工智能强大的数据处理、分析能力，替代精算师、分析师、风控人员在开发金融产品、投资、风控环节的数据分析、处理工作，也是人工智能在金融领域的重要应用。人工智能在数据分析环节的应用主要可以分为以下3类：

①利用机器完成金融产品或金融创新技术的开发。利用机器强大的数据分析和处理能力，建立数据分析模型，对更多的数据进行处理分析，更准确地估算金融产品的收益率，为保险、债券等金融产品设计更加合理的价格，提高金融产品的收益。

②用机器预测市场变化，进行量化投资交易。用大数据和机器计算推演市场变化，预测资产价格的变动，再结合量化分析模型，完成投资，从而替代研究员甚至操盘手。目前，研究员和操盘手的身价动辄几十、上百万元，且较难周全地预测市场和资产价格的变化。未来通过先输入部分规则，再由机器“学习”并完善规则，从而更好地拟合市场和资产价格的变动，进行预测。针对人工智能算法可能存在过度拟合的问题，未来仍需人为进行检验、修正和调整，但这仍然可以减少人员的投入。

③利用机器建立风控模型，进行风险控制。未来，机器将进一步采集个人消费行为以外的其他动态，结合环境数据、支付数据，从而更完整地跟踪和判别用户/企业的信用情况，识别风险行为，实现更高效的风险控制。这部分工作目前人工基本无法实现，大数据及人工智能技术将推动风控升级。

5.4 人工智能在国际服务贸易应用中的发展挑战与趋势

5.4.1 人工智能在国际服务贸易中的发展挑战和对策

1. 发展挑战

因人工智能技术的发展和应用而导致的伦理问题一直是社会各界颇为重视的一个领域，引发了全球范围内的广泛讨论，相关机构纷纷参与制定与伦理问题相关的规范标准，确保人工智能技术的发展与应用坚持“以人为本”与打造“可信人工智能”系统也已成为全球重要共识。

为了建构能应对各种挑战和不同人群的人工智能系统，需要大量的全球数据来加以训练，例如，发展语音识别的人工智慧，需要大量的语音数据以选取当地俚语、语调及不太常用的字词。因此，限制全球资料流动的数据在地化(data localization)措施，将降低开发定制人工智能的能力。此外，人工智能的开发和使用必须奠基于其他数据技术之上，其中关键有云计算、大数据和物联网，这些数字技术亦相当依赖跨境信息的流通。

然而，资料搜集涉及个人隐私，欧盟于 2018 年 5 月实施通用数据保护规则(General Data Protection Regulation，GDPR)，GDPR 号称最严格的个人资料保护法，该法禁止将个人资料传输到欧盟执委会认为不适当的国家。GDPR 对个人数据处理和使用的限制，可能对人工智能功能的开发产生不利的影响。

2. 发展对策

人工智能技术的广泛应用意味着治理人工智能需要“专”“精”结合，需要根据不同的问题制定相对应的规制措施。世界各国和地区的人工智能治理战略主要集中于算法问题、数据问题、隐私问题。

1)算法问题

近年来，人工智能技术一直保持高速发展、不断突破、积极创新的态势。与此同时，脑科学、传感网、先进计算等一批新理论、新技术也竞相涌现。然而人工智能技术在规制方面遇到的挑战仍然日益加剧，尤其是在算法治理方面，例如，算法推荐导致消费者利益受损，算法选择导致劳动力就业竞争不公现象，算法安全导致应用风险。

为此，国家互联网信息办公室、工业和信息化部、公安部、国家市场监督管理总局联合发布《互联网信息服务算法推荐管理规定》并于 2021 年 11 月 16 日正式通过，该规定旨在规范互联网信息服务算法推荐活动，维护国家安全和社会公共利益，保护公民、法人和其他组织的合法权益，促进互联网信息服务健康发展。该规定还明确了算法治理的对象和算法治理的主要制度工具，指出要以提高算法透明度和可解释性为基本要求。规定确立了算法治理的基本原则，并且鼓励行业自律以及强调了要以人为本和促进算法应用向上向善。

此外，我们还可以考虑公布算法透明度标准，以禁止有害算法，提高网站的透明度，不断完善致力于规范算法问题的政策法规。另一方面，需要加强对互联网平台算法的提案，要求在线平台让用户选择是否使用个人数据驱动算法调整网页内容，提高算法的透明度和公平性。

2)数据安全问题

数据是大数据分析、人工智能、区块链、物联网、云计算和其他基于互联网的服务等所有快速发展的数字技术的核心。数据存储、数据跨境流动、数据安全、数据的合理使用等一系列关于数据的问题是确保人工智能技术可以健康发展的关键所在。我国一直致力于保障数据安全，2021 年正式通过并实施《数据安全法》，该法明确了数据安全与发展、数据安全制度、数据安全保护义务、政务数据安全与开放以及违反数据安全需要承担的法律责任。国家网信办还在 2021 年 11 月发布了《网络数据安全管理条例(征求意见稿)》，该条例增强了网络安全与数据合规系列法律法规的可执行性。中国信通院在 2021 年 12 月发布的《2021 数据安全行业调研报告》指出，我国数据安全政策先行已经初见成效。

从数据安全需求侧来看，数据安全治理组织架构逐渐清晰，关键技术逐步补足。从数据安全供应侧来看，数据安全产品与服务竞争愈加激烈，优势能力构建势在必行。当前我国数据安全已经到了发展的关键期，未来对于数据安全的需求将会越来越大，同时对于服务能力和产品能力的要求也会越来越高。未来跨境数据的流动与发展是需要重点关注的问题，国际呼吁采用创新方法治理跨境数据流动，采取措施缩小数字鸿沟，帮助发展中国家提高其在应对该问题中的参与度。

3）隐私问题

在充分享受数字时代便利的同时，个人信息保护也成为当前社会公众最为关心的问题之一。如何确保个人隐私在数据时代不被泄露和滥用是人工智能发展与应用中的又一重要命题。除此之外，加强对公众个人信息的保护还有助于提高公众对人工智能技术应用的信任。为此，我国于2021年11月1日起正式施行《个人信息保护法》，旨在健全个人信息保护工作机制，将广大人民群众的网络空间合法权益维护好、保障好、发展好，使人民群众在数字经济发展中享受更多的获得感、幸福感、安全感。该法确立了个人信息保护原则，规范个人信息处理活动以保障个人信息权益，规范个人信息跨境流动。该法还明确了要严格保护敏感个人信息，将生物识别、宗教信仰、特定身份、医疗健康、金融账户、行踪轨迹等信息列为敏感个人信息，以及明确了个人信息处理者是个人信息保护的第一责任人，指出互联网平台是个人信息保护的关键环节，需要承担起相应的义务。

此外，关于“人工智能自动识别可公开访问的人类特征的行为”这一问题也广受关注，例如人工智能在任何情况下识别面部、步态、指纹、DNA、语音和其他生物特征或行为信号，这些权限是否合理。目前，欧盟通过了禁止警方在公共场所使用面部识别技术的决议，并对其使用AI进行预测性警务活动实施严格限制措施。尽管数字化转型过程会对经济发展产生重大影响，但需要确保对个人数据的保护，这是保障人工智能健康发展的前提。

5.4.2 人工智能在国际服务贸易行业的发展趋势

1. 国际服务贸易信息基础设施全球化

互联网已覆盖全球，延伸到世界各角落，为新型国际服务贸易孕育发展提供了肥沃土壤。当前，以互联网为核心的信息技术基础设施加速改造人类交流沟通的方式，推动人类社会经济加速“平台化”，包括国际服务贸易在内的人类经济领域以该公共基础信息平台作为演化基础支撑。这构成我们这个时代新型国际服务贸易发展的大背景。

作为信息基础设施的表现形式，全球互联网已成为人类当今世界最重要的新增基础设施，其技术和装备的应用已经深入人类社会经济生活的方方面面，推动着产业变革。随着关键技术的日趋成熟，全球信息技术的应用进入大规模拓展期。当前，互联网应用已初具规模，使用者覆盖了全球半数以上人口，成为最重要的新增基础设施。新型国际服务贸易发展已经具备坚实的信息技术设施应用基础。

（1）全球信息基础设施应用规模持续扩张表现为，虽然在五大洲互联网用户数占全球用户总数的比例不同，但已覆盖全球。①全球互联网用户数在持续快速增长。2008—2017年，全球互联网用户数增长平稳，增长率达到30%，同比增长9%。根据世界互联网统计机构数据，截至 2016 年 12 月底，全球互联网用户总计 36.96 亿户。其中，互联网用户数在发展中国家的发展速度更快。印度互联网用户数 2017 年同比增长率达到了 40%，远超世界平均增长率。2017 年第三季度，印度已超过美国，成为继中国之后的第二大互联网用户市场。这表明，互联网基础设施正快速覆盖全球。②互联网全球覆盖率呈现较大差异。根据世界互联网统计机构的数据，截至 2016 年 12 月底，亚洲互联网用户数占全球总数比例继续上升，已经占到 50.2%，依然保持用户数全球第一的地位；欧洲地区用户数居世界第二，占到全球用户总数的 17.1%；拉美和加勒比海地区用户数排世界第三，占全球总数的 10.4%；非洲的互联网用户总数占全球总数的 9.1%；北美地区互联网用户数位居世界第四，占全球总数的 8.7%；中东地区的互联网用户数占全球总数的 3.8%，大洋洲的互联网用户数占全球总数的 0.7%，比例最低。其中，亚欧大陆总体约占 76%，欧亚非总体约占 85.1%。可见，虽然各地区互联网用户数占全球总数的比例不一，但互联网用户遍布全球已经是不争的事实。

(2)虽然互联网实际用户数在各大洲的分布并不均衡，但全球信息基础设施应用规模仍然持续大幅扩张。据世界互联网统计机构的数据，截至 2016 年 12 月底，亚洲地区互联网用户规模最大，约为 18.56 亿户；其次是欧洲，约为 6.3 亿户；位于世界第三位的是拉丁美洲和加勒比海地区，约为 3.8 亿户；非洲实际用户数约为 3.36 亿户；北美地区变化不大，实际用户数保持在 3.2 亿户左右；中东地区实际用户数约为 1.42 亿户；大洋洲仅有约 0.28 亿户互联网用户。其中，亚欧大陆互联网用户约为 24.86 亿户，欧亚非互联网用户约为 28.246 亿户。

(3)信息基础设施应用规模持续扩张，在互联网对人口的渗透率上表现为发达经济体渗透率远高于发展中国家的特点，而后者扩张的步伐则呈现不断加快的态势。据世界互联网统计机构的数据，截至 2016 年 12 月底，互联网对北美人口的渗透率就已经达到 88.1%，占据全球第一的位置；欧洲人口的互联网渗透率为 76.7%，处于世界第二位；大洋洲人口的互联网渗透率为 68.0%，位居世界第三；拉丁美洲和加勒比海地区人口的互联网渗透率为 59.4%，位居世界第四；中东地区人口的互联网渗透率为 56.5%，位居世界第五；亚洲和非洲人口的互联网渗透率分别为 44.7% 和 26.9%，低于世界平均值 49.2%，排名分列倒数世界第二和第一。全球互联网渗透率的现状表明，与亚非发展中国家在当今世界竞争格局中的落后状态相适应，其在世界信息技术革命中也处于落后状态，但随着信息技术硬件成本降低，扩张步伐在加快。

(4)全球信息基础设施应用规模持续扩张表现在，全球互联网规模增长率趋势增速虽然放缓，但规模还在不断攀升。据世界互联网统计机构的数据，世界互联网用户规模以每年 2 亿左右的规模快速上升，总规模持续增加。互联网用户增长率并不随着互联网用户规模的增加而增加，而是在下降，2012 年增长 12%，2017 年增长 9%。另据 2016 年 KPCB 的《全球互联网趋势报告》，2017 年，全球智能手机用户的增长率相较于 2014 年的 31%，已放缓至 21%。而且，全球智能手机单位出货量迅速降低，只有 10% 的增长，而 2014 年度为 28%。安卓手机继续抢占 iOS 的市场份额，在美国的销售价格持续下降。可见，新互联网用户获得的难度加大，但总体规模还在扩张。KPCB 在 2014 年 5 月发布了一份《全球互联网趋势报告》认为，造成互联网用户增长率下降趋势的主要原因是，“互联网普及率高于45%的经济体的网民增速在放缓，互联网普及率低于45%的经济体的网民增速虽然在增加，但难以抵消互联网普及率高于45%的经济体的互联网用户增速放缓的影响。考虑到互联网普及率低于45%的经济体经济发展的滞后性，经济发展收益增加难以支撑其国民购买网络设备的需求，难以形成互联网用户快速增长的局面，但增长趋势不会改变”。PKPGB 在2016 年发布的《全球互联网趋势报告》认为，因为不发达和/或欠发达和不富裕国家的新市场尚未开放，智能手机材料成本在这些国家人均收入的占比非常高。

总之，就全球来讲，无论是现在还是将来，互联网技术平台已最大限度地覆盖了现有技术条件下能够覆盖的人群和产业。全球信息基础设施应用不断深入人类经济社会生活的方方面面，为新型国际服务贸易发展提供了信息基础设施应用沃土。

2. 我国的新型国际服务贸易信息基础设施

在互联网创新和应用方面，我国是后来者，但发展速度较快，后来居上，已经是全球规模最大的互联网市场，也是升级换代最快的市场之一。

(1)我国互联网事业突飞猛进，基础资源占有量可观。中国互联网络信息中心(CNNIC)发布的《中国互联网发展状况报告(2016)》显示，截至2016 年12 月底，我国拥有IPv4 地址 3. 38 亿个，IPv6 地址 21 188 块/32，域名总数为4228 万个，其中，“. CN”域名总数约为2061 万个，占中国域名总数的比例为48. 7%，居全球国家域名第一，年增长率为25. 9%。“. 中国”的域名总数约为47. 4 万个，年增长率为34. 4%。中国网站总数为482 万个，“. CN”域名下网站总数约为259 万个。我国国际出口带宽为6 640 291 Mb/s，年增长 23. 1%。

(2)我国互联网应用发展快速，网民规模全球第一，但普及率(人口渗透率)不高，尚有较大普及空间。截至2016 年12 月底，中国互联网网民规模达到了 7. 31 亿，相当于欧洲人口总和，位居全球第一，较2017 年全年新增网民4299 万，互联网普及率为53. 2%，较2017 年增长了2. 9 个百分点。经历近10 年的快速增长后，中国网民规模增长率趋于平稳。中国网民普及率不高的根本原因是农村互联网普及率低。截至2016 年12 月底，我国农村网民占我国网民总数的比例为27. 4%，规模为2. 01 亿，较2017 年增加526 万人。城镇地区互联网普及率达到69. 1%，农村地区互联网普及率仅为33. 1%。虽然中国农村网民持续增长，但城乡互联网普及率差异依然巨大。

(3)我国互联网应用移动化趋势明显。2016 年12 月底，手机网民规模达6. 95 亿、占比达95. 1%，较2017 年截至同期增长5. 0 个百分点，增长率连续3 年超过10%。而台式电脑、笔记本电脑网民比例分别为60. 1%和36. 8%。可见，台式电脑、笔记本电脑的使用率均出现下降，手机不断挤占其他个人上网设备的使用。

(4)我国企业的互联网应用几乎全覆盖。我国企业互联网使用比例近年来出现快速增长态势。截至2016 年12 月底，全国使用互联网办公的企业比例达到95. 6%，首次突破90%关口。可见，我国互联网基础设施的应用后发先至，应用水平较高，基于人口规模的应用规模明显强于世界其他国家，但因农村人口较多且经济水平偏低，因而人口渗透率尚处于中下水平，但对互联网的依赖不断加强的态势明显。

总之，信息技术基础设施已经渗入全球各国人民的生产生活之中，成为人们不可或缺的基础设施。国际服务贸易的众多环节已离不开互联网，信息基础设施的进步为新型国际服务贸易的深入发展奠定了坚实基础。

3. 国内人工智能在国际服务贸易行业的新动态

国家新一代人工智能治理专业委员会在 2021 年 9 月 25 日发布了《新一代人工智能伦理规范》，规范考虑了当前社会各界有关隐私、偏见、歧视、公平等伦理关切，针对人工智能管理、研发、供应、使用等活动提出了 6 项基本伦理要求和 4 方面特定伦理规范，旨在将伦理道德融入人工智能，为从事国际服务贸易领域的相关企业或机构等提供伦理指引，促进人工智能商业化应用的健康发展。

此外，中国信息通信研究院还联合京东探索研究院于 2021 年 7 月发布了《可信人工智能白皮书》，白皮书从如何落实全球人工智能治理共识的角度出发，分析了实现可控可靠、透明可释、隐私保护、明确责任及多元包容的可信人工智能路径，助力人工智能在国际服务外贸中的应用与发展，为缓解外贸服务过程中的隐私风险、数据安全等问题提供了可见的解决思路。

尽管关于人工智能伦理治理的全球共识正在慢慢形成，各政府、私营企业、政府间组织、研究机构以及专业组织一直在致力于编制人工智能伦理相关的规范性文件，推出了一些具有代表性的规范性成果。但是目前仍缺乏广泛的可用于衡量或评估伦理规范的基准，全球各国和地区还需要进一步规范人工智能伦理与治理，从而促进人工智能技术助力国际服务贸易健康发展与应用。

本章小结

人工智能与数字化指通过利用互联网、大数据、人工智能、区块链、人工智能等新一代信息技术，来对企业、政府等各类主体的战略、架构、运营、管理、生产、营销等各个层面，进行系统性的、全面的变革。人工智能在国际服务贸易中的广泛运用，例如人工智能的应用已深入工业、零售业、旅游业、交通业、电信业、银行业和建筑业、金融业等行业中。

人工智能技术可提高国际服务贸易流程各环节的效率，如实现更积极主动的供应链、更加省时合规地应用软件、制定较智慧化的契约、增加贸易融资的渠道，亦可减少语言隔阂之类的国际贸易障碍，让国际服务贸易更便捷流畅，以此促进贸易进一步增长。人工智能技术的发展和应用而导致的伦理问题一直是社会各界颇为重视的一个领域，引发了全球范围内的广泛讨论，这也是人工智能在国际服务贸易中面临的发展挑战。人工智能技术的广泛应用意味着治理人工智能需要“专”“精”结合，需要根据不同的问题制定其相对应的规制措施。世界各国和地区的人工智能治理战略主要集中于算法问题、数据问题、隐私问题。在国际服务贸易信息基础设施全球化过程中，当前各个经济体在以飞快的速度接入全球互联网，渗透到全球各个角落，渗透到人类生活的方方面面，并冲破国界限制联通世界各国。我国发展国际服务贸易也离不开互联网，信息基础设施的进步为新型国际服务贸易的深入发展奠定了坚实基础。

本章习题

1. 请解释名词“跨境支付”“商业存在”。
2. 请简述人工智能、数字化和服务贸易之间的关系。
3. 简述交通智能监控系统的主要工作步骤。
4. 简述人工智能在交通业应用的未来商业机会。
5. 简述现阶段金融业发展的特点。
6. 简述人工智能在国际服务贸易中的发展现状。
7. 简述人工智能在国际服务贸易的发展挑战。
8. 简述全球信息基础设施应用规模持续扩张表现。
9. 简述我国新型国际服务贸易信息基础设施建设的特点。

第6章

国际货物贸易中的人工智能案例

学习目标

(1)了解国际货物贸易具体案情及主要矛盾分析。
(2)掌握人工智能下的解决方案。

作为国际货物贸易最重要的一环，国际结算关系到出口商的收汇安全。选择合适的结算方式防范风险至关重要。结算方式各有利弊，恰当选择并组合使用可分散风险。但很多情况下，企业往往拘泥于一种常用结算方式，无形中增加了收汇风险，甚至有可能阻碍贸易的顺利开展。

6.1 国际货物贸易案例介绍

2020年5月10日，青岛远大贸易公司与沙特 Almaran 公司签约，向其出口一批纺织品，CIF Dammam 成交。鉴于 Almaran 是大客户，长期从远大公司批量采购床上用品等，为了给客户提供融资便利，合同拟采用远期信用证结算。同时，结合自身资金周转实际和货款安全，远大公司要求 Almaran 公司预付30%货款作为定金。最终合同的支付方式为："30% deposit T/T in advance and the balance of 70% by 90 days usance L/C"。2020年6月10日，远大公司收到 Almaran 公司开来的信用证。来证对提单要求如下："THE DIRECT B/L MUST BE ISSUED DIRECTLY BY YANG MING MARINE TRANSPORT CORP, FCL-FCL. IT MUST HAVE THE WORD TEXTILES, CONTAINER NUMBER, INDICATE IF IT IS OF 20 FEET OR 40 FEET, SECURITY SEAL NUMBER, TOTAL PACKAGES OR ROLLS, L/C NUMBER, GROSS WEIGHT."("直达提单必须由阳明海运签发，整箱运输。该提单必须有纺织品字样、集装箱编号、注明是20英尺还是40英尺、铅封号、总包装或卷数、信用证编号、毛重。")远大公司审证无误准备发货，订舱时才发现，装运期内阳明海运从青岛到达曼港并没有直达船，为了保证按时装运只能使用其他船公司运输，而这肯定会造成"单证不符"。远大公司只好联系 Almaran 要求改证，Almaran 公司业务员以改证成本较大和双方长期合作为由惰于改证，声称"跟证托收"也可，公司保证付款赎单。

多次商讨未果，考虑到长期合作关系，且公司已经投保中信保，远大公司继续与 Almaran 公司沟通，由 Almaran 公司再次电汇余款50%，保证生产成本后为其发运了货物。随后，由于单证不符，远大公司将信用证下单据交银行做了跟证托收，回收了剩余货款。

6.2 国际货物贸易案例分析

1. 结算方式的类型

汇付、托收、信用证为当前国际贸易货款收付常用的3种结算方式，本案由于合同履行中的突发状况，导致了合同结算方式的变更，涉及多种结算方式的使用。

首先，本案合同签订时，支付条款中使用到T/T(电汇)和L/C(信用证)两种结算方式。T/T属于汇付的一种业务类型，是目前国际贸易中应用较广的结算方式。实际业务中，电汇是由付款方通过银行，使用电报等电子手段将款项支付收款方。其手续简单、速度快、费用低，属商业信用，如进口方资信好、关系密切，为理想的结算方式。信用证(Letter of Credit，L/C)是开证银行向受益人做出的一份承诺，保证在符合信用证条款的条件下，凭规定单据有条件付款。按付款期限不同，信用证又分为即期信用证和远期信用证，案例中合同使用的是远期信用证(Usance L/C)。

其次，本案合同履行中，由于单证不符，又使用了托收结算方式。托收(collection)是指出口方开具以进口方为付款人的汇票，委托出口地银行通过其在进口方的分行或代理行向进口方收取货款的一种结算方式，分光票托收和跟单托收。案例中使用的是跟单托收，出口商先发货进口商后付款。

2. 结算方式的风险

实务中可以选择的结算方式很多，但没有哪一种结算方式绝对安全。汇付属于商业信用，买方的信用状况至关重要。对于出口商而言，除了100%的前T/T，其他汇付方式都可能面临难以收回货款的风险，尤其货到付款的后T/T风险最大。托收同属于商业信用，实际中使用较多的是跟单托收业务，分承兑交单和付款交单。出口商发货后，开立汇票连同商业单据交银行委托收款。在此过程中，银行只提供服务，不提供信用。是否能够如期安全收回货款也完全取决于买方的资信状况，单独使用风险较大，尤其承兑交单风险最大，国际商会不推荐使用。信用证付款以银行信用代替商业信用，开证行承担第一性付款责任，解决了进出口双方互相不信任的矛盾，为国际贸易中相对安全的支付方式。但由于手续烦琐、费用较高，对制单的要求严格，即使采用即期L/C，也可能会面临难以做到的“软条款”或各种原因的“单证不符”，导致开证行拒付。

因此，任何一种结算方式的单独使用都可能面临不期的风险，出口方唯有增强风险意识，综合采用多种结算方式，尽可能降低结汇风险。案例中的出口商远大公司无疑有着较强的风险意识。①合同签订时使用前T/T+远期L/C。作为长期客户的Almaran公司要求远期结算，考虑到信用证是国际贸易中相对安全的结算方式，远大公司选择了远期L/C，而非其他货到付款，同时依然保证了30%的预付货款，结算方式非常安全；②合同履行时，在面临突发的单证不符可能时，前T/T+跟单托收。在进口方拒绝改证后，为了保障货款安全，再次要求进口方汇付余款的50%，确保了货物的生产成本。即使剩余款项无法收回，也保证了此次出口不亏损。

3. 结算方式的选择

国际贸易货款结算是国际贸易的关键环节，选择恰当的结算方式至关重要。结算方式的选择受合作客户、成交数量、贸易术语等多种因素的影响和制约。既可以单独使用也可以综合运用多种支付方式。

(1)客户信用因素。案例中远大公司在签订合同时，考虑到客户为长期合作的大客户，信用良好，但有融资需要，选择了安全性较高的远期信用证，远期信用证的使用既降低了自身收汇风险，又为客户提供了融资便利。

(2)成交数量因素。案例中进出口商长期合作，客户资信良好。但由于成交数量大，合同金额高。出口商依然放弃了单独使用汇付和托收等属于商业信用的支付方式，规避收汇风险。考虑到信用证依然面临可能的“单证不符”风险和资金负担的平衡，出口商综合使用了 30% 前 T/T + 70% 远期 L/C 的支付方式。

(3)贸易术语因素。案例中使用的贸易术语为 CIF Dammam，由卖方租船订舱，而信用证指定了使用阳明海运的直达船，并最终致使信用证无法履行。这类由于限定港口、船只过细，而致使合同或信用证无法正常履行的情况常常出现。有开证人故意为之的软条款，也有类似案例中的突发状况。这就要求出口方严谨审证、熟悉航运动态。除非是使用由买方租船订舱的 FOB 等类似术语，否则应避免类似条款。

6.3 人工智能下的解决方案

1. 组合结算方式，多措并举保安全

近年来，国外各家银行业机构对人工智能技术的应用较为广泛，人工智能技术在支付领域被有效使用。如印度的 HDFC 银行在不同的业务领域逐步引入人工智能技术，如反洗钱、流动性和支付交易管理等；汇丰银行通过对人工智能技术的应用加强风险防控，加强反洗钱反欺诈防控；摩根大通银行通过语音识别技术加强对客户身份的识别认证，并利用人工智能技术进行股票交易结算；摩根士丹利以人工智能为基础进行反欺诈检测，准确地预测欺诈行为；新加坡星展银行首创的纯数字银行，创新性地将生物识别技术和人工智能整合等先进技术结合应用于支付结算中；德意志银行、花旗集团等超大型银行甚至将人工智能取代人工作为未来的一项长远发展目标。

国际货物贸易结算方式众多，除了常使用的汇付、托收和信用证结算，还有备用信用证、银行保函、国际保理等新型结算方式。贸易项目、合作客户、成交条件都会影响结算方式的选择。立场不同、风险不同，要使贸易双方都满意，单一的结算方式往往难以实现。这就需要进出口企业权衡利弊后，综合使用结算方式，分散风险，促进交易的达成。结算方式的选择可以根据业务情况恰当组合，通常包括以下几种：汇付 + 信用证、汇付 + 托收、托收 + 信用证、汇付 + 托收 + 信用证、汇付(托收) + 国际保理等。汇付与其他方式的组合，主要是利用其手续简便、速度快捷的优势，电汇一定比例的预付款；信用证与其

他方式的组合，既充分利用其银行信用的安全性优势，又中和其费用高的劣势；托收的组合则更多考虑其风险因素，强调对物权的控制。案例中的出口商，既能够根据不同客户选择合适的结算方式，又能够合理组合。合同签订时使用“前 TT + 远期信用证”，商业信用加银行信用组合使用，充分利用了汇付和信用证结算的优势，又满足了客户融资的需求。合同履行中，改用“T/T + 跟单托收”。在确定阳明海运没有直达船从青岛到达曼港，无法满足信用证要求，改证又被拒后，巧用 T/T 追加预付货款，严控预付货款比例，保障了出口成本，并凭跟单托收回收剩余款项，多措并举成功保障了货款的安全。

2. 协同出口信保，未雨绸缪建屏障

出口信用保险是国家为了促进出口，保障企业收汇安全而设立的政策性保险，主要承保企业出口业务中因买方信用而遭受的损失，为出口收汇提供安全保障。投保出口信用保险，既可以扩大企业对结算方式的选择，提高出口竞争力，增加成交可能性，又可以为出口企业提供支持。受疫情影响，全球贸易收缩，中国信保积极开展业务，通过提高保额、降低保费率、延缓缴费等不同措施，强化了对重点市场、龙头产业和小微企业的扶持，充分发挥促进出口、稳外贸的作用。2021 年《政府工作报告》再次提出“扩大出口信用保险覆盖面、优化承保和理赔条件”，强调积极发挥中国信保的屏障作用，对中小外贸企业出口提供精准有效支持、扩大保单融资等，保障企业安全收汇。出口企业应抓住机遇，选择合适支付方式，协同出口信用保险，调研客户信用状况，发挥其对订单和市场的保障作用，保障收汇安全。案例中的出口商无疑有较强的风险意识，对长期客户依然投保出口信用保险。究其原因是因为很多客户位于“一带一路”沿线国家，信用状况不佳，出口信用保险便成为其规避风险的重要工具，尤其是短期出口信保使用较多。出口信保在公司业务开拓过程中起到了重要作用。企业内部规定对新客户、信用低的客户、成交量大的客户都必须投保出口信用保险，以保证安全收汇。正是有出口信保的保证，出口商才敢于在进口商拒绝修改信用证后，采取一定措施，放心为其发运了货物，尽可能地避免了损失。

3. 匹配交易条件，协调一致避风险

国内各家银行与非银行机构利用人工智能技术不断升级支付功能，提高支付领域的服务质量和效率，为客户提供更加便捷、智能、个性化的金融服务，同时在不断完善原有支付功能的基础上，创新支付功能手段，提高市场竞争力。例如，工行搭建的大数据与人工智能创新实验室，在信用卡刷卡及线上快速支付引入人工智能技术进行风险防控；平安银行在手机银行端打造的“智能语音”支付功能，通过对语音的判断控制进行“语音支付”“语音取现”，同时运用人脸识别技术进行远程身份认证，用户根据系统提示，完成指定动作识别，即可进行刷脸支付以及刷脸贷款。另外，平安银行尝试将生物识别技术用在支付领域，利用手指静脉识别等技术，引入“智能钱柜”，实现系统记账与出纳分离的现金自动处理模式；北京银行利用人脸识别技术完成客户在柜台办理业务的身份识别，加快了支付流程效率；浙商银行在 ATM 自助设备中增加人脸识别取款功能，进一步优化用户自助取款的流程；中信银行在支付环节也同样引入了人脸、声纹识别等技术。非银行支付机构也在快速地整合人工智能与支付。支付宝通过 AI 人脸识别技术完成了支付场景的认证，微信紧随其后结合人工智能完成了刷脸支付；同时，支付宝、微信等支付机构相继推出了无感支付、车牌识别和移动聚合支付技术相结合的应用程序，只要对车辆牌照进行微信或支付宝绑定，就可以直接授权付款。

结算方式的选择除了要充分了解买方资信，综合考虑各结算方式的利弊和企业经营意图，还要注重匹配合同的交易条件。做到结算方式与贸易术语匹配、结算方式与运输方式匹配、结算方式与提交单据匹配，避免错误匹配导致的合同履行困难和安全收汇风险。

(1)结算方式匹配贸易术语。根据《Incoterms 2020》的使用规则，贸易术语中买卖双方风险、责任和费用的承担不同，适用的结算方式也不尽相同。6 个常用贸易术语 FOB、CFR、CIF 和 FCA、CPT、CIP 中，FOB 与 FCA 贸易术语由买方租船订舱签订运输合同并承担运费，可能存在货运代理人与进口商串通，而发生无单放货的风险，因此，结算方式最好避免使用托收，可使用汇付或者信用证结算，使用信用证结算还需注意贸易术语与信用证条款的匹配性，比如，FOB 贸易术语成交，信用证就不应要求 Freight prepaid 的提单，不必提交保险单等。CFR、CPT 的货物运输虽由卖方承担，但保险一般由买方办理，如果交货时市场价格下跌，买方可能会有违约风险，放弃按合同要求办理保险，一旦出险，卖方可能面临钱货两空的风险，也不适用托收结算。只有 CIF 或 CIP 贸易术语，在买方信用可靠的前提下可使用托收结算货款，并且最好选择 D/P 而非 D/A；就交货方式而言，实际交货的贸易术语，卖方需按时在指定地点将合同货物交给买方或其代理人处置才完成交货，交单并不代表交货，风险转移与托收交单或议付地点不匹配，经常需交货前付清款项或交货付现，不适用信用证或托收结算，只能使用汇付；而以 CIF 为代表的象征性交货的贸易术语，卖方按时交单即推定为完成交货义务，风险转移与交单地点一致，既可以选择信用证，也可以考虑托收和汇付结算，具体情况还要结合对物权的控制、合同适用的运输方式和卖方的交单义务。因此，从出口商收汇安全的角度，考虑到与贸易术语的匹配性，汇付的适用性较广，信用证适用于象征性交货的贸易术语，而托收结算最好使用 CIF 贸易术语。

(2)结算方式匹配运输方式。国际贸易中货物的跨国(地区)转移离不开国际货物运输，并且多数情况下货物的实际控制权与物权相分离，货物的跨国(地区)转移最终由承运人在目的地向进口商放货。因此，结算方式与运输方式的匹配主要考虑出口商或银行对物权的控制。国际运输方式种类繁多，包括海洋运输、航空运输、铁路运输、国际多式联运等。不同运输方式的承运人签发给托运人的运输单据性质也不同。国际海洋运输主要使用海运提单，其他运输方式则分别对应航空运单、铁路运单和多式联运单据。其中，只有海运提单和多式联运单据具有物权凭证的作用，可以背书流通；航空运单和铁路运单都只是运输契约和货物收据，不具有物权属性，不可转让。因此，航空运输和铁路运输方式下出口商和开证行不能通过运单来控制物权。从出口商角度，由于跟单托收要求卖方发货后向托收行交单，卖方对物权的控制非常重要，为了避免买方不向代收行赎单而提货的风险，出口商在采用航空运输和铁路运输时应慎用跟单托收结算。从银行角度，信用证属于银行信用，开证行承担首要的付款责任。同样为了规避开证人在单证相符情况下拒绝付款赎单，开证行一般在信用证中也要求提交具有物权凭证作用的单据。因此，实际业务中，信用证和托收结算最好匹配海洋运输方式。空运和铁路运输最好采用前 T/T + 后 T/T 汇付结算。当然，在买方信用良好，能保证回收货款的前提下另当别论。

(3)结算方式匹配交单条件。国际贸易合同中卖方的一般义务除了按合同约定交付货物外，还要提供货物的商业发票以及合同要求的其他单据，我们称之为合同中的交单条件。交单条件包括卖方应向买方或银行交单的时间、交单的内容和交单的方式。这就要求卖方必须在合同或惯例约定的时间内按合同要求的交单方式提交符合要求的全部单据，否则可能面临违约。因此，结算方式的选择，除了要匹配合同的贸易术语和运输方式，还要匹配交单条件。结算方式不同，交单的时间、内容和方式也不同。

就交单时间而言，如果使用汇付结算，买方一般会要求在合同中规定交单到买方的期限，以便按约收到单据，及时提货；如果使用信用证结算，合同中通常规定买方需将信用证开到卖方的时间，以便卖方交单时间符合信用证的规定，按信用证的交单期和有效期，提交符合信用证规定装运期的提单及其他单据，并注意跟单信用证统一惯例有关交单期的规定，银行将不接受迟于装运日次日起 21 天提交的单据，合同中对交单期可不作规定；托收结算，为保障自身利益，卖方需尽早交单，以防市价变化，买方违约风险。

就交单内容而言，合同中需规定单据份数、单据类型、制单要求等。结汇重点的运输单据主要考虑运输单据的物权属性，这一点与上述运输方式匹配的条件一致。如果合同约定提交海运单、空运单、铁路运单或货物收据等不具备物权属性的运输单据时，应当慎用托收和信用证结算。当然，实际业务中也存在凭上述单据信用证结算的案例，具体还要看开证行的要求。对出口商而言，只要能获取信用证要求的单据，做到“单证一政，单单一致”是可以规避风险的。关键是一定要避免托收结算，以防买方不用运输单据提取货物，钱货两空。这类运输单据最好使用汇付，且避免后 T/T。需要注意的是，即使使用海运提单，也要注意提单的抬头不同，属性不同。记名提单同样不具备物权凭证功能，如果不得不使用，最好选择前 T/T 结算。

就交单方式而言，国际贸易中出口商交单有两种方式，向买方交单或向银行交单。按照贸易惯例，信用证交单是向议付行、开证行或其付款行交单，托收交单是向托收行交单。如果合同规定向买方交单，包括 1/3 份提单交买方等，最好选择汇付结算，卖方应确保买方付款后再将正本单据寄交买方。

综上所述，影响企业选择结算方式的因素众多，案例中出口方采用前 T/T + 追加汇款 + 托收 + 中信保，成功保障了货款的安全。出口企业一定要借鉴成功企业经验，统筹考虑、平衡利弊、防范风险；选择合适的支付方式并组合使用分散风险；协同出口信保规避风险。

本章小结

本章主要介绍了一个关于青岛远大贸易公司与沙特 Almaran 公司在国际货物贸易中结算方式的案例分析。从结算方式的类型、风险及选择方面进行了分析，并且结合人工智能，给出了解决方案。在国际货物贸易中，要组合结算方式，多措并举保安全；协同出口信保，未雨绸缪建屏障；匹配交易条件，协调一致避风险。

本章习题

1. 简述案例中结算方式的风险。
2. 请分析不同因素的影响和制约下应如何选择结算方式。
3. 简述案例中人工智能下的解决方案。

第7章

国际服务贸易中的人工智能案例

学习目标

(1)了解国际服务贸易具体案情及主要矛盾分析。

(2)掌握人工智能下的应对措施。

7.1 国际服务贸易案例介绍

敦煌网(DHgate.com)创办于2004年，以协助小型企业走向国际为己任，是第二代B2B中首家服务于小规模企业的网站，提供B2B线上交易，采用的是佣金制。相比于仅提供信息撮合服务的第一代B2B平台，“一站式”可谓是量身为小规模企业打造的跨境贸易服务站。对于中小企业而言，企业可以通过敦煌网实时了解国外用户的动态需求。平台覆盖供应和采购双向链条，为特别行业建立行业管理体系，将国外订单送达国内企业，可进行需求的比较预测。

2010年，敦煌网全年营业额达60亿元人民币。据艾瑞网统计，敦煌网在2011年第一季度营收份额增长显著，达B2B运营电商的3.4%。有数据监测显示，截至2019年11月11日24时的单日交易额同比增幅达37.2%，创2019年单日新高。敦煌网“双11”活动期间日交易额7日环比均达到21%以上增长。自成立起，敦煌网历经四轮融资，持续整合资源，为布局全球的发展战略提供支持。2017年，敦煌网与国内城市积极签署战略合作协议，助力它们进行数字贸易，帮助国内更多中小企业组成“产业带”拓展国外市场。据统计，全国产业带多达2000个，但进行线上交易的仅占5%，跨境电商业务份额极低，不到千分之一；国外的B类买家虽份额庞大，但国内卖家缺乏接触渠道，线上跨境交易比例低。正因如此，敦煌网和产业带的联动，打通了国内外交易的通道，使跨国线上交易得以实现。

作为综合性的跨境电商平台，敦煌网推出的服务涉及环节众多。为向中小企业提供更优质的服务，其与不同领域的企业进行战略合作。在金融借贷领域，网站与建设银行共推“e保通”网贷产品，开拓网络信贷业务，降低中小企业的准入门槛，不必提供抵押实物和第三方担保，只以平台线上经营卖家的信誉为申请贷款的放贷标准，交易和资信记录两方共享，方便建行在线操作，高效审核，以减少企业等待时间。SGS通标标准技术服务有限公司与敦煌网就“诚信保障”卖家的实地认证、产品测试服务达成战略合作协议，为更多国内优质商家提供出口机会，同时为海外买家提供安全性更高的购物体验。

敦煌网与谷歌建立合作，引导消费者进店，增加流量。双方的合作不止于此，人才合作能创造更大的价值，谷歌专家团队提供更优的专业化培训，包括但不限于实操，市场数据分析和政策优化指导对卖家而言，更有吸引性；平台卖家更有机会提前体验 Google AdWords 的新功能内测，走在创新前列。敦煌网与新浪网预计开展更深层次的合作，涵盖营销、数据和产品等多方面，一致达成共享、互补、共赢的理念，携手推进跨境电商服务市场发展，共同为客户带来更多样、更便捷的定制化服务，双方将为企业构筑便捷、包容和安全的消费生态体系。

数字贸易中心(DTC)是敦煌网应对数字贸易的一大创新，采取双线联动的旗舰店方式，覆盖交易过程中的一切服务，做到服务一体化，还提供进一步的培训服务。当前已落地 8 国：匈牙利、澳大利亚、西班牙、美国、土耳其、俄罗斯、秘鲁和阿联酋，线下口碑积累可通过线上效应快速辐射到当地市场。敦煌网在 2019 年制定战略，开启新一轮 DTC 升级改造，在现有基础上总结优势，为进一步扩张创造条件。为保证覆盖面积，加快速度与各大城市建立联系。关于地区的选择，重点关注该城市的市场容量和质量，以保证优秀的线下流量来源。使用 DHsocial App 分销代理，专人跟进销售为客户提供优质服务，对加盟商也出台更优惠的套餐，扩大线下交易数量，为进一步线上引流做足准备。在跨境电商走向数字贸易的当下，敦煌网继续向着建设网上丝绸之路的目标努力前行。相比于第二代模式，平台上交易企业的规模增大；订单金额也逐年递增；外贸规模也从小额逐步实现一般贸易；线上操作流程逐渐替代更多的线下操作。数字贸易最大的特点是产品和服务的共同贸易，服务贸易地位上升，产业链上的服务环节众多，敦煌网作为第三方服务商，整合所有服务环节，以使中小企业能省心省力地开展跨境贸易。

7.2 国际服务案例运营模式分析

1. 信息管理

敦煌网开设数据智囊模块，为中小企业卖家提供信息，能多方位了解销售情况和卖家情况。行业动态信息涉及行业动态和买家信息，对中小企业走出国门的前期准备工作和中期销售监控提供信息支持。

2. 智能仓储物流管理

(1)智能整合物流运送。敦煌网的物流网络密集，物流线路和海外仓众多，庞大的物流数据在智能整合后，应用智能算法可达到最大程度的便捷服务，做到仅通过供应商线上数据录入，便可匹配到最佳路线和货物追踪，避免选择错误造成更大的损失。此外，还能比传统快递节约 62% 的成本，比传统邮政成本少 20%，时效性远远超出预期；与单一专线相比，成本节约 10%～30%。

(2)在线发货。在线发货的物流服务要做到价低质优和流程简化，线上申请结合线下发货的方式。具体流程为：填写在线发货预报—线下发货至仓库—在线支付运费—仓库发货。“线上发货”和“DHLink 发货”两种模式，分别针对不同的物流服务需求，线上发货目前涉及燕文上门揽收、E 邮宝、顺丰等多方式物流；DHLink 发货是为解决复杂且高成本的国际物流而创建的综合物流。在线发货全程物流跟踪及异常信息问题在线解答；操作简单且方便，在线上即可揽收、付费和打印运单，提供上门揽收服务；给予卖家月结运费的优惠。

(3)物流方式等级分类管理。与敦煌网合作的物流公司众多，卖家在选择时难免毫无头绪，为节省卖家选择时间，平台提供物流等级分类。卖家可以根据具体情况，从已分类为优质快递、一般快递和邮政挂号的三个等级中选择适合的物流公司，买家可根据自身实际情况选择合适的快递公司。

(4)海外仓。敦煌网为提升物流效率和供应链升级，解决海外运输的难点问题，积极开展海外仓建设工作，从头程运输，经历仓储管理到最后的本地配送，大大降低物流成本，保证较快的物流时效。海外地推增加成单概率，当地发货可以增加卖家满意度而提升二次成单概率。

3. 支付管理

敦煌网覆盖线上线下全场景支付，支持 28 种本土支付，覆盖 56 个币种，成功率比行业平均水平高出 13%。

(1)订单支付。买家支付方式采用信用卡和银行转账两种方式，前者即时到账并确认订单，后者 3 ～ 5 个工作日收款并充值到买家账户，到账后用余额进行支付。未付款订单有 10 天的时效，到期前 5 天有付款提醒，还有延长申请的机会。敦煌网还针对巴西，采用巴西 Boleto 支付方式，这是巴西除信用卡之外最常用的支付方式，在巴西占比达 24%，支付方式完整周期只需 1 ～ 3 天。平台对接本地支付方式，对于打开巴西当地市场更为有利。

(2)风险控制措施。敦煌网的风控意识较为超前，是国内第一家建立专业风控团队的外贸交易平台。严密监控各环节，力求早发现、早处理，将风险控制在较低水平。具体而言，是三级审核体系：风险审核在订单支付环节后，存在二次监控审核，在确认订单后仍进行调查工作，最大限度地保证安全。风险关注集中在高风险国家，IT 行业，有过欺诈行为、下单行为异常和支付行为异常的买家订单。

4. 信贷融资管理

2019 年，敦煌网寻求金融科技服务创新，推出针对中小企业难融资问题的服务——贸贷云。企业可对接银行实现大额且快速的贷款；“信风”金融产品的作用在于脱离资本周转率低下的困境。敦煌网为入驻的企业提供普惠金融产品，与国有银行的合作确保渠道正规和资金流安全。众所周知，中小企业在银行贷款审批上处于弱势，贸贷云是通过卖家订单和资信状况，为卖家提供背书，建立企业与银行间的借贷关系。汇率宝在国际汇率高风险的情况下，为跨境卖家提供一份安心保障。中小企业利用信风融资可缩短资金周转周期，快速回款，为保证企业权益，系统可实现全环节线上化、24 小时开放、低利息率和灵活借贷。

5. 平台监管制度

在处罚管理方面，敦煌网为规范平台管理，制定多项处罚措施，为平台营造良好的氛围。分别包括通用处罚措施、交易类违规处罚、产品信息违规处罚和知识产权禁限售违规处罚，从罚金和处罚方式双向进行惩罚，确保平台规范性，增加平台的质感。在纠纷处理方面，为避免在跨境电商平台上买卖双方退货退款纠纷，敦煌网分别对订单发货前后的买卖双方制定纠纷规则，通过规则体系，保障买卖双方合理权利。在商品评分和商户评级方面，敦煌网为保证在线商品的质量，设置上线商品评分系统，从产品图片、标题、短描述、属性及配送五个属性来评分。商户评级通过精确、多维度细致的分析与计算，能筛选出优质的诚信商户，在保证客户利益不受损的同时，对商户也起到激励作用，淘汰不合格商户，提升平台商户质量。商户为获得更多优质的优惠服务，也会做到诚信经营。在保障服务体系建设方面，在入驻平台时，除了其固有优势外，拥有更多服务保障体系的平台是中小企业的定心丸，更有机会获得青睐。敦煌网具备拒付保障、诚信保障、丢包保障和验货宝等细则来保障权益。另外，针对品牌化发展趋势，新增知识产权专区，知识产权管理为品牌化提供保障，为中小企业走国际化品牌路线奠定了良好的基础。

7.3 人工智能下的应对措施

1. 加强信用体系建设，补足现有短板环节

敦煌网平台目前所有的诚信保障是与第三方认证公司 SGS 合作的认证服务和产品检测服务，对如实发货的奖惩制度，并不是企业自身开发的信用体系，也要考虑第三方认证的认可度。另外，产品在互联网销售中的不可接触性以及跨境环节的复杂性增加了交易过程的不确定风险，卖方诚信问题并不能通过现平台已有的诚信保障服务得到买家的完全信赖，而买家不合理的退款要求会严重损害卖家利益。纠纷处理等待时长和处理结果的合规性直接影响用户对平台的信任。

人工智能与区块链技术的结合受到广泛的关注，目前已在多个应用场景切实落地，其“去中心化、不可篡改、开放共享”的架构特征对传统社会互信机制产生颠覆性变革，引发世界范围内新一轮科技竞争浪潮。借助“智能合约”升级至 2.0 阶段的区块链应用，能够有效削减信息不对称、优化资源配置流程、提升公共治理效率，具备未来多领域“可编程社会”的巨大潜力。

相对于传统法律合同，智能合约在强化订约双方信任的基础之上，还有着“去意志化”与“去中心化”的突出特征。首先，以往订约流程受制于参与各方的意思表达，卖方发出要约后须等待买方承诺，通常经过反复协商后，各方才能达成一致且合同内容唯有不违反法律强制性规定及社会公序良俗的前提下才能最终订约成功。上述过程相互割裂且环节较多，缔约成本和违约风险难以有效控制。但智能合约则不然，其由事先制定的交易规则代码所明确，在以太坊等应用平台上发布之前，代码内容会经统一算法进行内容审查，符合文本标准化要求的合约方能上线。一旦要约方确认发布，其后的交易过程将不能更改，而

自动执行时所付出的合同对价也会视完成方情况予以严格判定，其过程可信度与履约效率更高；而在去中心化方面，以往为合同履约需要引入第三方中介机构以保证交易真实或支付安全。缔约各方为此需按合同价款支付一定比例的佣金，变相提高了成本投入与缔约门槛。尤其在互联网虚拟环境中，第三方中介的响应速度与服务范围并不能完全匹配越发个性化的约定内容且容易造成第三方“中心权威滥用”。而智能合约中约定达成与资金释放由代码规则自动且强制地执行，过程当中任何一方无权进行干预或中止，使得第三方原本所具有的“权力中心”地位在智能合约中不复存在，进一步强化整个合约执行过程的真实、高效、可信、公认。

然而，信用体系的完善不是一朝一夕能达成的，需要平台长期的努力，围绕体系框架持续增加规则机制，有效解决信任危机。首先需要为平台买卖双方建立资质和信用库，增加买卖双方信任度；其次，注重第三方公司的影响力和知名度，增加优质产品的可信性，增加买家二次购买的可能性；然后，可推出信用保险，为用户提供安全保险。最后，健全纠纷处理机制，细化订单发货前后时段的处理规则，并且提高后台审核效率，缩短处理时间。

平台上拥有注册用户的信息，在数据泄露方面，敦煌网并未有相关的管控制度，对安全性的重视度不够。交易过程中，所有环节都留有信息，大量积累在平台上的数据信息的利用率仍需提高。除了需要公开的企业资质等信用信息，买家的个人偏好等隐私信息要加强管控，防止泄露。数据智囊模块中的市场信息和趋势分析等依然有可挖掘的空间，例如可和其他平台建立共享资源库。

虽然网站具备知识产权管理专区，但敦煌网平台上对于知识产权的管理相对狭隘，仅体现在品牌专有问题上，更多的是对盗图、假冒现象的整治，对于用户的创新没有形成有力保障。各项奖惩政策的建立，对企业卖家服务质量的管控有了切入点，评级评分制度可以有效提升优质服务水平，但对于商品质量的监督工作力度还不够。可以对长期评分靠后的卖家提供一定的指导意见，助力其提升品质，实现平台整体的高品质；与排名榜上领先的卖家进行对话，了解其进一步的需求，对中小企业品牌国际化起到推动作用。此外，在丰富支付手段方面，平台所提供的支付手段主要以信用卡为主，银行转账为辅，加入地方特色服务的巴西 Boleto 支付方式。为方便移动端用户，可开发多样的移动支付手段。对于一些信用卡发展欠缺的地方，可以考虑更为本土化的支付手段，增加买家体验的亲切感，对本土化发展有一定的促进作用。

2. 加强联系各环节且实现进一步一体化

客户在平台上不单单是体验交易服务上的便利，供应链上下游整合带来的资源优势对中小企业选择平台进行国际化起到积极促进作用。在横向整合客户资源时，建立牢固亲密的商客双方关系；纵向整合服务资源时，对供给进行一体化整合，使企业得以应用集成服务平台。敦煌网多类型的营销推广服务，可以搭配支付、物流等环节，形成灵活的套餐服务，满足不同类型中小企业的跨境出口需求，为其提供高度匹配的服务，减轻选择困扰，使其可将精力投入生产环节，生产更优质的产品。

3. 发挥已有优势的基础上拓展业务

(1)拓展战略深度融合。城市地区产业集群化的趋势下，敦煌网也积极投身中小企业国际化事业中。产业集群城市为中小企业提供跨境服务，从单独企业点的发展扩展到地区面的发展，进而在未来形成全国立体式发展。城市产业带建设依然在路上，根据敦煌网战略合作城市来看，中部和西部城市略少。因此，在未来选择战略合作的城市时，平台应扩大范围。另外，对于产业的扶植可以提供更定制化的深度合作，助力地方特色产业的发展。在与谷歌建立合作后，敦煌网不仅积极拓展市场，而且加强对自身品牌的优化，以吸引更多商家入驻。因此，敦煌网在保证商品和商户高质量的前提下，提升自己的口碑，积极获得更多与大牌公司合作的机会，可以借国际大品牌公司的“东风”，在跨境出口市场上走得更顺更稳。

(2)布局全球 DTC。近几年，敦煌网在国际跨境电商峰会上的影响力持续加强，响应政府政策，积极撮合中小企业跨境贸易，对话国外政府，与多国建设 DTC，在打通全渠道营销方面做到精准融入当地。为发挥更大的优势作用，敦煌网需要加大与其他国家地区的合作力度，加快不同城市落地速度，打造全球连锁店模式；注重线下市场的容量和质量，提升客户质量，以强有力的销售策略打开市场。

(3)物流服务进一步提升质量。国际物流系统包含采购配送、储备装卸、通关检验、信息处理等在内的众多子系统，虽然环节繁杂，但结合人工智能等技术确保核心的货物运输做到无缺陷是重中之重。虽然敦煌网一直在建设智能物流体系，但敦煌网的物流服务依然没有完全解决最后一公里问题，同时敦煌网运用的国内直邮模式在跨境物流时效上依然不占优势，海外仓的数量和覆盖率也有发展的空间。在物流渠道控制上，除了通过第三方服务商进行物流信息跟踪，无法保证更多的服务。这些难点问题还需进一步创新优化。同时，通关等物流信息处理子系统的对接也能够减少中间时间。

本章小结

本章介绍了敦煌网作为一个综合性的跨境电商平台从创办到覆盖交易过程中的一切服务，做到服务一体化的发展历程。本章从信息管理、智能仓储物流管理、支付管理、信贷融资管理及平台监督制度等方面介绍了成功经验。并结合人工智能技术对未来发展提出一系列应对措施。在未来发展中要加强信用体系建设、补足现有短板环节，加强联系各环节且进一步实现一体化，发挥已有优势的基础上拓展业务等。

本章习题

1. 简述国际服务案例运营模式分析。
2. 简述国际服务案例运营模式中支付管理的分析。
3. 简述案例中人工智能下的应对措施。

第8章

人工智能和国际贸易的纷争案例

学习目标

(1)了解国际贸易中常见的纷争，包括跨国知识产权纠纷、运输事故处理、国际贸易争端等。

(2)掌握如何结合人工智能解决国际贸易中面临的纷争。

8.1 跨国知识产权纠纷

8.1.1 知识产权的概述

关于知识产权(intellectual property)的概念，目前主要有3种表达方式：①列举知识产权主要内容；②下定义；③完全列举知识产权保护对象或者划分。用列举知识产权主要内容的方法表述知识产权的概念是国内外著作普遍采用的方法。比如，知识产权传统上包括专利、商标和版权三个法律领域或者说"专利权、商标权与著作权等一般结合在一起称之为知识产权"。用下定义的方法来表述知识产权的概念多见于国内外有关知识产权法的论著或教科书中，比较权威的如世界知识产权组织编写的《知识产权法教程》中认为知识产权的对象是指人的脑力、智力的创造物。郑成思认为知识产权是"人们就其智力创造的成果依法享有的专有权利"。冯晓青认为知识产权是指"在科学、技术、文化、工商等领域内，人们基于自己的智力创造成果和经营管理活动中标记、信誉、经验、知识而依法享有的专有权利。在我国，"知识产权"最早作为法律术语出现是在第六届全国人民代表大会第四次会议通过的《中华人民共和国民法通则》。

对于知识产权的本质属性，我们可以从不同的角度去认定。从公权与私权的角度，大多数国家的知识产权都与其他民事权利不同，它需要经过行政权力的批准才能获得，因此，知识产权与国家行政权有着密切的关系。另外，在中世纪时期，中外历史还曾出现过所谓的"钦赐"专利，即知识产权在当时是以带有公权力特点的特权身份出现的。从以上两个论据看，知识产权带有相当成分的公权力属性。但是，这样产生的知识产权与各国的行政干预有很大关系，各个国家都不会允许以他国标准衡量自己国家的产品。因此，《与贸易有关的知识产权协定》的出现给知识产权这种混乱的状况带来了生机。在协议中，明确要求各成员国承认知识产权为私权。这在所有国际公约中，是绝对罕见的。其实从深层次上理解，把知识产权定义为私权，有力地排除了行政权等公权力对知识产权的干预，更有利于各知识产权国家通过民事诉讼等程序保护其本国知识产权人的利益，这在根本上切合了知识产权人最本质的内在利益要求。

另一方面，我们又可以把知识产权的本质属性认定为无形性。无形性的认定是相对于传统财产权而言的。与传统的权利客体不同，知识产权是形成于无形智力创造成果之上的权利。与有体物不同，知识产权的权利人不能占有有形的物体，更不能通过实际控制和占有来排除其他人对特定知识产权即劳动智力成果的使用。因此，知识产权人的权利更容易被侵害，保护起来也比较困难。

为了对知识产权提供强有力的保护，防止知识产权盗用和知识产权被滥用的情况，鼓励人们对知识的创新和发展，我们需要特殊的，例如法律等形式对知识产权提供保护，知识产权垄断性的规制就是其中之一。当一个法律主体获得特定知识产权后，其他法律主体就不可能获得同前一法律主体相同或者相似的权利，不能对同一劳动智力成果享有使用权。通俗地讲，同一智力成果上不得并存两个或者两个以上相同或类似的知识产权。这样的保护，使得知识产权具有排他性和垄断性的特点。因此，当除权利人以外的主体不当地使用了被独占的知识产权，就会产生知识产权滥用问题。此时，真正的知识产权人就可以使用法律赋予他的权利去规制他人对其独占性权利的侵犯。

知识产权具有专有性和地域性等特征。其专有性表现为在一定时间内的独占排他权，即知识产权所有人的智力劳动成果未经其本人许可，任何人都不得使用和占有，知识产权只能授予一次。对知识产权的保护是有时间和地域限制的，超过保护期限的知识产权就进入公共领域，为人类共享。

知识产权并不是自然拥有的，它的获得需要国家相关法律的确认，并需履行一定的手续。专利权是知识产权能够作为投资入股的客体，但专利申请权和专利实施权是否也属于知识产权，能否作为股东投资入股的客体，在实践中容易引起争议。除此之外，专利技术入股应当履行什么手续，如何才能确定股东以专利技术作资入股所履行的必要手续，以及专利技术一旦丧失其知识产权属性后应如何调解股东间和股东与公司间的法律关系，这是以专利技术入股所引发纠纷的常见法律问题。

8.1.2 跨国知识产权纠纷

对于知识产权的产生及其之后所具有的效力一般都是基于一国法律中的规定并且经过必要的程序才得以取得。由于知识产权具有严格的地域性特征，因此许多学者认为就知识产权效力纠纷难以引起管辖权之间的冲突。但跨国知识产权效力纠纷的管辖权冲突是存在的。原因在于，由于各国的国情、法律渊源、思想观念等一系列的差别，因此各国对于某一知识产权之取得的相关规定不尽相同。正是这些规定和程序的不同，导致某一知识产权在一国中具有效力，而跳出该国的地域范围，进入他国就失去了原有的效力。对于知识产权的效力常常被作为解决知识产权其他纠纷的先决问题被涉外知识产权纠纷的一方当事人予以援引来对抗另一方。具体表现有：在诉讼中，一方设法提出对知识产权效力的异议来逃避责任或通过反诉的形式提出异议。那管辖权冲突在涉外知识产权纠纷中是如何表现的呢？举一例子说明。一个法国公司得到中国某一公司的许可在中国范围内可以生产、销售由该中国公司取得专利权的产品。但是后来，该法国公司违背合同约定，将产品投入法国市场。此时，该中国公司能否按照一般原则去法国进行诉讼？该产品在法国并没有专利权，法国法院能否受理？如果不能受理如何确定管辖权？这些都是由于知识产权的效力也就是在管辖权的确定上所引发的问题。

随着科技的迅速发展，人工智能的出现使得知识产权在地域性与全球性之间的冲突更为剧烈。人工智能网络使当事人的行为彻底冲破了行为人与其行为之间的有限联系性。例如，电影、计算机程序等版权作品可以直接经由网络上传与下载，这其中涉及版权归属问题，以及可能导致的著作权侵权问题等。同时外国某人可以通过其自己的网站对具有一国版权的内容进行传播，由于通过网络世界上所有能够访问该网站的人的所在地均可以被认为是侵权行为结果发生地，因此可能引发的不仅是两国之间的管辖权冲突，还可能是多国之间的管辖权冲突。此外，随着知识产权制度在网络环境下的发展，不同类型的网络知识产权纠纷层出不穷。诸如由域名引发的新的知识产权国际保护、互联网上的版权保护与TRIPS协定带来的商业秘密和集成电路布图涉及的保护等新问题都加剧了各国之间的知识产权管辖冲突。

(1)物质载体的虚拟性。由于网络知识产权的载体是传输和储存信息的各种媒介，使得网络上的信息是否具有知识产权难以分辨，加剧了众多网民分辨他人知识产权的难度。同时，由于这些“非物质化”的媒介和互联网等电子技术手段的应用与发展，一些信息的地理位置逐渐变得无足轻重甚至根本无须考虑，对传统管辖权原则提出了新的挑战。

(2)网络发散性的特点。在人工智能网络背景下，作为信息内容的原发当事人为何人，原初信息上传地为何处都难以追寻。通过网络这一渠道，输入同样域名或采用同样链接的访客，在不同时候可能被引导至位于不同国家的服务器之上，某些网站还会同时从多个服务器获取信息支持，而这种地理方位的变化是普通访客难以察觉的。

(3)互联网活动的互动性。与单方面的信息交流方式不同，网络信息传递方式是信息提供者和信息搜寻者相互作用的结果。其表现如下：①信息提供者将有关信息发布到互联网上以供他人获取；②信息接受者对这些可能的信息发出获取一定内容的请求；③信息提供者针对信息接受者的请求作出反应，如果信息接受者的请求可以接受，即可向其提供特定内容的信息。这一互动的过程进一步加大了确定网络背景下管辖权的难度。

(4)侵权行为无所不在。在网络空间中，如物理空间那样分割成许多区域，并对应到相应的管辖权区域的做法是不现实的。在网络空间中，管辖权表现为一种“要么全有，要么全无”的绝对对立状态。

(5)传统连接点难以认定。由于网络的自身特点使得国际民事管辖权的传统连接点在司法实践中遇到很多的困难，也极易引发管辖权积极冲突的产生，由此产生的多重判决易导致判决的不确定性、不一致性、诉讼延迟以及超额诉讼费用等问题。

(6)属人原则会受到网络的极大冲击。正由于网络背景之下各个使用人的虚拟性，每一个当事人的国籍、住所等各类属人因素正在逐渐失去存在的意义。在网络知识产权纠纷之中，一般只能确定特定行为和特定IP之间的联系，而对于当事人的具体身份，比如其国籍、住址等并不易确定。

8.1.3 人工智能背景下的应对措施

目前，针对人工智能网络知识产权侵权案件的管辖权确定缺乏一套统一的方法。结合人工智能网络背景之下的知识产权管辖权的特点，我们认为可以从以下几个方面入手解决知识产权纠纷。

1. 以终端设备和 ICP 服务器作为确定管辖的标准

实施一个网络知识产权的侵权行为，需要经过终端设备和目的 ICP 服务器两个环节才能完成。由于终端设备所在地与目的地 ICP 服务器所在地都是比较确定的，因此在当前缺乏管辖权认定标准的情况之下，将“侵权行为地”和“侵权结果地”作为认定管辖权的标准是可取的，此举能够有效地避免侵权行为扩散到世界各地，导致无数法院对同一侵权行为具有管辖权的后果。这一确定标准在被称为“中国第一网页侵权案件”的“瑞得(集团)公司诉宜宾市翠屏区东方信息服务有限公司网页著作权侵权案”中得以体现。在该案中，海淀区法院在其中出的《民事裁定书》中驳回了被告提出的管辖权异议。理由主要是：瑞得集团的主页在制作完成后，是储存在其特定的硬盘上并通过自有的 Web 服务器向外界发布的，任何人在任何时间任何地点通过主机接触(包括浏览、复制)该主页，导致其被复制造成侵权，因此瑞得集团服务器所在地海淀区应视为侵权行为实施地。同时，由于瑞得集团不但诉称东方公司复制其主页这一特定的行为，而且还诉称该行为的直接后果是东方公司的主页为访问者所接触。鉴于我国当时的联网主机和用户集中分布于海淀区等一些特定的区域，因此，海淀区亦应视为侵权结果发生地。然而，由于近几年来笔记本电脑的普及使得终端设备所在地也变得不稳定起来，因此以终端设备和 ICP 服务器作为确定管辖权的基础仍然存有一定瑕疵。

同时，网址亦可以作为管辖权的一种基础。因为，网址可以确定服务器在网络地图上的具体位置，又与当事人有一定的关联性，也符合管辖权稳定性的要求，所以也可以考虑作为管辖权基础。

2. 以原告所在地法院为主且将当事人的主观方面纳入考量

作为传统管辖权确定标准的“原告就被告”原则基于网络无限性的特征在解决网络背景之下的知识产权管辖问题时具有极大的困难，更会加大原告的诉讼成本，造成不必要的资源浪费，如原告必须到各个不同被告所在地法域提起诉讼。因此，在处理网络知识产权侵权问题时可以将“原告所在地法院”作为一般管辖权标准来适用。

原告与网络知识产权侵权联系是非常紧密的，而且侵权的最终结果往往又在原告所在地体现得最为显著。因此，将原告所在地认定为管辖权的确定标准具有合理性。且被侵权人常常是原告，选择原告所在地提起诉讼能更好地保护原告的权利。

当我们在评价某一侵权行为时，常常会将行为人在行为时的主观方面纳入评价。在我国，主要采取的是“过错责任”归责原则，即以行为人主观上的过错作为承担民事责任的认定准则。借助这一原则，可以有效地减少很多由于网络特性产生的管辖权的积极冲突。如，某人以牟取暴利为目的将他人具有著作权的作品上传至互联网，而其他通过浏览网站下载该文章且只为个人阅读的人并没有存在主观上的恶意。权利人若对每一个行为人都提起诉讼，不仅浪费金钱和时间，同时还极大地浪费了诉讼资源。因此，若从当事人的主观上出发考虑该问题可以避免这种积极冲突的产生。

3. 转变政府职能，强化行业协会的作用

在研究如何提高我国企业的国际市场竞争力时，许多学者都会强调政府和行业协会在此问题上的重要作用。现今社会追求携手共进、共同发展，因为人们都意识到了强强联合与社会团体在应对重大国际和国内问题上的巨大力量。对于市场权力的行使，更多的市场主体认为应当从以前单一的政府干预转变为政府、企业、商会共同管理，互相制约的管理模式。

跨国公司的知识产权滥用，现在已经不是针对某一个企业的个体行为，在联系日益紧密的经济合作社会中，同时涉及多个企业甚至整个行业利益的情况更多，可谓牵一发而动全身。另一方面，在面对涉外诉讼时，单个企业的力量也比较薄弱，政府的支持和行业协会的联合应对，会大大增强我国企业在诉讼案中的应诉能力，增加胜诉的可能。

因此，政府转变自身职能，为企业和商会提供政策帮助、法律向导；行业协会、商会大力联合为企业提供组织支持和协作保障。建立企业、行业协会、政府三位一体的立体管理模式，在我国企业面对跨国公司滥用知识产权问题时，维护各企业和国家、社会的共同利益。

4. 加强企业的自主创新能力与权力保护意识

企业是参与国际市场竞争的主体，因此，要想提高我国在对外贸易中的竞争力，就要求企业必须能根据不同情况转变竞争策略。在现有的市场情况下，信息和知识产权是取得市场优势地位最重要的两个因素。因此，就中国的本土企业而言，其应当及时转变知识产权创新和保护观念，尽快研发具有知识产权的专利技术，以期应对跨国公司滥用知识产权对我国企业造成的冲击。

对于中国的本土企业，要首先树立知识产权的权利创新和保护意识，充分认识到当今国际市场中占据知识产权专利的重要性和优势。不仅要提高企业的自主科技创新能力，还要及时对现有知识产权进行保护，比如及时注册专利、商标等。防止跨国公司恶意抢先注册。

其次，企业的权利保护意识还应当包括：提高知识产权案件应诉能力，积极应对跨国公司知识产权诉讼。具体来讲，我们除了从本身强化对国内法的学习和理解，还应当完善中国对跨国公司知识产权滥用的法律治理的对策，掌握国际上对于跨国公司知识产权滥用案件的国际规则。当面临跨国公司的知识产权或其他诉讼时，知道运用哪些法律法规来保护企业的自身利益。

5. 建立完善的自主知识产权创新激励体制

知识产权的创新需要激励，就如同做一件事情需要有一个鼓励一样。建立对企业自主知识产权的激励创新，需要企业、社会、国家的共同努力。企业本身，应当对职工进行创新意识宣传教育，并对积极进行创新的职工或其他有关创新的行为进行物质或精神上的奖励。将创新意识渗透到职工的日常观念中，将创新变成一种习惯。

对社会而言，充分尊重企业或个人的创新行为，为创新营造良好的氛围。事物都是不断向前发展的，但是前进过程中会遇到曲折和不适应。当面对新事物时，我们不能因为它的不完善和不适应而排斥它。作为社会整体，我们应当对知识产权创新保持尊重，并积极帮助其改善、进步。给企业在与跨国公司的竞争中，创造一个稳定、充满生机的环境。

国家方面，除了一方面继续为知识产权创新提供强有力的法律保障，还应当从公共政策上对企业进行支持。比如，政府在科技创新方面加大财政投入，对于积极创新的企业进行财政上的补贴或奖励。使企业在除了获得本身市场利润之外，增加不同的创新动力。

8.2 运输事故处理

8.2.1 海运案例及分析

受高达 54 亿美元债务拖累，H 海运在 2016 年 8 月 31 日向 K 国地方法院正式申请破产保护，由于其债权人遍布世界各地，自此掀起了航运业有史以来规模最大的破产案件，对全球航运、港口、仓储、贸易、金融行业产生了显著冲击。港口企业、燃油供应商、代理商等债权人担心 H 海运丧失付款能力，纷纷拒绝、暂停、延迟提供服务或供货，H 海运的上百艘船舶在全球各地处于瘫痪状态，或停航，或减速，或被扣押，船员与价值 140 亿美元的货物也滞留海上。尽管 K 国政府、股东方、债权人尝试挽救 H 海运，实施重整，但最终以失败告终。在法院正式宣布 H 海运破产后，开始对其资产进行全部清算用以偿还众多债权人的部分债务。

A 公司是国内某大型港口集团性企业，在境内和境外均有控股、参股或实际管理的港口码头子企业。在 H 海运被法院审判破产当日，A 公司立即召开紧急会议，并下发文件要求各子企业启动应急机制，按照客户破产倒闭情况处理本公司与 H 海运的业务往来，统计 H 海运在本公司港口场地存放的集装箱数量和应收账款情况。经统计，A 公司控股码头存放其集装箱合计 4460 TEU①，应收账款合计人民币 830 万元左右，A 公司参股码头存放其集装箱合计 5990 TEU，应收账款合计人民币 4600 万元左右。综上，A 公司在破产事件发生时的应收账款总计人民币 5430 万元左右。A 公司也已迅速采取若干紧急措施，但个别航线的码头仍继续装卸作业，导致应收账款略有提升，最终锁定在人民币 5600 万元左右。

(1)由于港口业务的特殊性，A 公司对 H 海运的应收账款类型呈现多元化，且存在赊销情形，加剧了破产事件引起的坏账风险。

对于港口企业而言，与一般意义的跨国公司破产不同，诸如 H 海运的航运公司破产所涉问题更加复杂。主要原因在于，航运公司旗下的船舶通常挂靠全球各地港口，而港口功能的多样性也催生了航运公司挂靠所产生费用的多元特征。在实践中，港口兼具船舶的进

---

① TEU，twenty-feet equivalent unit，20 英尺标准集装箱，国际标准箱单位。

出、停泊、靠泊，以及货物的装卸、驳运、储存等多功能，因而港口企业向航运公司收取的费用涵盖了挂靠费、管理费、运费、装卸费、仓储费、租金等多类型。

本案中，A公司便面临H海运破产情境下上述多项费用难以全数回收的风险，由于不同费用类型的计算标准、计费周期存在差异，最终费用总额与支付期限不可控、无法确定。例如，挂靠费需依据船舶实际挂靠时间确定，仓储费则需依据实际存储时间确定。而且，A公司同样存在实际业务中常见的赊销情况、给予H海运等大客户延迟付款的优惠待遇。在此情况下，由于H海运船舶挂靠A公司港口的批次众多、每次挂靠的费用类型多元，A公司应收账款在未来可回收额度、回收时间不能确定。

此外，H海运破产进展缓慢、存在诸多潜在的变数，自2016年8月31日申请破产保护至2017年2月17日宣告破产期间，K国政府、股东方曾尝试投放资金进行拯救，以避免破产清算，这影响到A公司权衡是否全面终止与H海运的合作，导致应收账款总额略升。

(2)破产事件发生后，A公司立即采取措施，把握应收账款追收的主动地位与有利条件，保持对H海运应收账款的实时监控，防止客户信用风险敞口的继续扩大。

H海运申请破产保护后，A公司立即梳理自身债权数额、相关证据，并按照法院破产程序进行债权的申报与登记。但考虑到债权无法在破产程序下获得全额清偿，而在A公司港口场地已存放了大量空置的集装箱(即空箱)，以及载有货物、等待货主提取的集装箱(即重箱)，A公司对这些集装箱的财产价值进行了测算，并立即采取两项措施，以保留其后续对H海运追款、破产债权清偿过程中的主动地位和有利条件。其一，针对H海运在A公司港口场地存放的空箱，依据中国法律行使留置权，一旦H海运重整无望、破产清算、无法全额偿债，A公司可出售空箱以弥补损失。其二，针对H海运存放的重箱，若货主要求提走集装箱及内存的货物，在维护良好商业关系的基础上，要求货主缴纳保证金后可提走集装箱，便于货主运输与取货，A公司收到货主返还的空箱后再退还保证金。

另一方面，为避免风险损失继续扩大，A公司也积极与H海运总部、中国办事处沟通，了解应收账款的支付计划与进度，确认账单金额，协商争取尽早支付，并停止对H海运出口重箱装船作业等业务。与此同时，A公司也与H海运、货主或其代理商协商尽快处理存放在A公司港口场地的重箱，避免堆存成本的持续增加。此外，考虑到H海运破产对同业市场的广泛影响，A公司还主动收集了其他客户的反应，分析其资信变化，为后续可能的骨牌效应提前准备应对。

(3)A公司也进行了反思和总结，调整了客户信用管理制度，以提升今后应对类似风险事件的效率和效果，进一步控制与降低经济损失。

为加强客户信用风险的管理与应对，A公司新制定了《信用政策及应收账管理规定》，按照“分层、分类、集中”的管控模式，建立健全信用风险管理组织体系，推出了新的客户信用评级标准，对客户的信用额度进行总量控制与管理，确立了定期开展应收账款回收的内控审计机制，并提出了统计服务客户收入份额、避免集中服务于特定客户导致一家独大的原则要求。此外，还组织了内部法律培训，提高业务人员对客户信用风险识别与防范的意识和能力。通过以上管理提升措施，A公司增加了对潜在坏账风险的警觉性，健全了客户信用风险的预警机制。

综上，H 海运破产事件对港口产业带来了显著冲击，体现了航运市场不景气背景下客户信用风险日渐上升的趋势。A 公司采取了商务、法律并重的应对思路，在做好债权统计、证据收集、破产债权申报与登记的基础上，争取在保留法律救济权利的前提下通过非诉讼手段推进应收账款的回收，并在事后进行了反思与总结，对内部管理制度进行了调整与改良，形成了客户破产风险应对与防范类似事件再次发生的管理闭环。

8.2.2 航空案例及分析

20××年 3 月，上海 A 进出口公司和美国的 B 公司签订了合同，合约为 100000 美元的电子产品出口，规定贸易条件为空运到纽约成本加运费(CFR NEW YORK BY AIR)，支付方式选用“不可以撤销”的即期信用证，装运期为次月从上海通过空运的方式到达美国纽约。签订合同之后，B 公司在纽约开了一张信用证，通知行和议付行为上海的一家银行，信用证上的价值术语是“CNF NEW YORK”。A 公司收到信用证之后，按照合同规定将货物发送出去，同时准备妥当信用证所需的各种单据，并且办理议付手续。但是上海议付行在将各种单据资料寄送到纽约开证行时，却收到了纽约开证行的拒收通知，原因是两次开具的单证不符合。A 公司的商业发票上的价格术语是“CFR NEW YORK”，而信用证的价值术语是“CNF NEW YORK”。两个单证上的贸易术语不同，A 公司知晓此事之后，立即向美国开证行提出异议，要求 B 公司按照合同规定的内容进行支付货款或进行赔偿，与此同时，A 公司联系货物承运人，欲撤销发走货物，但是为时已晚，货物已经被发走。B 公司坚决不赔偿损失，纽约开证行认为单证不符，拒绝支付款项，由此 A 公司遭受了巨大的损失。

1. 单证不一致的风险

在本案例中，涉及单证的问题。事实是，A 公司的商业发票上的价格术语和美国 B 公司开具的信用证价值术语不一致，A 公司并不知道两方的单证不一致，并且已经按照合同的约定将货物发往纽约，但是上海议付行将单证材料寄送至美国纽约开证行时，却遭到了拒收，此时再次向美国提出异议，欲要 B 公司进行赔偿，而 B 公司坚决不赔偿，最终 A 公司遭受损失。那么遇到这种事情应该如何处理呢?

在国际贸易实务中，出口商往往会面临的一个风险就是出口商单证与进口商单证不一致的风险，从而遭受损失。首先信用证由于本身的特点与其他单据不同，信用证是一种不依赖于合同或除了合同之外的其他条款的一种交易。信用证是基于进出口买卖双方的合同，与银行无关。信用证有三个特点，分别是信用证交易的独立性、信用证交易的单据性和银行作为第三方提供信用。信用证交易具有独立性，信用证的产生是由于进出口双方达成合同，但是信用证又独立于合同，不受买卖双方合同的约束。信用证交易的单据性是只要符合“单单一致，单证一致”，银行就会付款。银行作为第三方与进出口买卖双方没有实质性的关联，只是提供信用。对于上海 A 进出口公司而言，只要按照信用证上约定的条件将单据提交给美国 B 公司以后，就可以收到银行的付款，但是前提是所提交的单据必须符合“单单一致，单证一致”。只要符合这两个一致，按照国际惯例，银行不需要过问进出口公司单据的真实性，单据是否在有效期内，货物是否已经运送至进口地等问题，只要符合 UCP500 第十三条的规定“单单一致，单证一致”，银行就会提供付款服务。对于单证不一致的问题，A 公司发现了这个问题之后，立即向美国纽约开证行进行了沟通提出异议，但是遭到了拒绝，而当时货物已经被发往目的地，因此没有采取其他的措施。

本案例中 A 公司遭受损失的第一个原因就是没有符合单单一致、单证一致。A 公司没有肩负起认真审单和验单的责任。A 公司在收到信用证以后，没有及时将 B 公司的信用证与自己的单据对照，没有审核单据是否一致，忽视了单据的审核工作，存在巨大的风险。

2. 不熟悉空运贸易术语和相关法律法规

信用证支付方式给国际贸易带来了便利，但不同类型的运输方式以及不同国家的国家贸易法律法规不同，这就给进出口双方带来了风险。信用证业务中包含很多流程，如果当事人不晓得信用证交易的国际通用的贸易术语、国际惯例和相关的法律法规，很有可能会给对方可乘之机，使自身遭受财产的损失。本案例中进出口双方采用的是航空运输的方式，航空运输与海上运输货物的方式不同，海运是货物的物权凭证，进口方只能凭借从银行取来的海运单据才能够提取货物，但是航空运输并不是货物的物权凭证，航空运输单据的作用仅仅是进口方与出口方的合同证明，是承运公司运输货物的证明材料，是进口方应该负担费用的记账凭证，是办理报关手续的凭证，航空运输靠的是进出口双方的信用。因为空运的速度快，运输时间短，所以往往在空运提单没有到达进口方手中时，货物就已经到达目的地。进口方通过到货通知单或者证明其身份的材料就可以取走货物。在货物到达进口方时，出口方就已经丧失了对货物的所有权。

本案例中，首先由于 A 公司并不熟悉空运的特点及相关法律法规，不了解空运方式下信用证的结算流程，A 公司在办理信用证时，并未注意是否单单一致、单证一致，在收到信用证之后立即按照合同的约定将货物交送至承运人，当 A 公司办理议付时，却收到美国开证行的拒收通知，此时才发现两次的信用证不符合。在此情况下，A 公司虽然立即与美国货运地的代理人联系，想要撤销发走货物，但是货物早就已经被发走。最终 A 公司遭受了不可挽回的损失。A 公司处于被动的局面的原因是由于航空运输方式的特点，在出口方得到货款之前，出口方已经丧失了对货物的所有权，货物已经被进口方提走，因此 A 公司货款两空。

其次 A 公司不熟悉贸易术语，导致遭受财产和货物的损失。A 公司商业发票上的价格术语是“CFR NEW YORK”，而美国信用证上的价值术语是“CNF NEW YORK”。两者信用证中有两个字母之差。CFR(cost and freight)是成本加运费，指的是出口方需要把货物运送到合同约定的地点，并支付相关的费用，货物的风险在出口方交货给进口方时转移。CFR 贸易术语适用于海上运输。CNF(cost and freight)，也是成本加运费的意思。但其实 CNF 和 CFR 其实说的是同一种意思，CNF 属于过去的说法，CFR 属于现在的说法。按照《2000 年国际贸易术语解释通则》的规定，CFR 和 CNF 没有本质的区别，CFR 是正式的规范的表述。在本案例中，A 公司使用的是标准的贸易术语，但是 B 公司使用的是过去的贸易术语，A 公司觉得虽然使用不同的贸易术语，但是本质意思是相同的，就没有过多考虑两种贸易术语的不同，殊不知，在国际贸易中，细微的差别就会造成巨大的损失。

3. 过分相信进口方的信誉

在国际贸易实务中，贸易双方良好的信誉也是影响合作成功与否的一个重要原因。在国际贸易实务中，各方都是基于实现自身利益最大化的目的，偶尔难免会有商家为了利益而做出违背信用的做法。信誉好的合作伙伴在进出口过程中会相处得很愉快，但是信誉不好的合作伙伴会使得出口方处于被动地位，并且遭受巨大的损失，所以应该慎重地选择信誉高的合作伙伴。在合作之前，对进口方的信誉进行全面并且公正的调查有助于合作的顺利开展，并大幅降低损失风险的概率。在本案例中，在合作之前，A 公司并没有对 B 公司进行信誉调查，以至于 A 公司已经按照合同约定将货物运输至纽约，纽约开证行却因为单证中贸易术语的两种新旧说法不一致而拒绝给 A 公司支付货物款项，并且 B 公司即使收到了货物也坚决不赔付 A 公司理应获得的货物款项。

8.2.3 人工智能背景下的解决方案

1. 建立智慧供应链运作与监管的新机制

要基于供应链管理、大数据与智慧技术的专业深度，构建常态下的应急新机制。①认识和把握供应链，学会运用供应链思维审视和处理问题，进行供应链组织结构和运作模式创新，以保障正常情况下供应链运行的安全性、高效率和可持续。②以信息技术创新引领供应链的现代化，突破传统理念，改造传统运作模式，深度变革供应链的运作流程，充分发挥信息共享在供应链运作中的整合、优化和协同功能，构建新时代供应链运作的新机制。

坚持系统性、整体性、协同性的原则，建立统一规范的监管机制，实现决策、执行、监管职责清晰的规范运行体系。①健全其监督管理制度，确保监管工作有据可依、权威可靠、符合实际。②加强同各部门的横向合作力度，实现资源共享、信息互通、高效联动。③建立央地协同机制，共同会商，对接需求。④推进“智慧储备”工程建设，实现不同地区、不同部门、不同品类的信息共享。⑤加强专业技术人员和监管队伍建设，增强监管能力。

2. 利用人工智能技术完善潜在信用风险的识别、预警与应对机制

诸如 H 海运等大型航运公司破产的情况实属首例，但近年来中小型航运公司破产案例已屡见不鲜。从长期看，港口企业仍面临此类客户破产的潜在风险。由于航运公司破产波及范围广，其主要资产(例如船舶)遍布全球各地，资产处置面临多类法律体系的约束，司法程序繁杂冗长，港口企业必然耗费高昂的救济成本，最终能否收回账款也存在很大程度的不确定性。因此，事后的诉讼法律程序未必会取得理想的救济效果，港口企业更应注重事前的客户信用风险识别与预警、事中的风险跟踪与控制，在避免走向诉讼途径的基础上争取应收账款的回收。A 公司通过对 H 海运破产事件的总结，制定了客户信用及应收账款管理规章，完善了客户信用评级打分标准以及授信管控制度，其管理举措对其他港口企业具有借鉴价值。

具体到操作环节，建议港口企业关注以下方面：①利用大数据技术，针对航运公司客

户群体的信用评级，应重点从其资产规模、经济效益、合作期限、市场公认度、员工数量、对外投资、船队扩充计划、近一年还款能力、有无违约记录、运输货物品种、内外贸航线、每月进出口港口的船舶航次等方面进行综合评价，据此确定信用等级、授信期限。若客户出现拖欠供应商大额费用或员工工资、盲目投入流动资金扩充船队、代理商或货主大面积与其停止合作等情形，应视作潜在信用风险事件予以重点跟踪和监控。②可根据客户在港口堆存集装箱的数量确定或调整客户信用风险等级。堆存的集装箱越多，则港口企业可留置获赔的金额越大。港口企业有必要定期梳理统计各家客户存放的集装箱数量，据此调整客户欠款的回收期，确保欠款总额不超出存放集装箱的总价值。③落实客户信用风险的事中监控，在业务环节严格控制赊销交易中的货物流、资金流，重点是亏损客户的生产经营、应收账款回收情况的实时跟踪，制定共享黑名单，并定期对应收账款回收情况实施专项内控审计。最后，还有必要组织财务与法律培训，提升相关人员的风险防范意识与素质。

3. 坚持数字化发展理念，统一数字化运行机制

在民航管理局的引导下，空运机场积极贯彻落实《新时代民航强国建设行动纲要》的具体要求，摒弃“重传统轻创新”的思想，深入理解并坚持“数字经济”与民航融合发展的先进理念，不断探索创新新时代背景下数字化空港物流发展的新模式，寻求数字化空港物流发展各个阶段独具特色的发展方式，包括从货物的集运、安检、入库、仓储、出库、打板、装机、卸货、配送等全生命周期的流程，同时推动与数字化空港物流发展息息相关的技术、管理与制度创新，培育航空货运发展的新业态和新动能，全面提升货运物流的发展质量，解决空运机场传统航空货运数字化发展中所面临的痛点及问题。

关于数字化空港物流的建设，民航管理局、各个航空公司等参与主体应该加强组织沟通，通过互派代表构建统一的数字化空港物流发展部门，形成一套职责分明、利于工作有序开展的数字化空港物流建设运行机制。通过融合多种通信技术构建统一、标准的通信平台，实现各单位联动协同，杜绝出现临近货量大增时，临时进行人为实时沟通对接的现象，防止出现“信息孤岛”现象，进一步做好地区协同发展。积极响应各个方面的需求，整合已有的信息资源，完善数字化信息管理机制，激发市场的活力和厚植发展动力，引导数字化空港物流的科学发展，促进“智慧机场”的建设，不断提高机场航空物流的国际影响力和竞争力，引领国际航空货运发展的趋势。

4. 重视人工智能技术引入

民航管理局、机场、各个航空公司、物流企业等单位积极践行“智慧物流”建设的核心要义，以实现“Airport 3.0 智慧型机场”的运行管理理念为建设目标，着力增强人工智能、大数据、云计算、区块链、GPS、GIS、感知技术、移动通信、物联网等信息技术在数字化空港物流体系建设管理中的集成应用能力，覆盖所有货运业务流程。深入了解航空货运管理中的各个业务环节，从货运业务流程及相关功能入手，从设施设备上进行数字化物流发展规划布局，从货运畅通的关键环节出发，积极对接国际先进技术设备，避免因为人工问题而产生的货物滞留现象，更好地智能化服务于客户或货主；同时做好不同流程与组织的衔接工作，重视信息的安全性，使得货物流转可控化、透明化、智能化，从技术层面保证每个参与主体用得省心、时刻放心、不必操心，推动机场数字化空港物流系统体系的建设。

8.3 国际贸易争端

8.3.1 国际贸易争端案例及分析

自从中美两国建立贸易往来，中美贸易关系就在摩擦和曲折中发展。新一轮的贸易摩擦更是加剧了两国之间经贸矛盾。中美贸易摩擦长期存在，在中国加入世界贸易组织后，美国更是利用 WTO 规则对中国发起规模更大、频次更为密集的贸易制裁。中美贸易摩擦不仅涉及进出口贸易，也是政治分歧的产物。本节以中美贸易摩擦为例，对国际贸易争端进行分析。

1. 中美贸易摩擦概述

1）中美贸易摩擦发展概况

1979 年中美两国在北京签订《中美贸易关系协定》，促进两国的经贸关系，使中美贸易额不断增加。20 世纪 80 年代，美国主要采取以经济性为主、并反映在配额和反倾销等针对性措施，两国关系陷入僵局。之后签订贸易协定，使得 1988 年中美两国进出口总额首次破百亿美元。20 世纪 90 年代两国的焦点集中在美国是否给中美最惠国待遇和知识产权、清洁能源等技术性纠纷，在中国加入世界贸易组织后，中美贸易摩擦主要以反倾销、反补贴和保障性措施为主的表现形式。“301 调查”和“337 调查”也是中美贸易争端的形式。

2）新一轮中美贸易摩擦发展状况

2017 年 8 月 14 日，美国政府对中国启动“301 调查”，意味着中美贸易战摩擦的开始。新一轮中美贸易摩擦主要有三个特征。

（1）全面性。2018 年 7 月 6 日，对来自中国的价值 340 亿美元的 800 多项商品收取增加 25% 的额外关税。2018 年 8 月 23 日，对中国第二批价值 160 亿美元的 284 项商品增加关税。2019 年 5 月 10 日，美国对价值 2000 亿美元的中国商品加征的关税税率从 10% 调至 25%。而中国也对美国的制裁措施进行了反制，涉及的产品主要为钢铁、农产品、航空产品和新材料等。中美贸易摩擦涉及的行业领域广，商品种类多。

（2）战略性。2017 年底，依据美国《1974 年贸易法第 301 条款》，美国对中国发起的调查多达 125 次，借助调查以提高高新技术产业和高端行业的关税，声称是为解决中美贸易逆差问题，但实际上是为了遏制我国高新技术和先进制造业的发展，排除中国对美国的潜在威胁。2019 年 5 月 15 日，特朗普签署行政命令，宣布不得使用对国家安全构成风险的企业所产生的电信设备。对此，美国商务部把中国公司华为及其 70 家附属公司列入“实体名单”。2020 年 1 月 15 日，中美双方谈判达成协议。中美双方虽然签署了第一阶段经贸协议，但并不意味中美贸易摩擦的结束，中美双方仍然在多个贸易领域存在争议。从长远来看，双方贸易摩擦并不是暂时的，解决中美经贸问题必然是一个长期且严峻的挑战。

(3)持续性。从美国发起者的角度看，为了解决国内就业、回流资金、扭转贸易赤字、振兴制造业和迫使中国更大程度开放市场，美国主动降低关税停止贸易战的概率较低。同时，中国并不惧怕美国的打压，且不断推进改革，调整产业结构，确保生产的连续性和稳定性。

2. 中美贸易摩擦的影响

(1)涉及行业广泛。通过整理2000—2018年中美贸易摩擦主要形式所涉及的行业可以发现，中美贸易摩擦所涉及的行业十分广泛，且涉及面正在不断扩大，有愈演愈烈的趋势。最近20年的中美贸易中，几乎每一个行业中都有贸易摩擦出现，其中存在有些行业是特定摩擦形式高发的特例，比如电子行业存在大量的“337调查”。而化学原料和制成品工业与金属制品工业是反倾销的重灾区。摩擦与行业分布的态势说明，贸易摩擦的覆盖面正在逐渐扩大，同时摩擦形式与行业之间的关联关系说明在中美贸易中存在结构性问题，这些问题引发了中美两国的分歧，造成贸易摩擦频发的现象。

(2)摩擦形式增多。梳理近些年中美贸易摩擦的形式可以发现，美国针对中国发起的贸易摩擦除去传统的反倾销调查与反补贴调查之外，也开始通过使用特别保障措施、“337调查”“332调查”等手段保护特定行业或者针对知识产权等领域展开对中国的贸易摩擦。这些新的贸易摩擦形式集中在绿色贸易壁垒、知识产权问题、技术壁垒和国家信息安全等。在目前已经存在的各种中美贸易摩擦形式中，知识产权问题是中美贸易中的一个焦点问题，两国在谈判过程中的难点也在知识产权保护问题上。

(3)摩擦形式集中。中美贸易摩擦的形式逐渐增多，目前比较常出现的包括反倾销调查、反补贴调查、“337调查”、保障措施与特别保障措施。2000—2018年的由美国发起的中美贸易摩擦案件中，“337调查”与反倾销调查2项占到总摩擦案件数的76%。这说明中美贸易摩擦的形式呈现明显的集中趋势。就美国向中国发起的贸易摩擦的案件数中占比最大的“337调查”与反补贴调查来看，“337调查”在2003年超越反倾销调查之后，每年美国针对中国发起的“337调查数”都高于反补贴调查数。结合“337调查”和反倾销调查的行业分布可以得知，中美贸易摩擦多集中于高污染、高消耗的行业与劳动密集型产业。

(4)摩擦成本升高。在新一轮中美贸易摩擦出现之前，中美两国在贸易问题上存在的分歧有越来越大的趋势，但是由中美贸易摩擦引起的影响也越来越大，最终当本轮中美贸易摩擦全面展开之后，对中美经济都造成了深刻影响。这主要由以下3个因素决定。①中美贸易额不断增长，中美贸易涉及绝大多数的工业和农业领域，这造成中美两国之间互相依赖的程度越来越高，伴随系统性的贸易摩擦而来的巨大经济风险对中美两国都是巨大损失。②中美两国在贸易上的互补程度很高，双方都难以在短时间内寻找到适合的替代伙伴，所以中美贸易摩擦的长期趋势是稳定的。中国凭借巨大的生产力和健全的产业链建设可以为美国提供巨量物美价廉的商品，满足美国国内的消费需求。同时每年美国为中国稳定提供的农作物对于长期依靠粮食进口的中国具有战略意义，中国的人口规模决定中国短期内很难寻找到可以替代美国提供大量廉价安全的粮食供应国。③中美关系是中美两国关系的基础与保障，目前中美两国在诸多领域都存在深度合作，这些领域包括国际政治、地区局势和反恐等。比如中国与俄罗斯、伊朗和朝鲜的良好关系都对美国具有助力作用，中国可以此为筹码进行中美贸易谈判，要求美国减少针对中国的贸易摩擦。

8.3.2 人工智能背景下的对策思考

中美贸易摩擦是一个复杂又持久的问题，新一轮贸易摩擦的升级急需我国完善产业结构升级，以此在短期内最大程度降低中美贸易摩擦对我国的负面影响，并且在人工智能背景下抓住中美贸易摩擦在中长期所带来的战略契机。

(1)加大知识产权的保护。在中美贸易往来中，美国多次在知识产权方面对我国发起调查，指出我国知识产权制度存在缺陷，知识产权法治环境混乱。虽美其名曰维护国际贸易的公平和公正，实质上是为了扭转贸易逆差和保护本国企业。因此，我国要及时调整对存在知识产权侵权风险的出口商品的技术标准，建立监管和指导部门，降低贸易风险。要对具有侵权风险的专利进行预防和规避，提升专利检索的意识，通过专利检索了解其他企业发展状况，从而避免在不知情的状况下造成侵权。同时，可直接与贸易国进行对话磋商，达成一致协议，合理合法使用专利，提升产业技术能力。加强对国内知识产权的保护，提高企业知识产权意识，完善我国知识产权法律法规。保护好国内知识产权，可以推进我国知识密集型产业的发展，加强我国与国外进出口贸易往来，提升我国企业的出口利润，促进我国向第三产业甚至更高层次产业转移。

(2)重视战略性新兴产业的发展。中美贸易摩擦不仅涉及我国传统产业，还影响到我国战略性新兴产业。虽然我国企业对自主创新的投入力度有所加强，但外商在华的研发投入持续缩减，跨国公司对华研发投资的兴趣也逐渐减弱。中美贸易摩擦会抑制外商直接投资从而阻碍我国产业结构升级，会促进邻近地区的产业结构合理化发展，但会阻碍邻近地区产业结构高级化发展。因此，我们要扶持战略性新兴产业的发展，完善知识产权制度，提高自主创新能力和加大对创新型人才的培养和引进，吸引外商在华投资。引进外国先进技术，但不能照搬国外技术，应对引进的技术加以消化和延伸。同时，各地区产业间的结构调整和升级是一个相互联系相互作用的整体，借助我国多年来劳动密集型产业发展所形成的优势，整合资源，促进传统产业与战略性新兴产业的融合，推动我国技术密集型产业的发展，加强我国传统产业和战略性新兴产业、第一产业和第二产业之间的联系，促进各地区产业之间相互渗透、交叉和互补，建立起竞争协同关系，促进制造业和服务业创新进程，提升我国战略性新兴产业的实力。

(3)挖掘互联网和人工智能带来的科技创新。虽然中国对美进出口中机电设备和车辆运输设备等资本及技术密集型产品比重较大，但全球价值链下中国更多从事高新技术产品劳动密集度高的环节，事实上并未掌握其核心技术，美国则通过跨国公司将产品设计环节留在母国，加工组装环节交给中国，这样的贸易分工格局使得中美发生贸易摩擦时，首当其冲的是中美贸易往来占比大的资本及技术密集型产品。如果中国企业不能生产出属于本国的不可替代的产品或零部件，任由美国将其安排在“装配工厂、底端运行”的位置上，不管中国产业体量有多大，在未来发生中美贸易冲突时中国仍无法摆脱跟随美国施加反制措施的被动局面。中国想要在国内实现产业升级，提升创新水平，在国际上实现自主选择生产权，迈向全球价值链的中高端地位，只甘心依附于美国跨国公司下的劳动密集环节生产是不够的，最实在见效的方法是开发自身核心技术、培育核心部件和高科技设备的上游企业，因此我们需要结合时代特点，深度挖掘互联网和人工智能带来的科技创新，推进中国企业创新领域的发展更新。

(4)加快自主创新，提升核心科技综合实力。此次贸易摩擦，美国多次通过法案，矛头指向“中国制造 2025”。同时，采取多种措施限制和禁止中国企业投资美国敏感技术。其本质是担心中国成为其保持科技优势地位，实现“垄断高端产业”目标的威胁者和挑战者。其中最受美国关注的是中国拟投资并购获取美国先进及敏感技术，使得中国实现技术赶超和产业升级、价值链优化。为此，要坚定不移推动科技强国战略，下大力气发展核心科技，营造创新创业的良好环境，切不能因美国施压，放弃减弱自身创新发展动能。

本章小结

本章主要介绍了人工智能与国际贸易中常见的一些纷争案例并提出如何处理这些纷争。由于各国的国情、法律渊源、思想观念等一系列的差别，因此各国对于某一知识产权之取得的相关规定不尽相同，导致某一知识产权在一国中具有效力，进入他国就失去了原有的效力。为解决这一问题，结合人工智能可以将终端设备和 ICP 服务器作为确定管辖的标准，加强企业的自主创新能力与权力保护意识，建立完善的自主知识产权创新激励体制。此外，本章从海运和空运两方面分别介绍了现实案例，在应对纠纷中，结合人工智能提出一些解决方案。即应建立智慧供应链运作与监管的新机制，利用人工智能技术完善潜在信用风险的识别、预警与应对机制，坚持数字化发展理念，统一数字化运行机制等。最后，本章在以中美贸易摩擦为例，提出要利用人工智能技术加大知识产权的保护，挖掘互联网和人工智能带来的科技创新等。

本章习题

1. 请简述造成跨国知识产权纠纷的原因。
2. 请简述人工智能背景下对运输事故纠纷案例的解决方案。
3. 请简述中美贸易摩擦的影响以及人工智能背景下应对贸易摩擦的对策。

参考文献

[1] 贾玉成,张志超. 经济周期、国家形象与贸易摩擦:基于国际贸易面板数据的实证研究[J]. 河北经贸大学学报, 2022, 43(1): 55-66.

[2] 邵思蒙. 国际知识产权规则变迁研究[D]. 长春:吉林大学, 2021.

[3] 卢炳宏. 论人工智能生成物的著作权保护[D]. 长春:吉林大学, 2021.

[4] 宁佳彬,李晓梅. 中美贸易摩擦背景下大连对外贸易策略[J]. 合作经济与科技, 2021(22): 66-67.

[5] 郭嘉伟. 人工智能生成物著作权问题研究[D]. 青岛:青岛大学, 2021.

[6] 马霞. 以一则案例分析跨境服务贸易中"禁止要求当地存在规则"的适用性[J]. 对外经贸实务, 2021(3): 77-79.

[7] 易朝军. 自贸区服务贸易发展模式的国际案例:以中国香港和新加坡为例[J]. 经贸实践, 2017(3): 45.

[8] 外汇局江苏省分局课题组. 从一桩案例看服务贸易改革的必要性[J]. 中国外汇,2014(11):37.

[9] 张楠. 服务贸易自由化的经济增长效应研究:日本案例[D]. 沈阳:辽宁大学, 2011.

[10] 周子勋. 透视中美贸易纷争[N]. 中国经济时报, 2010-10-27(005).

[11] 张雁冰. 中美贸易中的知识产权保护[D]. 哈尔滨:黑龙江大学, 2010.

[12] 文馨,邓春生,余晓燕. 基于国际贸易争端的应对策略分析[J]. 中国商贸,2010(4):158-159.

[13] 陆志安. WTO 服务贸易总协定与欧共体相关法律与实践的初步比较[J]. 法学评论, 2000(5): 93-100.

[14] 栾信杰. 国际贸易摩擦与应对研究[M]. 北京:中国人民大学出版社,2011.

[15] 李晓静. 国际贸易实务[M]. 北京:人民邮电出版社, 2014.

[16] 竺杏月. 国际服务贸易与案例[M]. 南京:东南大学出版社, 2018.

[17] 李德毅,于剑. 人工智能导论.[M]. 北京:中国科学技术出版社,2018.

[18] 刘赞,林仁翔,张凤. 商业狂潮,人工智能的未来[M]. 北京:机械工业出版社,2017.